Die Power der persönlichen Präsenz

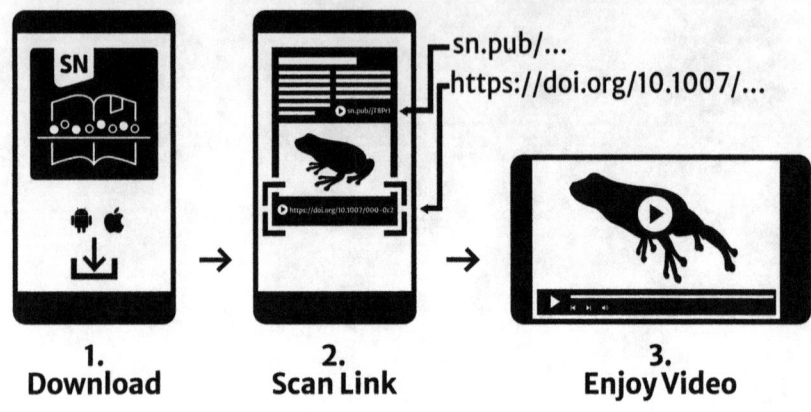

Benedikt Crisand

Die Power der persönlichen Präsenz

10 Basics aus Schauspiel und Psychologie für selbstbewusstes Auftreten

Benedikt Crisand
Crisand Coaching
Mannheim, Deutschland

„Die elektronische Version dieses Kapitels enthält Zusatzmaterial, auf das über folgenden Link zugegriffen werden kann https://doi.org/10.1007/978-3-658-37981-0. Die Videos lassen sich durch Anklicken des DOI Links in der Legende einer entsprechenden Abbildung abspielen, oder indem Sie diesen Link mit der SN More Media App scannen".

Die Online-Version des Buches enthält digitales Zusatzmaterial, das durch ein Play-Symbol gekennzeichnet ist. Die Dateien können von Lesern des gedruckten Buches mittels der kostenlosen Springer Nature „More Media" App angesehen werden. Die App ist in den relevanten App-Stores erhältlich und ermöglicht es, das entsprechend gekennzeichnete Zusatzmaterial mit einem mobilen Endgerät zu öffnen.

ISBN 978-3-658-37980-3   ISBN 978-3-658-37981-0 (eBook)
https://doi.org/10.1007/978-3-658-37981-0

Die Deutsche Nationalbibliothek verzeichnet diese Publikation in der Deutschen Nationalbibliografie; detaillierte bibliografische Daten sind im Internet über http://dnb.d-nb.de abrufbar.

Springer
© Springer Fachmedien Wiesbaden GmbH, ein Teil von Springer Nature 2022
Das Werk einschließlich aller seiner Teile ist urheberrechtlich geschützt. Jede Verwertung, die nicht ausdrücklich vom Urheberrechtsgesetz zugelassen ist, bedarf der vorherigen Zustimmung des Verlags. Das gilt insbesondere für Vervielfältigungen, Bearbeitungen, Übersetzungen, Mikroverfilmungen und die Einspeicherung und Verarbeitung in elektronischen Systemen.
Die Wiedergabe von allgemein beschreibenden Bezeichnungen, Marken, Unternehmensnamen etc. in diesem Werk bedeutet nicht, dass diese frei durch jedermann benutzt werden dürfen. Die Berechtigung zur Benutzung unterliegt, auch ohne gesonderten Hinweis hierzu, den Regeln des Markenrechts. Die Rechte des jeweiligen Zeicheninhabers sind zu beachten.
Der Verlag, die Autoren und die Herausgeber gehen davon aus, dass die Angaben und Informationen in diesem Werk zum Zeitpunkt der Veröffentlichung vollständig und korrekt sind. Weder der Verlag, noch die Autoren oder die Herausgeber übernehmen, ausdrücklich oder implizit, Gewähr für den Inhalt des Werkes, etwaige Fehler oder Äußerungen. Der Verlag bleibt im Hinblick auf geografische Zuordnungen und Gebietsbezeichnungen in veröffentlichten Karten und Institutionsadressen neutral.

Titelfoto: Oliver Betke, Berlin

Planung/Lektorat: Irene Buttkus
Springer ist ein Imprint der eingetragenen Gesellschaft Springer Fachmedien Wiesbaden GmbH und ist ein Teil von Springer Nature.
Die Anschrift der Gesellschaft ist: Abraham-Lincoln-Str. 46, 65189 Wiesbaden, Germany

Vorwort

Liebe Leserinnen und Leser, die eigene Souveränität in allen Lebenslagen zu erhöhen und selbstbewusst aufzutreten, ist ein Wunsch, den viele Menschen haben. Es sollte eine Selbstsicherheit sein, die nicht oberflächlich ist, sondern die es Ihnen erlaubt, die Wirkung, mit der Sie auftreten, gezielt zu steuern. Das gelingt, indem Sie die erforderlichen äußeren und inneren Wirkmechanismen kennen und einsetzen.

Vieles von dem, was ich meinen Teilnehmerinnen und Teilnehmern in meinen Trainings vermittle, habe ich in diesem Buch zugänglich gemacht, damit Sie die Basics der persönlichen Präsenz kennenlernen und anwenden können.

Über Rückmeldungen von Ihnen, in welchen Situationen Ihnen dieses Buch geholfen oder Mut gemacht hat, freue ich mich, ebenso über konstruktive Kritik.

Viel Spaß beim Entdecken der Power Ihrer persönlichen Präsenz wünscht Ihnen

Mannheim, Deutschland   Benedikt Crisand
Sommer 2022

Danksagung

An dieser Stelle bedanke ich mich ganz herzlich bei allen, die mich bei der Verwirklichung dieses Buches unterstützt haben.

Ein ganz besonderer Dank gilt Irene Buttkus, Lektorin bei Springer Gabler, die mir vor allem in diesen herausfordernden Zeiten viel Vertrauen und Geduld entgegengebracht hat. Auch bedanke ich mich bei meiner Lektorin Dr. Sonja Ulrike Klug, die mit ihren Ratschlägen und der redaktionellen Überarbeitung zur Lesbarkeit des Manuskripts beigetragen hat.

Ein herzliches Dankeschön gilt Helge Oehlmann, durch den ich schon früh sehr viel im Trainings-, Coachings-, Moderations- und Speakergeschäft lernen und mit dem ich mich immer austauschen konnte. Durch Harald Sontowski konnte ich meine Traineridentität entwickeln; gerade in den Anfangsjahren habe ich viel von ihm lernen dürfen. Auch habe ich immer auf die Unterstützung durch Simon Prehn, Cleo und Johannes Brummer, Thomas Gertz, Kim Bergner, Jeremias und Rainer Koschorz sowie Manuel Kroiher zählen können.

Abschließend bedanke ich mich bei Franziska, die mich immer bei allem bedingungslos bestärkt und an mich geglaubt hat, sowie meinen Eltern Martina und Harald, die mir, wenn nötig, den Rücken freigehalten haben.

Vielen Dank Euch allen – ich weiß Eure Unterstützung sehr zu schätzen!

Inhaltsverzeichnis

1 Einführung 1
2 Irren ist menschlich – die Wirkirrtümer des Alltags aufdecken 5
  2.1 Wirken ist gar nicht so einfach – die Innen- und
Außen-Unterscheidung 6
  2.2 Die Wirkungsfelder: Ich – Raum – Personen 10
  2.3 Wirkung ist mehr als die Addition von Gestik und Mimik 14
  2.4 Ein Irrtum kommt selten allein – die drei Wirkregeln 15

3 Die Reise ins Ich – Selbst- und Fremdwahrnehmung schärfen 19
  3.1 Ich, einfach unverbesserlich? Training der Selbstwahrnehmung ... 19
  3.2 Das Leben der anderen – Training der Fremdwahrnehmung 24
    3.2.1 Die Sinne schärfen 24
    3.2.2 Jeder ist eine Insel – heraus aus der Komfortzone 28
    3.2.3 Stranger Things – die Fremdwahrnehmung
von Menschen. 32
    3.2.4 Das Fremde in dir – fünf Schritte zur
Fremdwahrnehmung. 35
    3.2.5 Fehler machen dürfen – subjektive Fehlerquellen 38
  Literatur 44

4 Eine Wirkung allein zu Haus – die Zielwirkung klar festlegen 45
  4.1 Die Zielwirkungstabelle 45
  4.2 Der Preis ist heiß – die Hot Person. 52
  4.3 Die über- und die untergeordneten Ziele 53

5 A beautiful mind – die Gedanken konkretisieren 57
5.1 Honig im Kopf – Der innere Dialog 57
5.2 Subtextarbeit – die Gedanken steuern. 59

6 Mehr als nur Worte – Gestik lesen und einsetzen 63
6.1 Die Verwandlung – der Körper als Energie umwandelndes System. 64
    6.1.1 Der FRATZ – die fünf Kenngrößen von Bewegungen..... 65
    6.1.2 Die neutralen Grundpositionen 68
6.2 Körperwelten – von Kopf bis Fuß. 74
6.3 „Chantal, heul' leise" – sich selbst mit Gesten beruhigen 84
6.4 USA – die vereinigten Teile des Selbstzweifels 85
6.5 Das fünfte Element – die unterschiedlichen Formen der Gestik. ... 88
Literatur 90

7 Ich schau dir in die Augen, Kleines – Mimik lesen und einsetzen 91
7.1 Die verschiedenen Mimik-Wirkfelder 92
7.2 Basic Instincts – Mikroexpressionen deuten. 97
Literatur 101

8 Wirkung macht selbstbewusst – Hoch- und Tiefstatus. 103
8.1 Den Star spielen immer die anderen.......................103
8.2 Bodyguard – die persönliche Wirkung als Schutz 105
    8.2.1 Konstruktiver und destruktiver Status 107
    8.2.2 Nonverbale Signale. 108
    8.2.3 Verbale Signale...................................111
    8.2.4 Paraverbale Signale 111
8.3 Kampf der Giganten – die Statuswippe 114
Literatur 122

9 Vom Tröten zum Flöten – Sprache, Stimme und Sprechen 123
9.1 Schall und Ton – wenn Sprache erklingt. 123
    9.1.1 Die Sprache 123
    9.1.2 Die Stimme. 125
    9.1.3 Das Sprechen 126
9.2 Sprechtechniken 128
    9.2.1 Atmung und Zwerchfell............................128
    9.2.2 Lockerung.......................................130
    9.2.3 Resonanz und mittlere Sprechstimmlage 134
    9.2.4 Klare Artikulation bis zur Geläufigkeit 136
    9.2.5 Kraftstimme 139

10 Ohne Punkt und Komma? – Rhetorische Besonderheiten beim Sprechen 141
10.1 Die rhetorische Pause 141
10.2 Auf Punkt sprechen. 144
10.3 Ein „Ähm" kommt selten allein – sprachlichen Eigenheiten begegnen 149

11 Spieglein, Spieglein – Wer bin ich und wenn ja, wie viele? 161
11.1 Ich & Ich – Selbstbild und Fremdbild. 161
11.2 Die fantastischen Vier – Grundelemente der Wirkweisen 164
    11.2.1 Der Rang 166
    11.2.2 Der Status. 168
    11.2.3 Die Power. 171
    11.2.4 Der Selbstwert 177
11.3 Der Umgang mit herausfordernden Typen 182
    11.3.1 Der Tuchfühler. 182
    11.3.2 Der Alleinunterhalter 183
    11.3.3 Der Bestimmer. 186
Literatur 187

12 Und Action! – Die persönliche Wirkung im Raum erleben 189
12.1 Die persönliche Präsenz im Raum 189
12.2 Die 90-Grad-Präsenz-Regel 190
12.3 Gerührt, nicht geschüttelt – der Barkeeper-Effekt 194
12.4 Sich den Raum zu eigen machen 195

Das Beste kommt zum Schluss. 199

Über den Autor

Photo: Chris Hirschhäuser

Benedikt Crisand absolvierte ein vierjähriges Schauspielstudium an der Hochschule für Musik und Theater Felix Mendelssohn Bartholdy in Leipzig. Außerdem studierte er Psychologie an der FernUniversität Hagen, um die Techniken der Schauspielerei mit den wissenschaftlichen Methoden der Psychologie zu verknüpfen. Crisand ist heute als freiberuflicher Diplom Schauspieler, als Dozent für Körpersprache und professionelles Auftreten am EC Europa Campus in Frankfurt/Main und an der Dualen Hochschule Baden-Württemberg in Mannheim, als Moderator und Keynote Speaker auf Messen und Firmenevents sowie als Synchronsprecher und Sprecher für Dokumentar- und Imagefilme tätig.

Schon während des Studiums konzentrierte er sich darauf, die Techniken aus der Schauspiel- und Sprecherwelt auf die Unternehmenswelt zu übertragen. Als Experte für Wahrnehmung, Wirkung und Wahrhaftigkeit legt er den Fokus auf souveränes und glaubwürdiges Auftreten im Business, in Präsentations- und Alltagssituationen. Dabei spielt der gezielte Einsatz von positiver Rhetorik, Stimme und Sprache sowie die Anwendung von Körpersprache, Mimik und Gestik eine herausragende Rolle.

Seit 2011 ist er Trainer und Coach in über 131 Unternehmen und 18 Branchen in 12 Ländern gewesen.

Seine Websites: http://www.crisand-coaching.de sowie http://www.benedikt-crisand.de

Kontakt: info@benediktcrisand.de

Einführung

Stellen Sie sich vor, Sie könnten in jeder Situation genau diejenige Wirkung bei Ihrem Gegenüber erzielen, die Sie beabsichtigen. Stellen Sie sich weiter vor, Sie könnten diese Wirkung situativ, in jedem Gespräch, bei jeder Veranstaltung, bei jeder Präsentation, in jedem Meeting auf Knopfdruck variieren und wie mit einem Lenkrad in der Hand in die Richtung steuern, in die Sie gerne wirken möchten.

Auch wenn es für Sie im ersten Moment unerreichbar erscheint und Sie bisher möglicherweise den Eindruck hatten, dass Sie bisher oft nicht so herüberkamen, wie Sie es wollten, gibt es *Wirkwerkzeuge*, die sich einsetzen lassen, um beim Gegenüber die beabsichtigte Wirkung zu erzeugen. Diese Werkzeuge sollen nicht der Manipulation dienen, sondern helfen, authentisch und offen herüberzukommen.

Sie lernen in diesem Buch praktische Techniken aus der Welt der Schauspielerei kennen, verknüpft mit Methoden aus dem Bereich der Psychologie. Die wissenschaftlich fundierten Inhalte werden vereinfacht dargestellt, so dass Sie simple, praktische, funktionierende und direkt anwendbare Tipps erhalten.

Die Methoden und Techniken lassen sich beruflich wie privat von jedermann und jederfrau einsetzen, und zwar in allen Situationen, in denen Sie eine bestimmte Wirkung erzielen möchten. Stärken Sie Ihre persönliche Präsenz, und zwar nicht nur durch die Sprache, sondern auch durch den Einsatz der Körpersprache, die Ihnen beim souveränen Auftritt hilft. Erlangen Sie mehr Glaubwürdigkeit und mehr Authentizität, so dass Sie sich auch in Situationen der Unsicherheit viel sicherer fühlen.

© Springer Fachmedien Wiesbaden GmbH, ein Teil von Springer Nature 2022
B. Crisand, *Die Power der persönlichen Präsenz*,
https://doi.org/10.1007/978-3-658-37981-0_1

Wo sich Menschen begegnen, sind die zwischenmenschlichen Herausforderungen in der Kommunikation grundsätzlich immer die gleichen. Es geht um Verständnis, Wertschätzung, Respekt, Anerkennung und Offenheit. Im beruflichen Kontext kommen zusätzlich noch die Themen Karriere und Profit hinzu. Egal ob als Verkäufer in der Pharmabranche, als Führungskraft in der Touristik oder als Arzt in einer Klinik – es geht immer darum, wie man auf den anderen wirkt und wie man beim anderen etwas bewirken kann. Ein amerikanischer Arzt hat es einmal so formuliert: „Medizin bedeutet für mich den Umgang mit Menschen, nicht mit Krankheiten." Dies kann und sollte man auf alle Branchen übertragen.

Wahrscheinlich haben auch Sie schon im Laufe Ihres Lebens von unterschiedlicher Seite zahlreiche Tipps erhalten, wie Sie Ihre Wirkung „verbessern" können, z. B. im Zusammenhang mit dem Auftreten vor einem größeren Publikum bei Vorträgen oder Präsentationen. Dann hat man Ihnen vielleicht gesagt, Sie sollten nicht zu viel mit den Händen herumfuchteln und auch nicht umherlaufen, weil das zu unruhig wirkt. Auch sollen Sie an einem Punkt ruhig stehen bleiben, ohne herumzuwackeln oder zu -wippen.

Wenn Sie all die Ratschläge befolgten, haben Sie vielleicht festgestellt, dass Sie sich wie eine ferngesteuerte Marionette vorkamen und die jeweiligen Körperhaltungen als unnatürlich empfanden. Falls Sie damit unzufrieden waren, haben Sie wahrscheinlich alles wieder über den Haufen geworfen und sich mit den Worten gerechtfertigt: „Ich will so bleiben, wie ich bin – ganz authentisch. Ich will mich nicht verstellen."

Allgemeine Ratschläge wie die genannten werden oft von vermeintlichen Experten verbreitet, die die Welt und das Verhalten in „richtig" und „falsch" einteilen. Gleichzeitig erzählen sie Ihnen, Sie müssten nur sich selbst finden und nach der wahren Authentizität streben. Dann würden Sie genauso souverän wirken, wie Sie es wollen. Es ist jedoch ein Irrtum, „authentisch sein" mit „souverän sein" gleichzusetzen.

Wirkung ist mehr als nur die Addition einzelner Körperhaltungen, Gesten und Gesichtsausdrücke. Die Wirkung ist all das, was Sie bewusst oder unbewusst senden und was damit auf Ihr Gegenüber wirkt. Dementsprechend müssen wir uns nicht nur mit äußerlich sichtbaren Merkmalen, sondern auch mit dem Inneren befassen.

Die Power der persönlichen Präsenz entsteht nicht dadurch, dass Sie einfach irgendwelche Techniken wie „Tricks" anwenden. Dann wären sie nur künstlich aufgesetzt. Die Power entsteht vielmehr dadurch, dass Sie sich zuerst selbst bewusstwerden, wie Sie sind und wirken, bevor Sie im nächsten Schritt Ihre beabsichtigte Wirkung entfalten. Denn wenn Sie verstehen, was Sie tun, verstehen Sie

1 Einführung

auch, wie Sie es ändern können, ohne dabei „künstlich" irgendwelche Haltungen einzunehmen, die Ihnen nicht entsprechen.

Das Ziel des Buches ist es also, Ihnen, liebe Leserin, lieber Leser, die Power der Wirkung näher zu bringen und Ihnen zu zeigen, wie Sie es schaffen, Ihre persönliche Präsenz zu steuern. Dazu gehört der Mut, Ihre eigenen Grenzen zu verschieben, um mit mehr Selbstbewusstsein im Alltag aufzutreten.

Die 10 Basics, nach denen das Buch gegliedert ist, dienen dazu, Ihr Bewusstsein der eigenen Wirkung in unterschiedlichen Wirkfeldern zu schärfen. Zugleich können Sie das Erlernte im Alltag beobachten und in Übungen trainieren. Dadurch ergeben sich viele unterschiedliche und sehr individuelle Ansätze, wie Sie es schaffen können, Ihren Auftritt in Alltag und Beruf selbstsicherer und souveräner zu gestalten.

Die 10 Schritte zum selbstbewussten Auftreten
1. **Lernen Sie die Wirkungsfelder Ich – Raum – Personen kennen und decken Sie die Wirkirrtümer in Ihrem Alltag auf.**
   Im Alltag gibt es zahlreiche Irrtümer, die uns davon abhalten, unsere Wirkung „objektiv" oder neutral einschätzen zu können. Mit der Bewusstwerdung dieser Irrtümer wird ein Referenzpunkt für die eigene Wirkung entwickelt (Kap. 2).
2. **Schärfen Sie Ihre Selbst- und Ihre Fremdwahrnehmung.**
   Die Wahrnehmung zu schärfen, ist die Voraussetzung dafür, die eigenen Wirkweisen und die Wirkung, die andere auf Sie ausüben, zu erkennen. Dadurch können Sie Ihre eigene Wirkung situativ besser anpassen (Kap. 3).
3. **Legen Sie Ihre persönliche Zielwirkung fest.**
   In diesem Schritt geht es darum, sich klar zu werden, worin überhaupt das eigene Wirkziel, die persönliche Wunschwirkung, besteht. Denn wer nicht weiß, wie er wirken soll, weiß auch nicht, durch welches Tun er das erreichen kann. Das ist aber die Voraussetzung, um die persönliche Wirkung zielorientiert auszurichten (Kap. 4).
4. **Nutzen Sie die Macht Ihrer Gedanken.**
   Hier geht es um kognitive und mentale Techniken, mit denen Sie Ihre Gedanken in Richtung Ihrer Wunschwirkung steuern (Kap. 5).
5. **Setzen Sie Ihre Gestik zielorientiert ein.**
   Die Gestik eines Menschen drückt sich vor allem im Gehen, Sitzen und Stehen sowie in der Körperhaltung aus. Sie bewusst einzusetzen, bringt Sie Ihrer Zielwirkung näher (Kap. 6).

6. **Achten Sie auf den Einsatz der Mimik.**
   Mit Hilfe der Mimik können Sie sich selbst klarer verständlich machen und gleichzeitig auch andere Menschen besser einschätzen und lesen (Kap. 7).
7. **Seien Sie sich des Hoch- und Tiefstatus, der Statuswippe und des Statuskampfes bewusst.**
   Der Status hat nichts mit Macht zu tun, sondern mit der Art und Weise, wie wir in einer Situation agieren und auftreten. In einem Gespräch wechselt der Status zwischen den Partnern meist mehrfach zwischen Hoch- und Tiefstatus hin und her. Der Status drückt sich in nonverbalen, paraverbalen und verbalen Signalen aus. Sie erfahren, wie Sie Ihren Status jeweils der aktuellen Situation anpassen, um Ihre Ziele effektiver zu erreichen (Kap. 8).
8. **Lassen Sie Ihre Stimme wirken und wenden Sie Ihre sprachlichen Fähigkeiten an.**
   Mit der Stimme werden Emotionen übermittelt. Um glaubwürdig aufzutreten, ist es erforderlich, den Körper mit der Stimme in Einklang zu bringen. Eine klare Artikulation und verschiedene Sprechtechniken verleihen Ihrer Stimme mehr Resonanz und Wirkung (Kap. 9).
   Zu den rhetorischen Besonderheiten gehört der gezielte Einsatz von Pausen, das Sprechen auf Punkt und der gekonnte Umgang mit Verzögerungslauten (Kap. 10).
9. **Meistern Sie mit den vier Wirkweisen Rang, Status, Power und Selbstwert komplexe Situationen mit unterschiedlichen Menschen-Typen.**
   Der Rang bezieht sich auf die hierarchische Position, die Power auf Fähigkeiten und Talente, und der Selbstwert darauf, wie man sich in einer Situation fühlt. Mit dem Wissen um die vier Wirkweisen können Sie selbstsicher auftreten. Außerdem erfahren Sie, wie Sie mit drei unangenehmen Typen, die dazu neigen, übergriffig zu werden, souverän fertig werden (Kap. 11).
10. **Setzen Sie Ihre Wirkung im Raum ein.**
    Steuern Sie Ihre persönliche Präsenz im Raum und gestalten Sie den Raum so, dass er Ihrer Wirkung dient (Kap. 12).

Multimediale Elemente

Dieses Buch funktioniert über die Grenzen seiner Seiten hinaus. An einigen Stellen finden Sie Hinweise auf Video- und Sprachdateien, die Ihnen zur Verfügung stehen. So wird manches anschaulicher und Sie können die praktische Umsetzung direkt live erleben.

Irren ist menschlich – die Wirkirrtümer des Alltags aufdecken

2

▶ **Basic 1** Lernen Sie die Wirkungsfelder Ich – Raum – Personen kennen und decken Sie die Wirkirrtümer in Ihrem Alltag auf.

„Ich irre mich nie, wenn ich mich nicht irre." Nach diesem Satz gluckste der Schauspieler Ralf Wolter in der Rolle des Sam Hawkins in den Karl-May-Verfilmungen immer ganz vergnüglich, so dass man beim Zuschauen gar nicht anders konnte, als herzhaft mitzulachen.

Unser Alltag ist voll von Irrungen und Wirrungen. Da tut es gut, wenn man sich nicht immer ganz so ernst nimmt und auch über eigene Fehler und Missverständnisse lachen kann. Diese Einstellung schafft eine gute Grundvoraussetzung für einen souveränen Umgang mit schwierigen Situationen.

Sie kennen sicherlich die Situation, dass Sie einen Witz gemacht oder einen Kommentar abgegeben haben, der beim Gegenüber ganz und gar nicht so ankam, wie es von Ihnen beabsichtigt war. Nun gibt es unterschiedliche Möglichkeiten, wie Sie in diesem Moment reagieren können: Sie können diesen peinlichen, unangenehmen Moment ignorieren und hoffen, dass er möglichst schnell vorübergeht. Sie können aber auch versuchen, schnell abzulenken, und ein anderes Thema beginnen. Wenn man sich allerdings versucht herauszureden oder Gründe zu finden,

---

Ergänzende Information Die elektronische Version dieses Kapitels enthält Zusatzmaterial, auf das über folgenden Link zugegriffen werden kann [https://doi.org/10.1007/978-3-658-37981-0_2]. Die Videos lassen sich durch Anklicken des DOI Links in der Legende einer entsprechenden Abbildung abspielen, oder indem Sie diesen Link mit der SN More Media App scannen.

© Springer Fachmedien Wiesbaden GmbH, ein Teil von Springer Nature 2022
B. Crisand, *Die Power der persönlichen Präsenz*,
https://doi.org/10.1007/978-3-658-37981-0_2

warum das Ganze doch nicht so dramatisch ist, verschlimmert man meist die Situation.

Wer sich allerdings sofort eingesteht, sich geirrt zu haben und sich dabei etwas weniger ernst nimmt als der andere, kann z. B.

- einen lockeren Spruch aufsetzen: „Oh, der Witz war gedacht witziger als ausgesprochen",
- ein leichtes Geständnis ablegen: „Ja okay, ich merke selbst, das kam gerade nicht so witzig herüber, wie ich gewollt habe. Ich nehme es hiermit wieder zurück." oder
- sich entschuldigen: „Verzeihung, das war gerade etwas unpassend von mir."

So löst sich dieser Augenblick des unangenehmen Schamgefühls auf und wird von allen Beteiligten schon wenige Momente später nicht mehr erinnert. Je schneller eine unangenehme Situation gelöst werden kann, desto weniger negative Emotionen entstehen bei den Beteiligten.

Da sich Menschen vor allem an Dinge erinnern können, die mit starken Emotionen verbunden sind, schafft man durch Eingestehen des Irrtums oder die Ablenkung bei den Mitmenschen keine emotionale Basis, die dazu führen würde, diese unangenehme Situation lange im Gedächtnis zu behalten.

▶ **Tipp** Nehmen Sie sich selbst immer ein bisschen weniger ernst, als andere dies mit Ihnen tun. So können Sie locker mit unangenehmen und peinlichen Situationen umgehen.

Nach diesem kleinen Einstieg in das Thema befassen wir uns nun systematisch mit einem der wesentlichen Wirkirrtümer.

2.1 Wirken ist gar nicht so einfach – die Innen- und Außen-Unterscheidung

In meinen Vorträgen stelle ich mich gleich zu Beginn auf die Bühne und frage die Zuschauer, was ich in der momentanen Situation tun kann, um auf sie selbstbewusst zu wirken. Meist kommen dann folgende Vorschläge aus dem Publikum:

- Augenkontakt halten
- Lächeln

2.1 Wirken ist gar nicht so einfach – die Innen- und Außen-Unterscheidung

- Brust heraus
- Große Gesten machen
- Mit offenen Armen dastehen
- Gerade und aufrecht hinstellen
- Breitbeinig hinstellen
- Viel Raum einnehmen

Gesagt – getan. Ich halte mit dem Publikum ständig Augenkontakt, fixiere es sogar. Ich setze mein breitestes Dauerlächeln auf, drücke die Brust möglichst weit heraus und fuchtele mit großen sinnfreien Gesten durch die Luft. Dabei lasse ich meine Arme möglichst offen nach außen gedreht. Dann stelle ich mich stocksteif und sehr breitbeinig hin, nehme dabei so viel Raum ein wie möglich, indem ich sogar meine Hüfte ekelhaft weit nach vorne drücke, und frage während meines andauernden Grinsens: „So?"

Das Publikum ist teils entsetzt, teils erheitert, und es schlägt mir eine Welle von Verbesserungsvorschlägen entgegen: „Nein, natürlich nicht so übertrieben! Weniger machen! Nicht so starren, weniger gerade stehen, Arme auch nicht so weit öffnen! Grundsätzlich weniger von allem machen. Das ist ja sonst nicht echt."

Okay, ich mache von allem weniger. Ich blicke gelegentlich zur Seite, lasse das Brustbein einfallen, halte meine Arme in einer Stellung fest, stelle mich lässig auf ein Bein. Doch das Publikum ist nicht zufrieden. Dem einen ist es noch nicht wenig und nicht klein genug, dem anderen zu viel und zu groß – und eine rege Diskussion entspinnt sich. Denn sicherlich sind alle die Beobachtungen und Ratschläge des Publikums nicht verkehrt. Aber sobald die Gesten und die Mimik nur einen kleinen Tick zu groß, zu übertrieben, zu fest und steif, zu starr, zu gewollt eingesetzt werden, wirken sie alles andere als selbstbewusst und souverän.

Irgendwann ist der Punkt erreicht, an dem es mir dann leicht wütend entgegenschallt: „Einfach normal hinstellen, so wie vorher, bevor du gefragt hast, so wie du bist! Halt authentisch hinstellen!"

Dann erkläre ich dem Publikum: Wenn ich mich authentisch hinstellen soll, lümmele ich mich unterspannt an den Stehtisch, gucke gelangweilt ins Publikum und popele bei Bedarf in der Nase, da ich sehr erschöpft und müde sei und heute gar keine Energie hätte, um auf der Bühne zu stehen. Außerdem kitzele mich schon seit geraumer Zeit etwas in der Nase, das mich stört.

Spätestens jetzt ist der Zeitpunkt gekommen, an dem die Verwirrung der Zuschauer ihren Höhepunkt erreicht. Auf der einen Seite mag mein Verhalten ja authentisch sein, aber keine Lust zu haben und dies auch zu zeigen, ist auch nicht die optimale Entscheidung. Zudem sind ja all die wichtigen körperlichen Elemente irgendwie schon vorhanden, aber entweder zu stark oder zu schwach im Ausdruck. Die Lösung des Publikums lautet dann: „Dann sei doch einfach du selbst!" Und ich entgegne: „Okay, dann gehe ich jetzt von der Bühne, denn ich habe keine Lust." Das Publikum lacht.

> Das Phänomen, das hier zum Tragen kommt, ist die sogenannte „Innen- und Außenunterscheidung": Wir nehmen bei anderen visuell lediglich Äußerlichkeiten wahr. Dazu zählt der gesamte Körper, der Stand, die Mimik und die Gestik. Damit diese auf uns selbstbewusst wirken, reicht es in der Regel nicht einfach aus, die reinen Äußerlichkeiten zu bedienen. Wenn man nur das Äußere verändert, aber nicht das Innere, dann wirkt es oberflächlich, ausgestellt und plakativ.

Wenn Sie sich unwohl, unsicher, lustlos oder kraftlos fühlen, dann wirken diese inneren Gegebenheiten auch auf Ihr Äußeres. Dies kann eine minimal andere Grundspannung sein, ein zu starkes Lächeln, ein zu langer oder zu kurzer Augenkontakt oder ein unnatürlich wirkender Stand oder Gang.

Der Wunsch, einfach so zu sein, wie Sie im Moment sind, ist verständlich, aber einer souveränen Wirkweise nicht unbedingt dienlich, vor allem wenn es darum geht, die situativen Befindlichkeiten über das eigene Wirkziel zu stellen.

Meine Seminar- und Vortragsteilnehmenden verstehen nach der Übung, dass es nicht ausreicht, nur ein paar Äußerlichkeiten zu verändern, um ein Wirkziel zu erreichen. Es klingt zwar sehr verlockend, dass es allein über eine Körperhaltung, Mimik oder Gestik zu erreichen ist, aber die Realität sieht anders aus. Menschen, die es ausprobieren, empfinden es meist als unauthentisch. Sie fühlen sich unwohl und fremdbestimmt. Folglich schwören sie dem Ganzen wieder ab und wollen einfach so sein, „wie sie wirklich sind."

Komplexe Prozesse lassen sich eben nicht über einfache physische Handlungen umsetzen. Dafür sind viele kleine unscheinbare Prozesse notwendig. Es ist zwar leicht, auf Kommando die Arme zu verschränken, sich aufrecht hinzusetzen und den Kopf gerade zu halten, aber es ist sehr schwer, Ausstrahlung, Selbstbewusstsein und souveränes Auftreten in eine Gestik oder Mimik zu übersetzen, da dies einer inneren Haltung bedarf.

Im Alltag, wenn Sie nicht bewusst darüber nachdenken, welche Wirkung Sie nach außen ausstrahlen, steuern Sie automatisch Ihre Wirkung von innen heraus, aus Ihren Gefühlen und Gedanken. Daher ist die Wirkrichtung von innen nach außen auch viel näher, alltagstauglicher, effektiver und somit wahrhaftiger. Das bedeutet:

Ziel ist es, die Emotionen zu entdecken, bewusst wahrzunehmen und zu akzeptieren, um diese dann im letzten Schritt nach außen so kontrollieren zu können, dass die beabsichtigte Wirkung von Außenstehenden wahrgenommen wird. Auf diese Weise kommen wir in den Bereich der Wirkungssteuerung und -kontrolle.

Das Körpergedächtnis aktivieren
Im Folgenden erfahren Sie, wie Schauspieler manchmal methodisch von außen nach innen vorgehen, um ihre Wirkung zu steuern. Auch diese Methode können Sie für sich adaptieren.

Wenn ein Schauspieler eine Situation spielen muss, in der eine Figur sich in einer Szene extrem laut und völlig enthemmt mit ihrem Widersacher streitet, so hilft es, zuerst einmal in dieses Gefühl hineinzukommen, um es überzeugend darzustellen. Ist der Schauspieler eher ein friedfertiger und harmoniebedürftiger Mensch, so kann das ein Hindernis für den schauspielerischen Ausdruck sein.

Wird methodisch von außen nach innen gearbeitet, motiviert der Regisseur den Schauspieler z. B. herumzubrüllen, und zwar so laut er kann. Funktioniert das, lässt er ihn gleichzeitig wie einen Tiger auf der Bühne wild umherlaufen. Anschließend lässt er ihn auf ein Kissen einprügeln oder einen anderen Gegenstand auf der Bühne umherwerfen. Durch die intensive Körperarbeit bringt sich der Schauspieler immer mehr in Rage. Dies kann durchaus eine ganze Weile dauern. Zwischendrin wird immer wieder kurz in die Szene hineingesprungen, indem der Schauspieler ein paar Sätze aus seiner Rolle spricht. Durch diesen Ablauf merkt sich der Körper die spezielle Energie, die für das Spielen der Szene nötig ist. Der Schauspieler kann sie dann bei Bedarf sofort abrufen oder sich durch erheblich kürzere körperliche Übungseinheiten wieder auf das erforderliche Energielevel bringen.

Im Alltag ist diese *Biofeedback*-Übung natürlich eher unpraktisch. Nichtsdestotrotz können Sie sich durch eine vorausschauende Körperarbeit im Vorfeld erarbeiten, wie Sie Ihren Körper in bestimmten Situationen einsetzen möchten, um eine beabsichtigte Wirkung zu erzielen. Beispielsweise könnten Sie sehr präsent im Raum stehen und die Leute anschauen oder sich in einer Gruppe die nötige Aufmerksamkeit verschaffen, um gesehen zu werden, indem Sie mit dem Körper im wahrsten Sinne des Wortes mehr Raum einnehmen. Auf diese Weise können Sie souverän Situationen meistern, in denen Sie sonst häufig unsicher herüberkamen oder übersehen wurden. Das muss aber vorher trainiert werden, um in einem passenden Moment auch eingesetzt werden zu können.

Während meines Schauspielstudiums stellte ich mich einmal an den Leipziger Hauptbahnhof auf einen Bahnsteig, wartete, bis ein ICE ankam, und stand einfach da mit starrem Blick am Gleis entlang. Auf Grund meiner klaren körperlichen Haltung machten alle ankommenden Fahrgäste einen Bogen um mich herum. Kein einziger Fahrgast berührte mich. Es war für mich ein großartiges, überragendes Gefühl von absoluter körperlicher Präsenz.

Ein amerikanischer Lehrspruch sagt: „Fake it, till you make it." In der Schauspielerei wird diese Übung oft benutzt, um das Körpergedächtnis zu aktivieren.

Es ist durchaus möglich, durch äußere Prozesse das Innere zu verändern, um eine selbstbewusste Gesamtwirkung zu erzeugen. Je stärker und intensiver Sie sich in eine Körperlichkeit hineinversetzen und diese fühlen, desto stärker werden auch Ihre inneren Prozesse in der gewünschten Richtung aktiviert.

Um die inneren und die äußeren Prozesse zu steuern und diese organisch in Einklang zu bringen, sollten wir uns also zuallererst bewusst werden, welche Wirkungsfelder und -richtungen überhaupt auf uns und unsere Mitmenschen wirken. Wenn Sie diese kennen, können Sie sich ihnen Stück für Stück widmen und sie bearbeiten.

2.2 Die Wirkungsfelder: Ich – Raum – Personen

Es gibt stets drei aktive Wirkungsfelder, die nicht unabhängig voneinander betrachtet werden können. Um selbstbewusst aufzutreten, die Wirkung zu steuern und sich dabei im Umgang mit der Situation souverän zu fühlen, ist es wichtig, dass Sie alle Wirkungsfelder beachten, innerhalb derer Sie agieren können. Alle drei Felder – Ich, Raum und Personen – stehen in wechselseitiger Beziehung zueinander und beeinflussen sich gegenseitig (siehe Abb. 2.1).

1. Das **Ich** steht für die wirkende bzw. handelnde Person.
2. Der **Raum** steht für den Ort, an sich die betreffende Person und/oder andere Personen, z. B. Zuschauer, befinden. Das kann beispielsweise eine große Eventhalle, ein Meetingraum im Unternehmen, ein Büro oder eine kleine Kneipe sein.

2.2 Die Wirkungsfelder: Ich – Raum – Personen

Abb. 2.1 Die drei Wirkungsfelder Ich – Raum – Personen (eigene Darstellung)

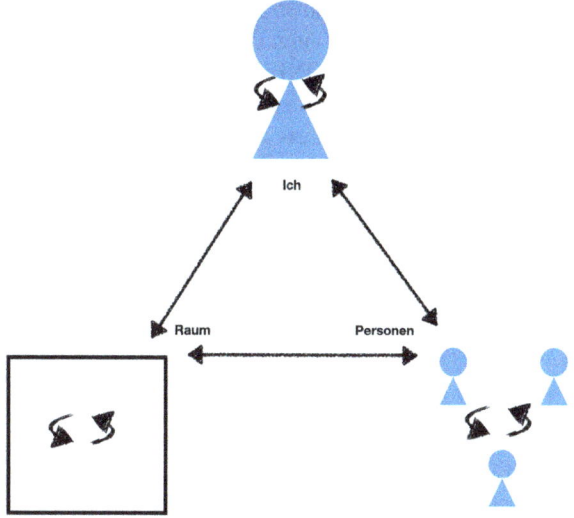

3. Die **Personen** sind alle diejenigen, auf die die handelnde Person einwirkt, also z. B. das Publikum bei einer Präsentation, aber auch die KollegInnen im Meeting oder die Gäste auf einer Geburtstagsfeier.

Innerhalb der drei Wirkungsfelder gibt es jeweils *zwei Wahrnehmungsrichtungen:* die Selbst- und die Fremdwahrnehmung.

- **Wirkungsfeld ICH**: Ich nehme mich wahr. Die anderen nehmen mich wahr.
- **Wirkungsfeld RAUM**: Ich nehme den Raum wahr. Die anderen nehmen mich (und sich selbst) in diesem Raum mit seinen besonderen Gegebenheiten wahr.
- **Wirkungsfeld PERSONEN**: Ich nehme die anderen Personen wahr. Die anderen Personen nehmen mich und sich selbst wahr.

Außerdem gibt es stets *zwei Wirkungsrichtungen:* von innen nach außen und von außen nach innen.

- **Wirkungsfeld ICH**: Meine innere Haltung wirkt nach außen und die Wirkungen von außen wirken auf meine innere Haltung zurück. Wie ich mich fühle und was ich denke, wirkt z. B. auf meine Körpersprache. Aber auch meine Körpersprache – wie ich sitze, gehe und stehe – übt eine Wirkung auf meine innere Haltung aus.
- **Wirkungsfeld RAUM**: Der Raum wirkt von sich aus, hat also eine *Grundraumwirkung*. Eine große Eventhalle hat eine andere Grundraumwirkung als

eine kleine Abstellkammer. Ich kann aber auch von außen auf den Raum einwirken, das Licht ändern, ihn z. B. schmücken oder die Tische und Stühle verstellen.
- **Wirkungsfeld PERSONEN**: Die innere Haltung der Personen wirkt nach außen, auf mich und auf die anderen Personen. Die Außenwirkungen haben auch gleichzeitig einen Einfluss auf die jeweiligen inneren Haltungen der Personen. Gibt es z. B. einen Stänkerer unter den Personen, dann fühlen sich andere in der Gruppe herausgefordert oder auch eingeschüchtert.

Das folgende Beispiel veranschaulicht die abstrakten Zusammenhänge:

Beispiel

Hundert Menschen sitzen in einem dunklen Raum, nur ein Spotlight ist auf die Bühne gerichtet. Der Redner betritt die Bühne und ruft laut: „Einen schönen guten Abend, meine Damen und Herren! Ich stelle mich einmal kurz vor. Ich bin der erste Redner des heutigen Abends." Das Publikum klatscht höflich, und der Redner beginnt seinen Vortrag. Wie nehmen Sie diese Situation wahr?

Stellen Sie sich alternativ folgende, ähnlich gelagerte Situation vor: Ein Spotlight erscheint und wird auf die Zuschauer gerichtet. Der Redner sitzt mitten im Publikum und spricht ins Mikrofon: „Einen schönen guten Abend, meine Damen und Herren! Ich stelle mich einmal persönlich bei jedem Einzelnen vor." Der Redner fängt an, Hände zu schütteln und nennt dabei immer wieder seinen Namen. Manche Zuschauer beginnen zu kichern und andere kommentieren die Situation. Einige sind verunsichert, ob der Redner das Ganze ernst meint. „Na, das kann ja lange dauern", tönt es aus dem Publikum. Der Redner begibt sich zum betreffenden Zuschauer und sagt frech, so dass es alle hören können: „Manche wären froh, wenn es mal etwas länger dauern würde!" Das Publikum lacht. „Das hat Ihnen der Teufel gesagt!", antwortet der Zuschauer. Der Redner schaut verdutzt drein und empört sich: „Sagen Sie mal, wie reden Sie denn über meine Frau?" Das Publikum lacht erneut. Der Redner steigt auf die Bühne, das Licht im Saal erlischt und der Spot ist jetzt ausschließlich auf die Bühne gerichtet. Das Publikum ist leicht amüsiert und gespannt, wie der Vortrag nun weitergeht. Wie nehmen Sie diese Situation im Unterschied zur obigen wahr? ◄

Ich, Raum und Personen sind in beiden Situationen identisch, werden aber vom Redner ganz unterschiedlich gestaltet, und das Publikum reagiert auch jeweils verschieden. Der Redner entfaltet jeweils zwei ganz verschiedene Wirkungsfelder.

Im zweiten Beispiel verringert der Redner gleich zu Beginn die Distanz zum Publikum. Er baut eine starke räumliche Nähe zu den Zuschauern auf. Indem er sich auf einen Stuhl im Publikum setzt, signalisiert er: „Ich bin einer von euch".

2.2 Die Wirkungsfelder: Ich – Raum – Personen

Seine persönliche und sympathische Art, in der er offenbart, dass er sich erst einmal vorstellen will, wird garniert mit der komödiantischen Übertreibung, dass er sich bei *jedem* vorstellen will. Dadurch schafft er es, dass sich jeder Zuschauer mit der aktuellen Situation beschäftigt, indem er überlegt, ob er das lustig findet, ob ihm das unangenehm ist, ob er sich ebenfalls mit Namen vorstellen soll usw.

Die Zuschauer sind direkt aufgefordert, mit dem Redner in Beziehung zu treten. Ein Zuschauer geht darauf ein und moniert, auch in komödiantischer Absicht, dass das ja lange dauern könne. Manche amüsiert es, andere sind froh, dass es jemand angesprochen hat, andere wiederum sind gespannt, wie jetzt der Redner reagiert. Wieder sind alle Zuschauer mit echten Emotionen an der Situation beteiligt.

Nun steigert der Redner diese Emotionen, indem er den Raum und die Beziehung zu diesem Zuschauer neu definiert. Er sucht bewusst die Nähe und das persönliche Gespräch zu ihm. Alle übrigen Zuschauer bilden sich eine persönliche Meinung zu dieser Interaktion. Manche sind froh, dass sie nichts gesagt haben, weil es ihnen peinlich gewesen wäre, andere sind erfreut und gespannt, welcher Schlagabtausch jetzt kommt.

Der Redner geht in eine tadelnde Elternrolle, reinterpretiert das Gesagte und spielt humoristisch auf ein sexuelles Klischee an. Da dies für jeden ersichtlich auf humoristische, anerkennende und gespielte Weise geschieht, fühlt sich der Zuschauer ermutigt, auch in die tadelnde und leicht angriffslustige Rolle zu gehen, indem er ein Zitat aus dem Märchen Rumpelstilzchen anwendet. Der Redner benutzt nun einen doppelten rhetorischen Kniff, indem er zwar scheinbar plötzlich die Wirkrichtung ändert, aber dennoch den anderen weiterhin rügt. Das, was er gesagt hat, war gar nicht auf den Zuschauer bezogen, sondern eine Selbsttadelung („meine Frau"); gleichzeitig macht er dem Zuschauer in gespielter Empörung genau dies zum Vorwurf.

Der Redner hat es geschafft, dass die komplette Aufmerksamkeit der Zuschauer nun bei ihm liegt. Er hat auf Augenhöhe, mit Respekt und Humor eine Beziehung zum Publikum aufgebaut und vergrößert nun seinen Wirkraum, indem er auf die Bühne steigt.

> **Die Quintessenz der Wirkungsfelder**
> Niemand wirkt für sich alleine im Raum. Wirkung ist stets ein Wechselspiel zwischen den Wirkungsfeldern **Ich, Raum** und **Personen**, mit denen Sie arbeiten müssen, um Ihre Wirkung zu gestalten. Die Wirkfelder sind nicht statisch, sondern in ständiger Bewegung, und sie stehen in wechselnden Beziehungen zueinander. Um Ihre Wirkung effektiv zu steuern und einzusetzen, müssen Sie alle drei Wirkungsfelder, die Wahrnehmungs- und die Wirkungsrichtungen beachten und bespielen.

2.3 Wirkung ist mehr als die Addition von Gestik und Mimik

Sie kennen den Klassiker unter den Wirkungsirrtümern: die verschränkten Arme. Wahrscheinlich hat man auch Ihnen erzählt, dass die Verschränkung der Arme ein Zeichen für eine abwehrende Haltung ist. Doch sie kann auch ganz andere Gründe haben: Vielleicht verschränkt Ihr Gegenüber seine Arme, weil er einen miesen Tag hat, weil er friert, unsicher ist oder im Gespräch nicht weiß wohin mit seinen Armen und Händen. Oder er ist müde, sein Stuhl hat keine Armlehnen, und er will keine zusätzliche Energie aufwenden, um die Arme hoch zu halten (Video Abb. 2.2).

Die verschränkten Arme als Abwehrhaltung interpretieren zu wollen, ohne die Hintergründe zu kennen, wäre zu einseitig gedacht und berücksichtigt nicht die Komplexität und den multifaktoriellen Effekt, den Wirkung von Natur aus hat. Denn die Wirkung ist stets mehr als nur die Addition von Gesten und Gesichtsausdrücken. Sie ist all das, was Sie bewusst oder unbewusst wahrnehmen und somit auf Sie einwirkt, und das, was Sie bewusst oder unbewusst senden und somit auf Ihr Gegenüber einwirkt.

Wer anfängt, sich mit Körpersprache zu beschäftigen, achtet zunächst auf Hände, grobe Mimik und auf den Körper als einfache Einheit. Häufig wird dann

Abb. 2.2 Verschränkte Arme haben viele Gründe. (Foto + Video: Benedikt Crisand. Bitte verwenden Sie zum Abspielen dieses Videos die SN More Media-App und scannen Sie die folgende URL: (▶ https://doi.org/10.1007/000-7ae))

einzelnen Gesten oder mimischen Ausdrücken eine zu hohe oder eine falsche Bedeutung beigemessen, weil der Gesamtkontext, der Raum, die Personen und die Gegebenheiten der Situation nicht miteinbezogen werden. Doch es müssen *alle* körpersprachlichen Zeichen wahrgenommen und in einen Gesamtzusammenhang eingebettet werden. Dazu gehört auch die Fußstellung, der Blick, das Schürzen der Lippen, das Wackeln der Hand oder ein nach vorn gebeugter Oberkörper. Ziel ist es, im Gesamtkontext der spezifischen Situation und in Kontakt mit Personen einschließlich Gestik und Mimik Muster zu erkennen und daraus Gesetzmäßigkeiten abzuleiten. Je mehr Vorwissen Sie haben, um die einzelnen Informationen einzuordnen, desto trennschärfer können Sie die Wirkung einer einzelnen Geste oder Körperhaltung einordnen.

> Durch persönliche Präsenz souverän aufzutreten bedeutet, in vielen unterschiedlichen Facetten wahrzunehmen und zu agieren. Wenn einer einzelnen Geste, einer Körperhaltung oder einem Gesichtsausdruck eine unangemessene Bedeutung beigemessen wird, wächst dadurch die Gefahr einer falschen Interpretation oder Grundannahme.

2.4 Ein Irrtum kommt selten allein – die drei Wirkregeln

Szenen einer Ehe

„Schatz, ich gehe heute Abend noch mit den Freunden weg – ist das okay für dich?"
„Ja, natürlich ist das in Ordnung für mich. Was soll es denn sonst sein?"
„Ich frage ja nur, damit du hinterher nicht wieder verärgert bist."
„Du fragst doch nur, um zu fragen, und nicht, weil du mir wirklich eine Entscheidung lässt."
„Mein Gott, dann frag ich dich eben zukünftig gar nicht mehr, wenn du nicht gefragt werden willst."
„Das habe ich so nicht gesagt."
„Aber das hast du damit gemeint." ◂

Der Alltag besteht aus unzähligen kleinen und großen Missverständnissen – solchen, die schnell aufgeklärt werden, und solchen, die niemals aufgeklärt und entdeckt werden. Auch Sie haben sich sicher schon in manchen Situationen gefragt, warum Ihr Gesprächspartner so seltsam reagiert und wie er zu seiner Interpretation kommt. Das zeigt uns wieder: Die Wirkung auf das Gegenüber ist nicht notwendigerweise so, wie wir es uns vorgestellt haben. Sie muss längst nicht mit dem übereinstimmen, was wir tatsächlich gemeint oder beabsichtigt haben, sondern ist das, was der andere aufgrund unseres Wirkens dechiffriert hat. Das gilt ebenso für Situationen, in denen etwas nicht gesagt oder nicht getan wurde.

Ein Verdächtiger macht sich in einem Polizeiverhör auch schon dadurch verdächtig, dass er seine Aussage verweigert und einfach nur dasitzt und schweigt. Denn auch das hat eine große Wirkung auf die Polizisten. Würde ein Unschuldiger nicht versuchen, bei der Aufklärung mitzuhelfen, vor allem, wenn er selbst davon einen Vorteil hätte?

> **1. Wirkregel: Wir wirken immer. (Oder: Wir können nicht *nicht* wirken.)**
> Wirkung ist das, was beim Gegenüber, dem Empfänger, ankommt, aber nicht unbedingt das, was vom Sender gesendet wurde. Kommunikation ist nicht die Absicht des Senders, sondern die Wirkung beim Empfänger.

Die englische Psychologin Wendy Harbutt hat einmal gesagt: „Man ist konstant am empfangenden Ende seines eigenen Verhaltens." Das habe ich selbst bei der Veranstaltung eines Schweizer Pharma-Konzerns erlebt.

Beispiel

Eine Mitarbeiterin war verantwortlich für eine Veranstaltung, auf der ich einen Intensivworkshop gab. Nach meinem Workshop war die Veranstaltung bis auf ein bevorstehendes Mittagessen und die Organisation der gemeinsamen Abreise beendet. Der Chef bedankte sich bei mir und bei der Mitarbeiterin für die letzten beiden Tage. Am Schluss fragte er sie, ob es jetzt Essen gäbe.

Als sie das bejahte, standen alle Teilnehmer – typisch, wenn das Wort „Mittagessen" fällt – abrupt auf, fingen an, miteinander zu sprechen, und packten ihre Taschen. In diesem Moment wollte der Chef der Mitarbeiterin das Zepter wieder in die Hand geben, damit sie Organisatorisches zum Mittagessen, zum Auschecken und zur Abreise sagen konnte. Doch als die Mitarbeiterin anfing, diese Informationen in die Gruppe zu rufen, hörte niemand mehr wirklich zu.

Weil sie niemand beachtete, klatschte die Mitarbeiterin plötzlich ganz laut in die Runde, ging auf einige Teilnehmer zu und rief sehr laut „He! He!". Nun war die Gruppe still – aber auch sehr verwundert, was denn auf einmal los sei. Die Mitarbeiterin war verärgert über die Unaufmerksamkeit der Gruppe und ratterte

2.4 Ein Irrtum kommt selten allein – die drei Wirkregeln

die letzten Details entnervt runter. Kopfschüttelnd verließ die Gruppe den Raum, und die Mitarbeiterin blieb höchst unzufrieden und zweifelnd zurück. ◄

Die lautstarke Wirkung der Mitarbeiterin passte nicht zu der aktuell wahrgenommenen Situation der Teilnehmer, da diese weder von der Information des Chefs noch von dem Versuch der Mitarbeiterin, sich Gehör zu verschaffen, etwas mitbekommen hatten. Dementsprechend war ihre Rückwirkung zunächst von Ignoranz geprägt. Diese Rückwirkung wiederum veranlasste die Mitarbeiterin zu „genervtem" Handeln, welches wiederum auf die Teilnehmer eine entsprechende Wirkung hatte. Es schien so, als ob eine der höchsten Eskalationsstufen, um Aufmerksamkeit zu erzeugen, in wenigen Sekunden erklommen wurde.

Oft ist in komplexen, schwierigen Situationen zu beobachten, dass schnell gewertet wird, ob sich jemand richtig oder falsch verhalten hat. Aber darum geht es nicht, sondern entscheidend ist, die geeigneten Wirkwerkzeuge einzusetzen. Diese hätten z. B. darin bestehen können, dass die Mitarbeiterin die Namen der aktivsten und lautesten Personen laut nennt, damit sie merken, dass ihre Aufmerksamkeit woanders benötigt wird. Sie hätte auch zu den beiden Gruppen gehen können, die am nächsten zur Tür standen, und sie um ihre Aufmerksamkeit bitten können, so dass diese in ihre Richtung schauen. Eine gemeinsame Blickrichtung mehrerer Personen löst oft eine entsprechende Wirkung oder Reaktion bei den anderen aus, die nun ebenfalls in dieselbe Richtung gucken.

Auf diese Weise hätte sich die Situation entspannt, und die Mitarbeiterin hätte souverän gehandelt. Auf ihre dominante und leicht aggressive Art hingegen reagierten die Teilnehmer mit Unverständnis oder Ablehnung. Viele Menschen wissen nicht um diese kleinen, leicht anwendbaren, wirkungsvollen Tools des souveränen Auftretens, weil sie sie selbst nur selten erlebt oder erfahren haben.

> **2. Wirkregel: Alles ist Wechselwirkung**
> Die Art und Weise, wie ein Sender wirkt, hat Auswirkungen auf den Empfänger. Dieser bewirkt mit seinem typischen Verhalten wiederum eine Rückwirkung auf den Sender.

Schon als Kind haben wir gelernt, dass fast alle Entscheidungen, die wir trafen, als gut oder schlecht, als richtig oder falsch bewertet wurden. Um den Eltern zu gefallen, mussten wir uns benehmen; wir wurden für „richtiges" Verhalten belohnt und für „falsches" bestraft.

Diese Denkweise manifestierte sich in der weiteren Schul- und Ausbildungslaufbahn. Bei jeder Interaktion mit dem Lehrer konnten wir etwas „Richtiges" oder „Falsches" sagen, bekamen grüne Häkchen oder rote Fehlermarkierungen in den Schulheften. In der Schule hatte ich nie Lehrer – ich hatte Bewerter, und Sie vermutlich ebenso.

Für die Entwicklung der persönlichen Wirkkraft ist das schädlich und einengend; es führt letztlich zu einer Verkümmerung der Ausdrucksweise. In der persönlichen Präsenz gibt es kein „richtig" oder „falsch", kein „gut" oder „schlecht" – es gibt nur unterschiedliche Wirkungen.

Ob eine Wirkung gut oder schlecht ist, lässt sich nur dann feststellen, wenn man zuvor einen Bezugsrahmen festgelegt bzw. eine Ziel- oder Wunschwirkung definiert hat. Nach diesem Maßstab kann man die tatsächliche Wirkung beurteilen. Die meisten „verkorksten" Wirkweisen entstehen durch den Druck, alles richtig und bloß nichts falsch machen zu wollen.

Stellen Sie sich vor, Sie wären bei den Schwiegereltern zum 60. Geburtstag eingeladen und wurden im Vorfeld dazu genötigt, eine kleine Rede zu halten. Jetzt können Sie frei entscheiden, welches Wirkziel Sie mit dieser Rede verfolgen: Wollen Sie witzig und unterhaltsam wirken? Wollen Sie die Gäste emotional berühren? Wollen Sie eher seriös, steif und konservativ wirken? Oder wollen Sie vielleicht unbeholfen und nervös wirken, damit Sie nie wieder jemand bittet, eine Rede zu halten? Keine dieser Wirkziele ist gut, schlecht, richtig oder falsch. Sie alleine entscheiden, wie Ihre Wirkung sein soll. Wenn Sie witzig wirken wollten, aber die gesamte Geburtstagsgesellschaft sich für Sie fremdgeschämt hat und unangenehm berührt war, dann war das nicht falsch oder schlecht, sondern Sie haben einfach Ihre Wunschwirkung verfehlt.

Erhalten Sie nach der Rede von den anderen Gästen ein Wirkungsfeedback, dann hilft es Ihnen nicht, wenn gesagt wird: „Das hast du gut gemacht" oder „Es war schlecht, wie du geredet hast". Das Einzige, was hilft, ist, wenn Sie konkret erfahren, *wie* es auf die anderen gewirkt hat und welche Handlungsweise die gewünschte Wirkung erzielt hätte. Sie sollten Ihre Wirkung also danach beurteilen, ob sie zielführend oder nicht zielführend ist. So können Sie das Potenzial in sich und in Ihren Mitmenschen entdecken.

> **3. Wirkregel: Es gibt keine richtige und keine falsche Wirkung**
> Eine Wirkung kann man nur dann beurteilen, wenn man zuvor seine persönliche Zielwirkung definiert hat. Anhand dessen lässt sich feststellen, ob das Ziel erreicht wurde oder eine andere Wirkweise besser funktioniert hätte.

Die Reise ins Ich – Selbst- und Fremdwahrnehmung schärfen

3

▶ **Basic 2** Schärfen Sie Ihre Selbst- und Ihre Fremdwahrnehmung.

Unser Alltag ist laut, grell und oft stehen wir unter ständigem Termindruck. Durch den daraus resultierenden Alltagsstress schafft man es selten, sich zu besinnen und sich selbst differenziert wahrzunehmen. Unzählige Impulse prasseln von außen auf uns ein und führen oftmals zu einer Fokussierung auf äußere Merkmale. Sich selbst bewusst zu werden, ist jedoch essenziell, um die eigene Wirkung effektiv gestalten zu können. Genauso wichtig ist neben der Selbstbeobachtung auch die Beobachtung des Gegenübers.

3.1 Ich, einfach unverbesserlich? Training der Selbstwahrnehmung

Beantworten Sie folgende Fragen im Stillen für sich: Wie fühlen Sie sich gerade? Wie ging es Ihnen gestern? Wie beschreiben Sie Ihren allgemeinen Gemütszustand? Vielleicht haben Sie jetzt dreimal „gut" oder „ganz okay" gedacht. Was

---

Ergänzende Information Die elektronische Version dieses Kapitels enthält Zusatzmaterial, auf das über folgenden Link zugegriffen werden kann [https://doi.org/10.1007/978-3-658-37981-0_3]. Die Videos lassen sich durch Anklicken des DOI Links in der Legende einer entsprechenden Abbildung abspielen, oder indem Sie diesen Link mit der SN More Media App scannen.

© Springer Fachmedien Wiesbaden GmbH, ein Teil von Springer Nature 2022
B. Crisand, *Die Power der persönlichen Präsenz*,
https://doi.org/10.1007/978-3-658-37981-0_3

sagt dieses „gut" aber konkret über Sie aus und darüber, wie Sie sich gerade wirklich fühlen?

Um sich selbst genauer und besser kennen zu lernen und die eigene Wirkweise zu verstehen, hilft es, die Sensibilität für sich selbst, die Gedanken sowie den eigenen Körper zu schärfen. Beide Bereiche, das Mentale sowie das Physische, sollten gleichermaßen trainiert werden.

Blitzlicht

Werden wir im Stressrauschen des Alltags gefragt, wie wir uns fühlen, antworten wir oft mechanisch mit sozial akzeptierten Begrifflichkeiten und Phrasen, ohne wirklich nachzudenken. Das hat zum einen mit der sozialen Erwünschtheit zu tun, zum anderen aber auch mit der Annahme, dass der andere meist ohnehin nur aus Höflichkeit fragt und kein tiefer gehendes Interesse an den Gefühlszuständen des Gegenübers hat.

Angenommen, Sie treffen eine entfernte Bekannte beim Einkaufen im Supermarkt und fragen, wie es ihr geht. Sie antwortet, sie wäre verzweifelt, ihr Freund habe sie verlassen und sie hätte Magendarmbeschwerden, den ganzen Tag Durchfall und sie fühle sich erschöpft – dann könnte es sein, dass Sie sich überfordert fühlen, eine adäquate Antwort zu geben, die konstruktiv und zugleich sympathisch ist. Um einen engeren Kontakt zu sich selbst herzustellen, können Sie sich morgens und abends selbst fragen, wie Sie sich gerade wirklich fühlen.

Bei der folgenden Übung geht es darum, innezuhalten und sich für einen kurzen Moment näher zu kommen, sich selbst besser kennen zu lernen und sich dadurch in herausfordernden Situationen besser zu verstehen.

Übung: Blitzlicht

Fokussieren Sie sich etwa drei Minuten lang auf sich selbst und blicken Sie in sich hinein – so wie ein Blitz einen Raum einen Moment lang erhellt. Was spüren Sie? Was fühlen Sie? Welche Emotionen sind gerade bei Ihnen präsent? Was treibt Sie an? Wie geht es Ihnen wirklich?

Suchen Sie nach konkreten Adjektiven und vermeiden Sie Ausweichbegriffe bzw. Bewertungen wie „gut", „schlecht", „okay", „super" usw. Auch ein Wort wie „gestresst" kann differenzierter betrachtet werden. Stress hat unterschiedliche Ausprägungen, z. B. „nervös, aufgeregt, verärgert, hektisch, ängstlich, unsicher, überfordert, überbelastet" oder „mit Schuldgefühlen behaftet".

Wenn Sie diese Übung regelmäßig durchführen, fördert und erhöht das Ihre situative und alltägliche Selbstreflexion, mit der Sie sich in Ihrer persönlichen Wirkung weiterentwickeln.

3.1 Ich, einfach unverbesserlich? Training der Selbstwahrnehmung

Durch das Trainieren einer sensiblen Selbstwahrnehmung können Sie Ihre Außenwirkung in Alltagssituationen schneller und effektiver einschätzen und verstehen. Stellen Sie sich vor, Sie wären mit neuen weißen Schuhen in der Fußgängerzone unterwegs. In einem Moment der Unachtsamkeit fährt Ihnen eine Frau mit ihrem Kinderwagen über Ihre weißen Schuhe. Oder Sie stehen im Supermarkt an Kasse 1 und plötzlich öffnet Kasse 2 neben Ihnen. Doch bevor Sie reagieren können, sind die hinter Ihnen stehenden KundInnen schon an Ihnen vorbeigehastet und haben die vorderen Plätze der neuen Schlange an Kasse 2 ergattert.

Bevor Sie jetzt einfach nach klassischen Mustern reagieren – z. B. laut werden, einen fiesen Spruch loslassen oder den Ärger hinunterschlucken –, beobachten Sie einfach, wo das momentane Gefühl herkommt und wie es sich gerade im Körper bemerkbar macht. Sie unterdrücken es nicht, bewerten es nicht, aber reagieren auch nicht darauf, sondern bleiben in der neutralen Beobachtung.

Dadurch gewinnen Sie die nötige Distanz, um sich zu sortieren und neu entscheiden zu können, welche Wirkmittel Sie einsetzen wollen. Allein durch diesen Vorgang der Selbstbewusstwerdung wird Ihre Wirkung selbstsicherer. Denn Selbstwirksamkeit entsteht dadurch, dass Sie sich selbst bewusster werden.

Körperachtsamkeit

Da die Wirkung nach außen maßgeblich über den Körper transportiert wird, ist es ratsam, die Achtsamkeit gegenüber dem eigenen Körper zu erhöhen. In einer Welt, die durch stetige Weiterentwicklung der Technik und der Digitalisierung immer schneller wird, wird es immer schwieriger, im beruflichen Alltag zu entschleunigen und sich Momente der Achtsamkeit zu gönnen. Selten wird der Fokus komplett auf den eigenen Körper gelegt. Dabei ist wichtig, den eigenen Körpersignalen zu vertrauen. Viele Menschen haben das leider verlernt, wie man beim Essen gut beobachten kann. Das Essverhalten wird oft nicht mit Hilfe von Hunger- oder Sättigungsempfindungen gesteuert, sondern es wird einfach das gegessen, was man kennt, und zu Zeiten, wann man es gewohnt ist. Andere wiederum richten sich streng nach Kalorientabellen oder Expertenempfehlungen.

Hier zunächst eine Basis-Übung, mit der Sie lernen, Ihren Körper wieder ganzheitlich bewusster wahrzunehmen.

Body-Scan-Übung

Bei dieser Übung wird die gesamte Körperwahrnehmung geschärft und sensibilisiert. Ziel ist es, den eigenen Körper neu zu entdecken und bewusster wahrzunehmen. Die Übung kann überall zu jeder Zeit durchgeführt werden, allerdings ist es am besten, wenn Sie sich an einem ruhigen Ort befinden und den Platz haben, sich hinzulegen und die Augen zu schließen. Dies ist aber kein notwendiges Kriterium.

Sie tasten mit der inneren Aufmerksamkeit, wie bei einem Schattenriss, Stück für Stück die äußeren Grenzen Ihres Körpers ab. Sie stellen sich vor, Sie liegen auf einem großen Blatt Papier, und fahren dann wie mit einem Bleistift die Peripherie des Körpers ganz langsam entlang, beginnend am rechten großen Zeh. Für jeden Teil Ihres Körpers wird in diesem Moment eine bewusste und sensible Wahrnehmung generiert. So legen Sie Ihre Aufmerksamkeit auf Stellen Ihres Körpers, die Sie im Alltag selten bis gar nicht wahrnehmen – zumindest so lange nicht, wie Ihr Körper wunschgemäß funktioniert und keine Schmerzen meldet.

Nach dieser Übung, die bis zu 15 Minuten dauern kann, werden Sie spüren, dass Sie sich viel ganzheitlicher, präsenter und selbstsicherer fühlen.

Wahrnehmung der Organtätigkeiten
Haben Sie schon einmal im Film eine Szene mit einem Lügendetektor gesehen und sich gefragt, ob Sie in der Lage wären, ihn auszutricksen? Lügendetektoren messen Blutdruck, Puls, Atmung oder die elektrische Leitfähigkeit der Haut. Die Atmung werden Sie noch regulieren können, aber wie sieht es mit Ihrem Blutdruck und dem Puls oder gar mit Ihrem Herzschlag aus?

Die Selbstwahrnehmung lässt sich auch anhand der Wahrnehmung der Organtätigkeiten (sog. Viszerozeption) schulen. Normalerweise nehmen wir die Tätigkeiten unserer Organe nicht wahr, aber es ist eine gute Übung, sich besser kennenzulernen, und kann in Stresssituationen helfen, sich sicherer und selbstbewusster zu fühlen.

Übung: Den Herzschlag spüren

Setzen Sie sich entspannt in einen Sessel oder auf einen Stuhl in einem ruhigen Raum oder in einer ruhigen Umgebung. Schließen Sie die Augen. Das hilft Ihnen, sich stärker auf sich selbst zu konzentrieren. Starten Sie mit ein paar ruhigen Atemzügen. Danach versuchen Sie, Ihren Herzschlag zu spüren, und verfolgen Sie die Herzschläge. Beobachten Sie die Stärke und die Frequenz. Wenn Sie dies geschafft haben, können Sie sich schon einmal beglückwünschen.

Im nächsten Schritt versuchen Sie, sich durch langsame tiefe Atmung und beruhigende Suggestionen (z. B. „ich bin ruhig und gelassen") noch stärker herunterzufahren. Stellen Sie sich ganz genau vor, wie Sie sich fühlen, wenn Sie entspannt sind. Sie werden merken, dass sich die Anzahl der Schläge verringert.

3.1 Ich, einfach unverbesserlich? Training der Selbstwahrnehmung

Atmen Sie schneller und stellen Sie sich vor, wie Sie sich fühlen, wenn Ihnen alles zu viel wird. Nutzen Sie im Alltag Suggestionen, die Hektik, Stress, Angst und Ärger verbreiten (z. B. „ich bin im Stress", „das ist mir jetzt zu viel", „ich bin überfordert"), werden Sie merken, dass sich die Herzfrequenz erhöht.

In Studien der Biopsychologin Beate Herbert hat sich gezeigt, dass Menschen, die innere Signale wie den Herzschlag gut wahrnehmen können, auch deutlicher spüren, wann sie etwas zu essen brauchen und wann sie satt sind.

Es gibt verschiedene Möglichkeiten und verschiedene Arten, die sensible Selbstwahrnehmung zu trainieren. Wie bei jedem Training ist es wichtig, dass es regelmäßig durchgeführt und in den Alltag eingebaut wird. Nur so lässt sich ein Trainingseffekt erzielen. Sie können auch die körperliche und die mentale Selbstwahrnehmung in einer Übung miteinander verbinden.

Übung: Fünf Schritte zur Selbstwahrnehmung

1. **Wie fühle ich mich?**
   Achten Sie darauf, keine ausweichenden Begriffe wie „gut" oder „schlecht" zu benutzen. Trainieren Sie Ihre sensible Selbstwahrnehmung, indem Sie versuchen, verschiedene Adjektive zu benutzen.
2. **Wo bin ich und wo komme ich her?**
   In welchem Umfeld befinde ich mich gerade? Wie wirken der Raum und die Menschen auf mich? Was habe ich gerade gemacht und wie war das für mich?
3. **Wo will ich hin?**
   Was ist mein aktuelles Ziel? Will ich da bleiben, wo ich gerade bin, oder will ich woanders hin? Was will ich erreichen?
4. **Wie stehe, sitze, liege ich?**
   Sensibilisierung für den ganzen Körper, von der Haarspitze bis zum kleinen Zeh: Wo berührt mein Körper den Boden oder die Sitzfläche? Worauf liegt das Gewicht? Liegen die Hände auf oder hängen sie in der Luft? Wie macht sich das im Körper bemerkbar?
5. **Wie bewege ich mich?**
   Wie sind meine Bewegungen, meine Atmung meine Blicke? Sind sie schnell, langsam, konkret, chaotisch, hektisch oder ruhig und entspannt?

Beginnen Sie nun wieder von vorne. Machen Sie diese kurze Übung drei- bis fünfmal am Tag zu unterschiedlichen Uhrzeiten. Sie können die Schritte überall durchführen, ob im Büro, in der Schlange beim Bäcker, auf dem Weg zur Arbeit in der Bahn oder auf dem Sofa. Legen Sie damit den Grundstein für eine neue Wahrnehmungsbasis, um selbstbewusst zu wirken.

3.2 Das Leben der anderen – Training der Fremdwahrnehmung

3.2.1 Die Sinne schärfen

So verschieden wir Menschen sind, so ähnlich sind wir uns andererseits auch. In meinen Trainings und Vorträgen vor internationalem Publikum habe ich eines gelernt: Egal ob die Menschen aus Brasilien, den USA, England, Spanien, Südafrika, dem Oman, Russland, Südkorea oder China kommen, sobald sie sich begegnen, sind dieselben Wirkkräfte gegenwärtig. Natürlich gibt es kulturelle Unterschiede, die in der Dechiffrierung einzelner Gesten oder gelernter Umgangsformen sichtbar werden, aber ein echtes Lächeln bleibt ein echtes Lächeln. Ein wertschätzender Umgang bleibt ein wertschätzender Umgang, und ein selbstbewusstes Auftreten wird universell über alle kulturellen Grenzen hinweg als selbstbewusst wahrgenommen.

Im Alltag sind viele Menschen schnell darin, andere zu bewerten und zu kategorisieren. Das passiert vor allem dann, wenn sich Menschen noch nicht gut genug kennen. Dann werden diese durch gewisse, vielleicht auch bekannte Verhaltensmuster direkt mit Vorurteilen verknüpft und schnell in Schubladen gesteckt.

Um andere präzise wahrzunehmen, müssen Sie sich zuerst einmal zurückbesinnen, nämlich auf das, was im Wort selbst schon steckt: Ihre Sinne. Mit Ihren Sinnen nehmen Sie die Welt um sich herum und somit auch die Wirkung der anderen wahr. Der Neurowissenschaftler David Eagleman schreibt in seinem Buch „The Brain" [1], dass das sichtbare Licht, das vom menschlichen Auge wahrgenommen wird, nur ein Zehnbillionstel des gesamten elektromagnetischen Spektrums darstellt.

Unser aller Erlebnisspektrum ist demnach nur ein winziger Bruchteil dessen, was theoretisch wahrnehmbar wäre. Wir wissen, dass Tiere besser sehen, hören und riechen können als wir. Der Zugang zu diesen Fähigkeiten ist uns bisher ohne technische Hilfsgeräte, wie z. B. eine Infrarot- oder Wärmekamera, nicht möglich.

Damit wenigstens der uns zur Verfügung stehende Teil bestmöglich genutzt werden kann, gibt es Methoden und Übungen, um Ihre Sinne und Ihre Fremdwahrnehmung zu schulen. Denn je mehr und je präziser Sie Informationen wahrnehmen, desto größer wird Ihr persönliches Verhaltensspektrum, darauf zu reagieren.

3.2 Das Leben der anderen – Training der Fremdwahrnehmung

Übung zur Schärfung der Sinne

Setzen, stellen oder legen Sie sich gemütlich an einen beliebigen Ort. Konzentrieren Sie sich nacheinander auf die folgenden fünf Sinne, mit der Sie Ihre Umwelt wahrnehmen.

- **Sehsinn**
Nehmen Sie mindestens fünf Dinge wahr, die Ihnen in diesem Raum, an diesem Ort noch nie aufgefallen sind, oder die Ihnen gerade besonders präsent erscheinen. Dies kann ein kleines Detail sein, eine Oberfläche, eine Struktur, eine Farbe oder im Großen ein harmonisches Zusammenspiel von verschiedenen Gegenständen oder Formen. Versuchen Sie, diese wahrgenommenen Dinge zu benennen und mit Worten zu beschreiben.
- **Hörsinn**
Was hören Sie? Schließen Sie Ihre Augen, wenn Sie sich dann besser konzentrieren können. Versuchen Sie, sich nur auf das zu konzentrieren, was Sie gerade hören. Ist es eine Lüftung, ein Rauschen, ein Brummen, die entfernte Straße durch das geschlossene Fenster oder der hustende Kollege am Ende des Ganges? Nehmen Sie mindestens vier unterschiedliche Geräusche wahr und versuchen Sie, die Herkunftsquelle dieser Geräusche zu identifizieren.
- **Tastsinn**
Wo berührt Ihr Körper gerade eine Oberfläche, worauf sitzen, stehen oder worauf liegen Sie? Wie fühlt es sich an: weich, hart, bequem, unbequem oder schmerzhaft? Ist der Druck gleichmäßig verteilt oder auf eine bestimmte Stelle konzentriert? Fassen Sie drei Dinge an, die Sie selten angefasst haben, wie z. B. die Unterseite des Schreibtisches, oder etwas, dass Sie häufig anfassen, aber selten bewusst spüren, wie beispielsweise Ihre Hände genau den Henkel Ihrer Kaffeetasse umgreifen und an welchen Stellen wie viel Druck auf den Fingern lastet und wie kalt oder warm die Tasse ist.

Wussten Sie, dass Menschen zwar Druck und Temperatur fühlen können, aber keine Nässe? Das liegt daran, dass es dafür keine Rezeptoren in der Haut gibt. Ob ein Handtuch also nass ist oder nicht, können Sie mit geschlossenen Augen nur durch die Temperatur und die Konsistenz des Handtuchs erkennen. Probieren Sie es aus.

- **Geruchssinn**
Wenn man jemanden „nicht riechen" kann, dann bedeutet das, dass man diese Person nicht leiden mag. Meistens mag man auch, im wahrsten Sinne des Wortes, den Geruch dieses Menschen nicht. Menschen haben nicht das

allerbeste Riechorgan und können im größerer Entfernung nichts riechen, es sei denn, die Intensität des Geruchs ist sehr hoch. Auch der Geruch von Feuer oder etwas Verbranntem kann über die Distanz wahrgenommen werden. Welche zwei Dinge nehmen Sie jetzt gerade olfaktorisch wahr? Wie riecht der Raum oder die Umgebung, in der Sie sind? Wenn Sie gar nichts riechen können, dann wenden Sie sich etwas Essbarem oder einem konkreten Gegenstand zu. Ab welchem Abstand können Sie einen Geruch wahrnehmen und wie lässt er sich beschreiben?

- **Schmecken**
Man sagt ja, dass man seinen eigenen Mundgeruch nicht selbst riechen kann. Allerdings kann man ihn schmecken, wenn man sich darauf konzentriert und es geübt hat. Wie ist es aktuell bei Ihnen? Was schmecken Sie? Noch das Mittagessen oder den Kaffee von heute Morgen? Nehmen Sie sich etwas zu essen oder zu trinken und versuchen Sie, den Geschmack auf alle Geschmacksrichtungen hin zu prüfen. Die sechs bekannten Geschmacksrichtungen sind: süß, sauer, salzig, bitter, fettig und herzhaft/würzig (umami).

Die Meisner-Technik

Durch das Schulen der Sinne lernt man, die Umgebung sensibler und differenzierter wahrzunehmen. Die Übertragung dieser Fähigkeit auf die Wahrnehmung der Wirkung von anderen Menschen bietet die Grundlage für eine sensible Fremdwahrnehmung. Je genauer Sie andere Menschen wahrnehmen, desto stärker wird Ihnen bewusst, welche Wirkung auf Sie einwirkt. Zudem können Sie die Person besser analysieren und Ihr Handeln dementsprechend anpassen.

Eine gute Übung, um die Fremdwahrnehmung zu trainieren, stammt vom Schauspiellehrer Sanford Meisner. Diese Übung besteht aus drei Schritten. Im Idealfall haben Sie einen Partner, der vor Ihnen steht und der Sie einfach nur anschaut. Sie ist aber auch durchführbar, wenn Sie in einem Café sitzen oder am Bahnhof auf den Zug warten. Diese Übung benötigt viel Fokus und Konzentration und dauert gut und gerne pro Schritt fünf Minuten.

Übung: Von der Beobachtung zur Wirkung

1. Schritt
Betrachten Sie die Person gegenüber ganz genau. Was sehen Sie? Was genau können Sie beobachten? Jedes Zucken, jede kleinste Bewegung, jeder Blick, jede Drehung, jede An- und Entspannung sollte von Ihnen wahrgenommen werden. Gleichzeitig benennen Sie murmelnd die Dinge, die Sie beim Gegenüber beobachten können.

3.2 Das Leben der anderen – Training der Fremdwahrnehmung

Beispiel: Ich sehe, wie die Augen kurz nach links oben wandern, ich sehe ein leichtes Zucken am linken Mundwinkel, ich sehe eine kurze Drehbewegung der rechten Hand und eine Verschiebung des Schwerpunktes nach vorne. Ich sehe, dass die Augen blinzeln etc.

2. Schritt

Sie beschreiben nicht nur, was Sie sehen, sondern zusätzlich sagen Sie, wie dies auf Sie wirkt. Sie benennen die beobachteten Dinge und beschreiben sofort und direkt im Anschluss an die Beobachtung die Wirkung, die das auf Sie hat.

Beispiel: Ich sehe, wie die Augen kurz nach links oben gewandert sind. Das wirkt auf mich, als ob etwas anderes die Aufmerksamkeit bekommt. Ich sehe ein leichtes Zucken am linken Mundwinkel. Das wirkt auf mich so, als ob mein Gegenüber amüsiert ist. Ich sehe eine kurze Drehbewegung der rechten Hand und eine Verschiebung des Schwerpunktes nach vorne, das wirkt auf mich unruhig oder nervös etc.

3. Schritt

Im dritten Schritt wird wieder etwas zu den vorangegangenen Schritten hinzuaddiert. Sie beschreiben jetzt nicht nur, was Sie sehen und wie das Beobachtete auf Sie wirkt, sondern zusätzlich, welchen Impuls es in Ihnen auslöst.

Beispiel: Ich sehe wie die Augen kurz nach links oben gewandert sind. Das wirkt auf mich, als ob mein Gegenüber gerade die Aufmerksamkeit auf etwas anderes lenkt. Das macht mich neugierig herauszufinden, worum es sich dabei handelt. Ich sehe ein leichtes Zucken am linken Mundwinkel. Das wirkt auf mich so, als ob die Person amüsiert ist und amüsiert mich auch ein wenig. Ich sehe eine kurze Drehbewegung der rechten Hand und eine Verschiebung des Schwerpunktes nach vorne. Das wirkt auf mich unruhig und nervös und weckt in mir den Wunsch, dem anderen zu zeigen, dass es keinen Grund zur Unruhe gibt.

Sie werden bemerkt haben, dass es kognitive Höchstleistung benötigt, um alles wahrzunehmen, was sich beim anderen abspielt. Zudem wird Ihnen aufgefallen sein, dass Sie den Fokus vor allem auf Bewegungen gerichtet haben.

> Bewegungen sind – neben Gestik und Mimik – ein wichtiger Schlüssel für die Fremdwahrnehmung. Es ist darauf zu achten, wie schnell eine Bewegung ausgeführt wird, mit welchem Umfang, welcher Zielrichtung und welcher Wiederholungsrate. Auch die Ursprungsposition, aus der eine Bewegung herrührt, hat eine bestimmte Wirkung.

3.2.2 Jeder ist eine Insel – heraus aus der Komfortzone

Im Jahre 2017 ereignete sich in Englands Hauptstadt eine kuriose Situation: In einem Zug im Süden Londons biss ein Fahrgast einem jüngeren Mitreisenden ins Ohr, weil dieser zu laut telefoniert hatte. Allerdings erwischte er nicht den Telefonierenden, sondern dessen 24-jährigen Bekannten. Für *Spiegel online* war dies Anlass, in Deutschland unter seinen LeserInnen eine Umfrage durchzuführen [2], an der 3018 Personen teilnahmen. Davon bekundeten 530 Personen Verständnis für den Biss. Daraus könnte man schlussfolgern, dass fast jeder Fünfte in Deutschland ein potenzieller „Ohrenbeißer" ist. Wie kann es sein, dass ein laut geführtes Telefonat eine solche Reaktion hervorruft? Warum geht der Fahrgast nicht zu dem Mitreisenden und adressiert das störende Gefühl?

Vera Felicitas Birkenbihl, die in den USA Psychologie und Journalismus studierte und in Deutschland vor allem als Managementtrainerin und Sachbuchautorin bekannt ist, entwickelte ein mittlerweile weit verbreitetes Inselmodell, das die unterschiedliche Wahrnehmung von Individuen einfach und verständlich macht [3]. Dieses Modell habe ich im Folgenden ergänzt und weiterentwickelt (siehe Abb. 3.1). Es soll helfen, die eigene und die fremde Insel besser zu erkennen und Möglichkeiten aufzuzeigen, wie eine bessere Kommunikation zwischen den Inseln möglich wird.

> Nach dem Insel-Modell lebt jeder von uns auf seiner eigenen Insel, also in seinem ganz individuellen Wahrnehmungskontext.

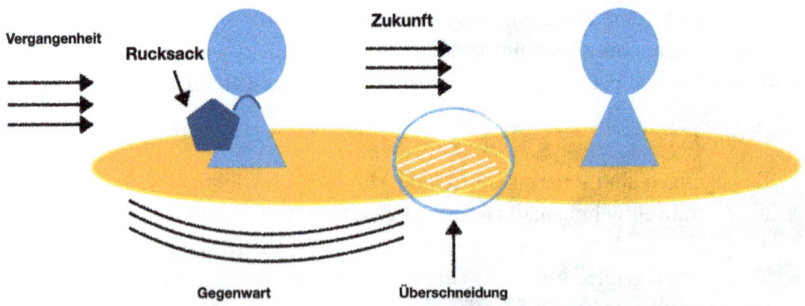

Abb. 3.1 Inselmodell in Anlehnung an Vera F. Birkenbihl (eigene Darstellung)

3.2 Das Leben der anderen – Training der Fremdwahrnehmung

- Was Ihre Insel in der **Vergangenheit** genährt und gebildet hat, sind all Ihre Erfahrungen, das Gelernte, Ihr Wissen, die angeeigneten Fertigkeiten und Ihre angeborenen Fähigkeiten, Ihre Erziehung und Bildung, die vermittelten Werte sowie viele andere persönliche Eigenschaften, die mit dem jeweiligen kulturellen Hintergrund einen großen Einfluss auf Sie hatten.
- Der **Rucksack** steht für die eigene Wahrnehmung und die eigenen Interpretationen von Situationen, genauso wie Traumata, verborgene Verletzungen, andere Abgründe, oder wie Psychologin und Schauspielcoach Ivana Chubbuck es nennt: Ihr „deep dark inner shit".
- Die Wellen, die die Insel von allen Seiten immer umspülen, stehen für die **Gegenwart**, die aktuelle Situation. Ihr aktuelles soziales Umfeld, die Situation innerhalb der Familie, der Einfluss Ihrer Freunde, die Situation am Arbeitsplatz und der Umgang mit den Arbeitskollegen, aber auch Umwelteinflüsse wie Wetter und andere klimatische Verhältnisse, genauso wie die Tageszeit, der Ort und der Raum, in dem Sie sich befinden.
- Die Richtung, in der sich die Insel in **Zukunft** erweitert und an Land gewinnt, ist die Richtung Ihrer Ziele, Wünsche, Bedürfnisse, Sehnsüchte, Ideen, Glaubenssätze, Motivationen und Interessen.

Wer immer nur auf seiner eigenen Insel verweilt, verschläft die Möglichkeit, sich selbst weiterzuentwickeln, und verbleibt in seinem eingeschränkten Schlummerland, der Komfortzone.

Wenden wir dieses Modell nun auf das Ohrenbeißer-Beispiel an:

Die eine Insel ist die des Menschen, der gelernt hat, still zu sein und zuzuhören, wenn andere reden; der andere ausreden lässt, wenn sie etwas sagen wollen, und der anderen auch ihren Raum und ihre Ruhe lässt, wenn er glaubt, dass sie diese Ruhe brauchen. Er hält sich an Regeln, und wenn im Zug ein Abteil als „Ruheabteil" ausgewiesen ist, dann beherzigt er das auch. Denn in seinem Umfeld hält man sich daran. Sein Bedürfnis ist, für sich bleiben zu können.

Die andere Insel hingegen ist die eines Menschen, der in einer Großfamilie aufgewachsen ist, bei der immer alle Familienmitglieder am Tisch saßen und übereinander und durcheinander geredet haben. Nur der Lauteste am Tisch wurde gehört und bekam die notwendige Aufmerksamkeit. Es wurde immer und überall telefoniert und auch auf Lautsprecher geschaltet, damit alle mithören und mitreden konnten. Alltagsregeln wie ein „Ruheabteil" dienten eher als grobe Orientierung denn als zwingend umzusetzende Regel. In seinem Umfeld nahm es damit niemand so genau. Sein Bedürfnis ist es, in Kontakt zu anderen zu treten.

Jetzt gibt es zwei mögliche Begegnungsarten: Zum einen können sich die Inseln der beiden überschneiden. Sie haben gemeinsame Interessen, Ziele, den gleichen

Freundeskreis, arbeiten in derselben Firma, haben einen ähnlichen kulturellen Hintergrund, oder sie vereint ein gemeinsames Erlebnis. Je mehr sich die Inseln überschneiden, desto einfacher und leichter wird es sein, mit der Wirkung des Gegenübers umzugehen und mit diesem auf einer Wellenlänge zu kommunizieren. Man fühlt sich dem anderen näher, und es fällt leichter, die Wirkweisen entsprechend einzuordnen und das Verständnis für den anderen aufzubringen. Denn je mehr man versucht, der anderen Insel näher zu kommen, sie zu umrunden, abzustecken und sie dabei zu verstehen, desto klarer und nachvollziehbarer wird das Erleben, das Verhalten und die daraus resultierenden Handlungen der auf ihrer Insel lebenden Person.

Die andere Begegnungsart ist die, dass sich diese Inseln fast gar nicht oder überhaupt nicht überschneiden, weder situativ noch grundsätzlich. Je distanzierter die eine Insel von der anderen ist, desto größer ist das Unverständnis, der Argwohn, sich mit der anderen Insel zu beschäftigen. Daraus kann sogar eine Angst vor den Wirkkräften des Gegenübers resultieren.

„Proximity feads care, distance feads fear" – „Nähe nährt Verständnis, Distanz nährt Angst", heißt es. Wenn Sie Angst haben, können Sie die Wirkweise Ihres Gegenübers weder mit Achtsamkeit wahrnehmen, noch in irgendeiner anderen Form realistisch einschätzen.

Um die Wirkweise des anderen wirklich zu verstehen, ist es daher unabdingbar, eine Brücke zwischen den Inseln zu bauen oder zumindest einmal auf den Berg zu klettern, um die andere Insel genau anzuschauen. Es gilt, ein grundlegendes Verständnis aufzubauen. Verständnis bedeutet nicht, dass man derselben Meinung sein muss; es bedeutet lediglich, dass man versteht, *warum* die andere Insel so funktioniert, wie sie funktioniert. Je genauer die andere Insel angeschaut und verstanden wird, was das Besondere an ihr ist, desto eher findet eine *Begegnungsqualität auf Augenhöhe* statt.

Dieses Brückenbauen kann erleichtert werden durch die Tatsache, dass prinzipiell jedem Verhalten eine *positive Absicht* zu Grunde liegt. Positiv ist die Absicht aus der Sicht des Senders, nicht unbedingt aus der des Empfängers. Wenn man die Absicht und die Interessen des anderen herausfindet, dann weiß man auch, welche nachfolgenden Schritte im Wirken mit der Person am vielversprechendsten sind.

Es hätte also vielleicht funktioniert, wenn der Ohrenbeißer dem Lauttelefonierer gesagt hätte, dass er sich bei der Lautstärke des Telefonats unwohl fühlt, und ihn gefragt oder gebeten hätte, auf den Gang zu gehen und dort zu telefonieren. Dies hätte Verständnis auf Augenhöhe und gleichzeitig eine Lösungsmöglichkeit aufgezeigt, bei der beide Inseln weiterhin so akzeptiert werden, wie sie sind.

Sobald man aber davon ausgeht, dass die eigene Insel die einzig richtige ist, sitzt man abgeschieden im überschaubaren und selbstgenügsamen Schlummer-

3.2 Das Leben der anderen – Training der Fremdwahrnehmung

land, der Komfortzone, fest und schafft nicht den so wichtigen Blick über den Inselstrand hinaus, in die weite bunte Welt.

> **Übung: Wahrnehmung der anderen Insel**
>
> Bei einer Straßenbahnfahrt beobachtete ich einen jungen Mann, der an der Tür stand, und zwar an der rechten Seite, wo er sich an einer Stange festhielt. Als die Straßenbahn zum Stehen kam und die Tür aufging, stand ein älterer Mann von seinem Sitz auf, streifte in seinem Argwohn den jungen Mann und drängelte sich zwischen hereinkommenden neuen Fahrgästen und dem jungen Mann an der Tür hinaus ins Freie. Dann drehte er sich um und warf ihm vor, die Tür zu blockieren. Dieser war sichtlich überrascht und guckte den Mann verdutzt an, während sich mit einem monotonen Piepsen die Tür automatisch schloss.

- **Aufgabe:**
Versuchen Sie, die beiden Inseln zu beschreiben und welches Verhalten den anderen jeweils auf welche Weise irritiert haben könnte. Versuchen Sie auch die positive Absicht hinter den jeweiligen Wirkweisen zu erkennen.
- **Lösung:**

Insel des jungen Mannes:

Der junge Mann kam aus der Schule und saß bereits den ganzen Tag. Da kein Doppelsitzplatz mehr frei war, wollte er sich auch nicht neben jemand Fremden setzen. Die Tür war der Ort, wo er am meisten Platz hatte und sich gut festhalten konnte. Genervt von der Schule hörte er seine Lieblingsmusik und beobachtete die Menschen auf der Straße. Er wollte den Schulalltag hinter sich lassen und zügig nach Hause fahren. Der junge Mann stand mit dem Rücken zum älteren, sah ihn nicht, nahm ihn auch nicht wahr und kannte seine Aussteigeabsicht nicht. Er war völlig überrascht von dem Vorwurf und sich zuerst nicht ganz sicher, ob er überhaupt gemeint war, weil er ja nur dastand und nichts getan hatte.

Insel des älteren Mannes:

In der Straßenbahn zu stehen ist anstrengend für den älteren Mann, daher ist Sitzen unabdingbar. Er wählte einen Platz nahe an der Tür, damit er später an seiner Haltestelle schnell aussteigen konnte. In seinem Alter ist er nicht mehr der Schnellste, und seine Knochen und sein Gleichgewichtssinn erlauben es ihm nicht, schon während der Fahrt aufzustehen. Die Sturzgefahr wäre zu hoch. Sobald die Bahn anhielt, musste er schnell zur Tür kommen. Der junge Mann blockierte aber mit seinem ganzen Rücken den direkten und kürzesten Weg zum Ausgang. Da der ältere Mann dadurch länger zur Tür brauchte als geplant, stiegen bereits die ersten Fahrgäste ein. Diese sahen ihn entweder nicht oder hatten nur ein Ziel: möglichst schnell in die Bahn zu kommen. Dies brachte den älteren Mann zusätzlich in Bedrängnis. Er hatte nun Angst, nicht mehr rechtzeitig aus der Bahn zu kommen, und musste sich dafür körperlich gegen jüngere und stärkere Mitmenschen durchsetzen. Dies setzte ihn, zusätzlich zu der Gesamtanstrengung, die die Fahrt für ihn hatte, unter Stress. Er fand es daher sehr respektlos von dem jungen Mann, dass er ihm im Weg stand und ihm auch keinen Platz machte. Diesem Unmut machte er sich Luft, nachdem er es noch rechtzeitig aus der Bahn geschafft hatte, indem er sich zu ihm umdrehte und ihm vorwarf, bei seinem Ausstieg nicht zur Seite gegangen zu sein.

3.2.3 Stranger Things – die Fremdwahrnehmung von Menschen

Ein Teilnehmer in einem Vertriebstraining erzählte mir von folgender Situation:

Beispiel

Ein Verkäufer arbeitete in einem Juwelierladen, der gerade voller Kunden war. Während er auf dem Weg war, um sich für einen Kunden, den er gerade bediente, nach einem Reparaturauftrag zu erkundigen, begegnete er einem älteren Mann vor der Uhrenvitrine der Luxusmarke Breitling. Der Verkäufer hielt kurz an und fragte ihn, ob er ihm helfen könne. Sein gekonnter professioneller Blick schweifte kurz über die Handgelenke des Kunden, wo er eine Fossil-Uhr entdeckte. Der Kunde antwortete, dass er sich nur umschauen würde. „Wenn Sie Fragen haben, können Sie sich jederzeit an mich wenden", sagte der Verkäufer und lief weiter zur Reparaturabteilung.

Zwei Tage später bat ihn sein Chef zu einem Gespräch. Der Kunde, der sich für die Breitling-Uhr interessiert hatte, hatte sich über den Verkäufer beschwert, weil er sich von oben herab, respektlos und arrogant behandelt gefühlt habe. ◄

Warum wurde diese Situation vom Kunden als so negativ empfunden? Zuallererst liegt es an vielen kleinen situativen Wirkdetails. Des Weiteren liegt es an deren Bewertung durch das Gegenüber. Der Verkäufer hatte ein konkretes Ziel: Er will alle Kunden zufriedenstellen. Dadurch, dass er sich allerdings gerade um einen anderen Kunden kümmerte, stand der Herr vor der Uhrenvitrine nicht ganz oben auf seiner Prioritätenliste. Dennoch wollte er nicht einfach an ihm vorbeigehen,

3.2 Das Leben der anderen – Training der Fremdwahrnehmung

ohne ihn anzusprechen. Den Körper leicht seitlich gedreht mit der Öffnung in Richtung der Reparaturabteilung und des vorrangigen Kunden, sprach er den Herrn an. Das kann als unfreundlich wahrgenommen werden.

Vor allem aber der Blick auf die Handgelenke des Kunden hatte Auswirkungen. Der Blick wurde als prüfend und wertend wahrgenommen; zugleich war es dem Kunden peinlich, dass er „nur" mit einer Fossil-Uhr vor einer Breitling-Vitrine stand. Er dachte wohl, der Verkäufer würde ihm nicht den gleichen Respekt erweisen, als wenn er eine wertvollere Uhr tragen würde. Dass der Verkäufer dann auch so schnell wieder weglief und im Weggehen sagte, er könne ihn jederzeit ansprechen, empfand er als weitere unangenehme Spitze.

An dieser Situation kann man sehr gut das Zusammenspiel zwischen dem untergeordneten Ziel (vgl. Abschnitt 4.3), der *Hot Person* (vgl. Abschnitt 4.2), einigen wirkmächtigen Gesten und Gesichtsausdrücken, der Positionierung der Person im Raum sowie der fehlerbehafteten Fremdwahrnehmung erkennen.

> Menschen sind sehr komplex und erscheinen daher oft seltsam. Es wirken stets viele Einflüsse auf jeden Einzelnen und auf das Gegenüber gleichzeitig ein; die Wahrnehmung ist fehlerbehaftet, weil nicht alle Parameter zugleich berücksichtigt werden können. Die Genauigkeit der Fremdwahrnehmung lässt sich jedoch steigern, indem man die Fähigkeit, mehr Informationen wahrzunehmen, trainiert und ausbaut. Die gewonnenen Informationen gilt es dann, im nächsten Schritt schnell und gekonnt einzuordnen. Dann lässt sich die Situation wahrscheinlich souverän meistern. Dadurch schwindet die Wahrnehmung des Seltsamen und das Verhalten des anderen wird erklärbar, durchschaubar und ein Stück weit auch vorhersehbar.

Wenn man verstehen will, warum jemand so handelt, wie er es tut, vergleicht man es oft mit seinem eigenen Handeln in einer entsprechenden Situation. Dieser Ansatz der Fremdwahrnehmung ist jedoch fehlerbehaftet, denn es entstehen drei Grundprobleme:

1. Meistens bleibt es allein bei der Handlung selbst, die man verstehen will. Es gibt aber zu viele unterschiedliche Menschen, zu viele komplexe Situationen und vor allem auch zu komplexe Wirkmuster, bei denen viele verschiedene Elemente nur zusammengenommen etwas deutbar werden. Zudem kann man immer nur das sehen, was man selbst kennt: den eigenen Standpunkt, das eigene Wissen und die eigene Erfahrung. Es liegt somit von Grund auf eine Voreingenommenheit vor.

2. Das Verhalten einer Person wird schnell bewertet, und daraus bildet man in Sekundenschnelle ein Urteil über *jemanden* und *etwas*. Dies geschieht aus einem einfachen Grund, nämlich um neue Handlungen fremder Menschen möglichst schnell und einfach einzuordnen und einzuschätzen: Stellt es eine Gefahr dar, oder ist es ungefährlich? Das Kategorisieren verhindert, hinter die Kulissen zu blicken, um zu sehen, was wirklich hinter dem Verhalten steckt.
3. Es werden allerlei Annahmen getroffen, zu denen keine Datengrundlage vorhanden ist. Diese Annahmen, die oft zu Beginn einer Wirkkette stehen, können schon gleich zu Beginn in eine gefärbte und von einem Vorurteil befallene Richtung führen.

Wenn Sie jetzt die oben beschriebene Verkaufssituation Revue passieren lassen, werden Sie feststellen, dass die Fremdwahrnehmung vor allem auch auf Seiten des Kunden nur sehr kleine Ausschnitte der Wirkung in Betracht bezieht. Dies kann allerdings nicht verändert werden.

Man kann die Mitmenschen nicht ändern, auch wenn man das glaubt oder hofft und weiterhin auf die verschiedensten Arten und Weisen versuchen wird.

> „Alle Revolutionen haben bisher nur eines bewiesen, nämlich, dass sich vieles ändern lässt, bloß nicht die Menschen." (Karl Marx)

Man mahnt, tadelt, macht verdeckte oder auch offene kritische Kommentare, um den anderen klar zu machen, dass einem etwas missfällt. Aber nichts scheint zu helfen.

> Der größte Wirkungsgrad entsteht dadurch, dass man die eigene Wirkung stärkt, um die Auswirkungen auf das Gegenüber effektiver zu gestalten. Das, was Sie vorleben, hat die stärkste Wirkung.

Um die Handlung eines anderen nachzuvollziehen, versucht man, mittels des *Reverse Engineerings* aus der Wirkweise einer Person die einzelnen Wirkelemente zu extrahieren und nachzuvollziehen. Dies geschieht so umfänglich wie möglich und betrifft die Gedanken, die innere Einstellung, mögliche Ziele und Interessen, Körpersprache, Mimik und Gestik, Stimme und Sprache. Nun versetzt man sich in die Perspektive des anderen mit all diesen Punkten und versucht, die einzelnen Wirkmittel, soweit möglich, auszuprobieren. Jetzt kann man schauen, was das mit einem selbst macht.

Übung: Reverse Engineering

Diese spannende Übung dient dem Training der Körpersprache und wird auch in der Schauspielschule gelehrt.

Sie suchen sich dafür jemanden, dessen Körpersprache für Sie auffallend ist. Das kann eine Servicekraft im Restaurant, ein Verkäufer im Bekleidungsgeschäft, ein Kollege in der Firma oder auch die Tante auf der anstehenden Geburtstagsparty sein. Wichtig ist, dass Sie die Möglichkeit haben, diese Person genau zu beobachten. Wenn Sie das Gefühl haben, Sie haben die Person lange genug beobachtet, brechen Sie die Art und Weise ihrer Körpersprache, z. B. den Gang dieser Person, in drei Schritte herunter. Welche drei Dinge müssen Sie bei sich ändern, um die Körpersprache des anderen nachzuahmen? Wichtig ist, dass Sie sich daran gewöhnen, Wirkmechanismen zu erkennen und auf einzelne Wirkweisen herunterzubrechen.

Achten Sie beim Nachahmen darauf, so präzise wie möglich zu sein, wie Sie sich dabei fühlen und was es mit Ihnen macht. Hierbei erleben Sie im besten Fall den Reverse-Engineering-Effekt: Sie haben sich dadurch so sehr in die andere Person hineinversetzt, dass sich plötzlich Ihr Gefühl verändert und Sie womöglich dasselbe Gefühl haben, dass auch Ihr „Vorbild" in dieser Situation hat.

3.2.4 Das Fremde in dir – fünf Schritte zur Fremdwahrnehmung

Versetzen Sie sich nun einmal umgekehrt in die Situation des Kunden im Juweliergeschäft. So können Sie eine sehr präzise Fremdwirkungsanalyse durchführen. Die folgenden Schritte sind nicht trennscharf, sondern können in einem fließenden Übergang ineinander verschmelzen.

Übung: Fremdwirkungsanalyse

1. Schritt: Physische Veränderungen registrieren
Nehmen Sie jede körpersprachliche Veränderung der Person zum Ausgangszustand oder zum neutralen Zustand wahr. Außerdem geht es um die Wahrnehmung beobachtbarer Bewegungsprozesse und Statusgesten, Gesichtsausdrücken und Gesten. Der Fokus sollte darauf liegen, wie zielgenau oder allgemein eine Geste ist, wie schnell, wie häufig und wie groß oder umfänglich die Bewegung ist.

Die Perspektive des Kunden: Der Verkäufer läuft zielgerichtet in eine Richtung. Diese Richtung ist eine andere als die, in der ich stehe. Er bleibt abrupt stehen. Sein Körper dreht sich nur teilweise in meine Richtung. Die andere Hälfte bleibt weiterhin in die ursprüngliche Zielrichtung gedreht. Ein einmaliger kurzer Blick geht vom Kopf hinten zum Rumpf und bleibt kurz am Handgelenk stehen. Während des Gespräches lächelt er und hält den Augenkontakt. Nach einem kurzen Gespräch läuft er zügig wieder in seine Zielrichtung, während er noch einen letzten Satz sagt.

2. Schritt: Situation und Raum analysieren

Nehmen Sie das physische Verhalten der anderen Person zum Raum und zu den Gegenständen bzw. zu den Personen im Raum wahr. Hierbei spielt die Nähe und die Distanz zu den Gegenständen und den Personen eine Rolle, aber auch die Zugewandtheit zu oder Abgewandtheit von etwas oder jemandem. Daran kann man das Verhältnis und die Beziehung zwischen den Personen erkennen. Wo und zu welcher Uhrzeit findet die Situation unter welchen Umständen statt?

Die Perspektive des Kunden: Es ist früher Nachmittag an einem normalen Werktag und in einem gut besuchten Juweliergeschäft. Der Verkäufer arbeitet. Er durchquert mit zügigem und bestimmtem Schritt den Raum. Innerhalb des Raumes nähert er sich mir. Die Distanz ist kurzzeitig näher zu mir als zu anderen Gegenständen und anderen Personen. Körperlich ist er mir nur halb zugewandt, und das auch nur kurz.

3. Schritt: Wirkung beschreiben

Das Bewusstmachen bzw. Beschreiben der Wirkung dient dazu, eine Art Zusammenfassung zu erstellen, um dabei gegebenenfalls neue Dinge zu entdecken, neue Zusammenhänge herzustellen und so ein erstes Zwischenergebnis zu erhalten.

Die Perspektive des Kunden: Der Käufer wirkt zielstrebig. Er scheint unter zeitlichem Druck zu stehen, dennoch hält er kurz bei mir an. Er wirkt aufgesetzt freundlich und höflich. Er wirkt so, als ob er mich begutachtet und ihm meine Uhr aufgefallen ist.

4. Schritt: Gedanken ergründen

Die Gedanken, die eine Person hat, haben einen großen Einfluss auf die Außenwirkung dieser Person. Gedanken können die eigene persönliche Wirkung steuern.

Es geht nun darum, Beweggründe für die Wirkung aus dem dritten Schritt zu finden. Was sind die möglichen Ziele der Person? Welche Einstellung, persönlichen Eigenschaften oder Interessen könnte die Person haben? Das ist natürlich nur spekulativ, man kann sich den tatsächlichen Gedanken nur annähern. Wenn man diesen Schritt aber ausließe, würde man wichtige Wirkgründe des anderen nicht in Betracht ziehen.

3.2 Das Leben der anderen – Training der Fremdwahrnehmung

Man kann in diesem Schritt zudem der anderen Person stets eine positive Absicht unterstellen bei dem, was sie sagt, wie sie sich verhält und wie sie agiert. Positiv ist die Absicht für den Handelnden selbst, nicht unbedingt für die Außenstehenden. Die Person versucht, im besten Sinne für sich zu handeln, sich zu schützen, ihre eigenen Interessen zu verteidigen oder ein Ziel zu erreichen. Welche Gedanken könnten also dahinter stecken?

Die Perspektive des Kunden: Der Verkäufer hat keine Zeit und viel zu tun. Er muss Dinge erledigen und hat mich gesehen. Weil er höflich sein will, fragt er nach, ob er etwas für mich tun kann, aber eigentlich hat er gerade andere Prioritäten. Er versucht, mich als Person einzuschätzen. Zudem prüft er meinen Schmuck, in diesem Fall meine Uhr. Er könnte dies tun, um meine Kaufkraft einzuordnen, oder weil es ein Muster ist, das er sich angewöhnt hat.

5. Schritt: Annahme festlegen und überprüfen

Im letzten Schritt geht es darum, den wahrscheinlichsten Grund für ein gewisses Verhalten zu bestimmen. Das ist wichtig, um ein konkretes weiteres Vorgehen zu bestimmen. Das Überprüfen hilft dabei zu reflektieren, wie nah man der Wahrheit gekommen ist und welche Dinge man dabei vielleicht übersehen oder ihnen zu wenig Beachtung geschenkt hat. Sie können diese Vermutung bei Bedarf auch nach außen kommunizieren. Gleichzeitig kann es helfen, dabei die eigene Situation zu kommunizieren, um die eigene Wirkung verständlicher zu machen.

Annahme festlegen: Der Verkäufer hat viel zu und kann sich nicht auf mich fokussieren.

Annahme überprüfen: „Ich habe das Gefühl, dass Sie gerade noch etwas anderes zu tun haben. Da ich allerdings nur eine Frage habe, benötige ich nur für einen kurzen Moment ihre Aufmerksamkeit. Ist das zeitlich für Sie jetzt machbar oder soll ich lieber jemand anderen fragen?"

Durch die fünf Schritte können Sie die Wirkung des Gegenübers viel genauer und konkreter bestimmen. Je genauer Sie die Fremdwahrnehmung analysieren, desto passgenauer können sich das eigene Handeln und die eigene Wirkung daran orientieren. Dadurch wird Ihr Handeln souveräner, effizienter und differenzierter.

▶ **Tipp** Versuchen Sie, diese Schritte in Zukunft bei jeder erdenklichen Möglichkeit anzuwenden und auszuprobieren. Vermeiden Sie es, Schritte zu überspringen, weil Sie glauben „zu wissen", wie es ist. Die eigene Wertung und Bewertung von Handlungsweisen sollte keine Rolle spielen. Nur durch das Beachten eines jeden einzelnen Schrittes erhalten Sie das bestmögliche Ergebnis Ihrer Fremdwahrnehmungsanalyse.

3.2.5 Fehler machen dürfen – subjektive Fehlerquellen

Es gibt unzählige subjektive Fehlerquellen und Denkfehler, die Ihnen tagtäglich begegnen und selbst widerfahren. Zwei dieser Fehler, die auf eine selbstbewusste Wirkung einen unmittelbaren Einfluss haben, sind besonders relevant und sollten im täglichen Wirken in Betracht gezogen werden: der fundamentale Attributionsfehler und der Halo-Effekt.

Fundamentaler Attributionsfehler
Der fundamentale Attributionsfehler, von mir auch liebevoll *Fundi* genannt, beschreibt das Phänomen, dass man dem Verhalten von anderen Charaktereigenschaften zuschreibt, während man dem eigenen Verhalten Situationsfaktoren attribuiert.

Stellen Sie sich vor, im Auto zieht auf einmal jemand vor Ihnen plötzlich auf Ihre Fahrspur, so dass Sie scharf abbremsen müssen, um einen Unfall zu vermeiden. Sie hupen. Die meisten denken sich jetzt: „Was für ein unachtsamer, arroganter und dummer Autofahrer! Der hat seinen Führerschein auf der Kirmes gemacht!" Sie schreiben in diesem Moment dem Verhalten des anderen Fahrers Charaktereigenschaften zu: Er ist unachtsam, arrogant, dumm usw.

Nun stellen Sie sich vor, Sie fahren eine unbekannte Strecke im Auto, und auf einmal sagt Ihr Navi: „Jetzt bitte rechts abfahren!" Sie schauen auf den Bildschirm. Es gibt zwei Abbiegespuren, und auf einmal merken Sie, dass Sie auf der falschen sind. Sie ziehen so plötzlich herüber, dass der Autofahrer hinter Ihnen scharf abbremsen muss, um einen Unfall zu vermeiden, und hupt. Die meisten denken nun: „Entschuldigung, ich kenne mich hier in der Stadt nicht aus. Das Navi hat zu spät reagiert." Somit schreiben Sie Ihrem eigenen Verhalten situative Faktoren zu: Es liegt an der fremden Stadt, dem Navi, dem unbekannten Weg. Die wenigsten würden denken: „Das war's mit dem Autofahren! Ich bin unachtsam, arrogant und dumm. Ich kann nicht Auto fahren und sollte den Führerschein abgeben!"

Mit anderen Worten: Der andere „ist" so, während wir selbst uns situativ so „verhalten". Dieser Unterschied in der Zuschreibung von Attributen, Eigenschaften oder Charakterzügen ist fundamental und passiert jedem des Öfteren. Man kann sich davor nicht komplett schützen, aber Sie können sich den Fundi bewusst machen und dadurch erheblich selbstbewusster mit den Situationen umgehen.

Folgende Geschichte wurde mir vom Manager einer Bank erzählt:

Beispiel

Er kam eines Morgens in die Filiale, ging durch den Hintereingang, legte die Kleidung und den Aktenkoffer im Büro ab und traf auf dem Weg zur Kaffeeküche eine Mitarbeiterin. Er begrüßte sie, sie grüßte allerdings nicht zurück, und er ging weiter und machte sich einen Kaffee. Zuerst dachte er sich nichts dabei, aber je länger er darüber nachdachte, desto unhöflicher fand er das Verhalten der Mitarbeiterin. Letzte Woche hatte er sie ja wegen einer Abrechnung zurechtgewiesen, wahrscheinlich war sie immer noch nachtragend. Das empfand er als sehr kindisch und respektlos, und es ließ ihm keine Ruhe. Also stand er auf und ging in das Büro der Mitarbeiterin. Dort fragte er sie, warum sie ihn nicht gegrüßt hätte und ob irgendetwas zwischen ihnen stünde. Zu seiner Überraschung sagte sie ihm, dass sie ihn gegrüßt hätte, bereits am Hintereingang, aber dass er einfach ohne zu antworten in die Bank hineingegangen wäre. Die Kollegin rechts neben ihr bestätigte diese Aussage sofort. Überrascht von dieser Aussage ging er zurück ins Büro und war froh, dass er nicht noch emotionaler geworden war, das wäre ihm sehr peinlich gewesen. ◄

Diese kleine Alltagsgeschichte einer scheinbar unscheinbaren Situation zeigt auf anschauliche Art und Weise, wie eine kleine Unachtsamkeit, eine kleine Verwechslung oder ein kleines Missverständnis schnell eskalieren und sich zu einer emotionalen und vorwurfsvollen Situation entwickeln kann.

Übung: Fundi-Test

Sie dürfen jetzt Ihre Fachkenntnis bei folgender Situation unter Beweis stellen, die mir von einer Verkäuferin eines Schmuckgeschäftes erzählt wurde.

Sie und ihr Freund sitzen am Abend vor dem Fernseher. Sie sagt zu ihm: „Ich kann morgen ausschlafen, und du weißt, wie wichtig es mir ist, ausschlafen zu können, weil ich nur einmal die Woche die Gelegenheit dazu habe. Daher wecke mich morgen bitte auf keinen Fall, und geh du bitte mit dem Hund Gassi."

Am nächsten Morgen um 7 Uhr wird sie von ihrem Partner mit folgenden Worten geweckt: „He du, ich muss los, gehst du bitte noch mit dem Hund 'raus?" Sie war stinkwütend und nahm sich vor, dass sie ihren Freund am Abend zur Rede stellen wollte.

Jetzt sind Sie am Zug. Was, denken Sie, warum hatte ihr Freund sie um 7 Uhr geweckt? Tab. 3.1 zeigt mögliche Antworten.

Gibt es eine Antwortmöglichkeit, die Ihnen sofort ins Auge springt? Denn wie Sie sicherlich schon ahnen, wird die richtige Antwort in Tab. 3.1 genannt. Nur welche ist es? Wenn ich dieses Rätsel bei meinen Vorträgen und Trainings stelle, tippen nur ca. 5 Prozent auf die richtige Antwort. Bevor Sie in die Lösung gucken, besprechen Sie diese Situation mit Ihrer Familie, Ihren FreundInnen und Ihren ArbeitskollegInnen und seien Sie gespannt, worauf sie tippen.

Im Video Abb. 3.2 geht es zur Lösung.

Tab. 3.1 Antwortmöglichkeiten

Vergessen	Er hatte es schlicht und einfach vergessen.
Keine Lust	Er hatte bei dem Wetter keine Lust, mit dem Hund hinauszugehen.
Verschlafen	Er hatte den eigenen Wecker nicht gehört und war deshalb bereits zu spät.
Nicht zugehört	Er war am Abend vorher in die Serie vertieft und hatte ihr nicht richtig zugehört.
Getrödelt	Als Morgenmuffel hatte er so lange getrödelt, bis es zu spät war, mit dem Hund hinauszugehen.
Neid	Er konnte nicht ausschlafen und wollte daher auch nicht, dass sie länger schlief als er.
7 Uhr = Ausschlafen	Da er Frühaufsteher ist, bedeutet für ihn die Uhrzeit 7 Uhr, dass jemand bereits ausgeschlafen ist.
Verantwortung	Es ist *ihr* Hund und nicht seiner – daher soll sie sich um ihn kümmern.
Überraschender Termin	Er hatte morgens einen Anruf vom Chef bekommen und musste früher los als geplant.
Eigene Prioritäten	Er hatte Dinge zu erledigen, die ihm wichtiger waren. Deshalb hatte er für den Hund keine Zeit mehr.
Versöhnungsliebe	Er wollte morgens Streit provozieren, damit es am Abend nach einer emotionalen Diskussion leidenschaftlichen Versöhnungssex geben würde.
Hund konnte nicht	Er war schon mit dem Hund draußen gewesen, doch Letzterer konnte nicht und daher sollte sie nochmals mit ihm Gassi gehen.

Abb. 3.2 Fundi-Test Antwort. (Foto + Video: Benedikt Crisand. Bitte verwenden Sie zum Abspielen dieses Videos die SN More Media-App und scannen Sie die folgende URL: (▶ https://doi.org/10.1007/000-7af))

3.2 Das Leben der anderen – Training der Fremdwahrnehmung

Halo-Effekt

Der Halo-Effekt beschreibt den Fehler bzw. die kognitive Verzerrung, dass automatisch von bekannten Eigenschaften oder visuellen Eigenheiten einer Person auf andere, unbekannte Eigenschaften geschlossen wird. Der Halo beschreibt den Kreis der Eigenschaften, die man im Umfeld der Hauptwirkung anderen zuschreibt. Wie ein Heiligenschein überstrahlt der Halo erst einmal alle anderen, scheinbar nicht dazu passenden Eigenschaften.

Je stärker man sich des eigenen Halos bewusst ist, desto klarer weiß man, welcher Eindruck beim Gegenüber entsteht. Genauso gilt dies für die Fremdwahrnehmung. Je mehr Sie sich des Halos des anderen bewusst sind, desto weniger lassen Sie sich täuschen oder auf eine falsche Fährte führen. Sie sind dann in der Lage, Ihr Gegenüber auf Grund der Körpersprache und anderer Wirkmechanismen zu beobachten und einzuschätzen.

Sprechen Sie arabisch? Falls nicht, schade, denn was in Abb. 3.3 steht, ist wichtig.

Haben Sie beim Betrachten des Schriftzugs kurz gezögert und dann einen Aha-Moment erlebt? Gewöhnlich ist man sehr schnell darin, etwas zu kategorisieren und in die Schublade zu stecken, in die es vermeintlich gehört. Da das Gehirn es einfach haben und „Rechenleistung" sparen will, ergibt dieser Vorgang im kognitiv überfordernden Alltag auch grundsätzlich durchaus Sinn. Es führt allerdings dazu, dass man Berufsgruppen automatisch gewisse Eigenschaften zuschreibt.

Welches Bild haben Sie im Kopf, wenn Sie sich einen Polizisten, einen Professor, eine Ärztin, eine Putzfrau, einen Banker oder einen Gefängnisinsassen vorstellen sollen? Sofort haben Sie visuelle Vorstellungen davon, wie der- oder diejenige aussieht und welche Eigenschaften er oder sie haben könnte. Ein Professor hat für die meisten Menschen sicherlich graues, durcheinander gewirbeltes, lichtes Haar mit hoher Stirn und trägt vielleicht auch eine Brille. Ein Banker trägt einen Anzug und hat gegeltes Haar mit Mittelscheitel, ein „Knasti" ist vermutlich tätowiert, hat eine Glatze und kräftige Muskeln.

Genauso schließt man von visuellen Gegebenheiten auf persönliche Eigenschaften. Als schön angesehene Menschen werden, laut einer Studie der US-amerikanischen Psychologin Rita Freedmann [4], für sozial kompetenter, erfolgreicher, intelligenter, sympathischer, selbstsicherer, kreativer, geselliger, fleißiger, zufriedener und leidenschaftlicher gehalten. Das kann natürlich auch alles zu-

Abb. 3.3 Beispiel Halo-Effekt (eigene Darstellung)

treffen – muss es aber nicht, genauso wie der Anzug des Bankers nichts über seine Kompetenz aussagt und Glatze, Muskeln und ein mit Tattoos übersäter Körper nichts über die Kriminalität eines Menschen. Ein eindrückliches Beispiel hierfür liefert der Wuppertaler Marcus Schneider, der auch als „breitester Pastor Deutschlands" bekannt ist [5].

Die Physiognomie, also die Gesichtszüge, die Statur und die Konstitution eines Menschen haben eine große Wirkung, weil damit Eigenschaften zugeschrieben werden. Hier eine Übersicht über die stärksten und gängigsten physiognomischen Wirkmerkmale. Diese sind *stark kulturell geprägt* und können sich natürlich auch *individuell* unterscheiden.

Wirkweisen des physiognomischen Halos
- **Nase**
  - Stupsnase: Süß, goldig, lieb, zärtlich, liebevoll, kindlich
  - Gerade und kantig: Geradlinig, zielstrebig, klar, konkret, sachlich
  - Hakennase: Verbissen, durchsetzungsstark
  - Skisprung-Nase: Arrogant, überheblich, distanziert
- **Augen**
  - Brille (keine Sonnenbrille): Intelligent, belesen, nerdig, klug, seriös, kompetent, glaubwürdig, zurückhaltend
  - Große Augen: Lieb, freundlich, offen, weiblich, neugierig, nahbar
  - Augenbrauen schräg innen: Streng, böse, gemein

Fun Fact: Jedes Gesicht hat eine Seite, die etwas mehr nach unten hängt, erkennbar z. B. am Augenlid. Meistens ist die hängende Seite auch nicht unsere Schokoladenseite, von der wir uns am liebsten fotografieren lassen.

- **Ohren**
  - Große Ohren: Vertrauensvoll, guter Zuhörer, offen, interessiert
  - Abstehende Ohren (Segelohren): Schalk im Nacken, lustig, komisch
  - Eng anliegend: Zielstrebig, fleißig, geradlinig
- **Mund**
  - Mundwinkel hoch: Freundlich, verschmitzt, süffisant, überheblich
  - Mundwinkel nach unten: Traurig, griesgrämig, destruktiv, verbittert, enttäuscht, verärgert
  - Lippen schmal: Streng, trocken, sachlich, verbissen
  - Lippen vollmundig: Liebevoll, zärtlich, leidenschaftlich, sinnlich

3.2 Das Leben der anderen – Training der Fremdwahrnehmung

- **Gesicht**
  - Bart: Natürlich, kernig, männlich
  - Kieferknochen: Kernig, aggressiv, durchsetzungsstark, kämpferisch, zupackend, männlich
  - Hohe Stirn: Intelligent, wissend, verkopft
  - Graue Haare: Erfahren, wissend, alt, weise
  - Blass: Arbeitet im Büro, mitunter auch schwach oder kränkelnd
  - Bräunlicher Teint: Naturbezogen, Genießer, viel an der frischen Luft, gesund
  - Form rund: Bodenständig, lieb, gesellig
  - Form schmal: Zielstrebig, aktiv, klar, strukturiert

Fun Fact: Achten Sie einmal bei Filmen mit Tom Cruise auf seine Kieferknochen. Er beißt sich sehr häufig auf die Zähne, so dass die Kieferknochen und die Kaumuskulatur an dieser Stelle besonders hervortreten. Dies wirkt kämpferisch und durchsetzungsstark.

Beobachten Sie im Café, auf Veranstaltungen oder beim Warten an der Supermarktkasse Ihre Mitmenschen und wie sie auf Sie wirken. An welchen Merkmalen machen Sie Ihre Einschätzung fest? Ist es die Kleidung, die Körpersprache oder die Physiognomie? Oder ist Ihre Halo-Analyse eine Kombination aus den unterschiedlichen Wirkmerkmalen?

Es geht beim Halo-Effekt nicht darum, die Person in ihrer Reinheit wahrzunehmen, sondern darum, ein Verständnis zu kreieren, dass diese Fehlerquelle existiert, welche Wirkmacht der Effekt auf die Fremdwahrnehmung hat und an welchen unterschiedlichen Kriterien es liegen kann.

Die beschriebenen Eigenschaften müssen demnach absolut nichts mit den tatsächlichen Eigenschaften zu tun haben. Es sind lediglich diejenigen, die durch den Effekt in der Regel und mit einer stark erhöhten Wahrscheinlichkeit dem anderen zugeschrieben werden.

Zusätzlich kommt es auf die Kombination mit der Körpersprache, der Statur und auf andere Faktoren wie Aussehen und Stimme an. Wenn ein Zwei-Meter-Mann, der 160 Kilogramm auf die Waage bringt, eine piepsige Stimme hat und sich immer verschämt wegdreht, dann kommt es darauf an, was am Ende am stärksten hervorstrahlt.

Je selbstbewusster man mit dem Wissen über den Halo-Effekt arbeitet, desto stärker kann man die Wunschwirkung nach außen hin auch durch Äußerlichkeiten beeinflussen.

Nachdem Sie in den vorangegangenen Kapiteln schon Etliches erfahren haben über die Art und Weise, wie wir auf andere und andere auf uns wirken, wird es Zeit, dieses Wissen zu systematisieren, damit Sie die Wirkung klarer steuern können.

Literatur

1. Eagleman D (2015) The brain, First American Aufl. Pantheon Books, New York
2. Himmelrath A (2017) Streit um lautes Telefonieren – Fahrgast beißt Mitreisendem ins Ohr. SPIEGEL online vom 15. Dez. 2017. https://www.spiegel.de/politik/deutschland/nachrichten-am-morgen-die-news-in-echtzeit-a-1182170.html. Zugegriffen am 24.06.2022
3. Birkenbihl V (2015) Birkenbihl Inselkonzept. ALPHA-Video vom 23. Juli 2015 (Ausschnitt). YouTube. https://www.youtube.com/watch?v=UD_APAWafXY. Zugegriffen am 24.06.2022
4. Freedman R (1989) Die Opfer der Venus – Vom Zwang, schön zu sein. Kreuz Verlag, Zürich
5. Kinast J (2018) Wuppertaler Marcus Schneider ist der „Breiteste Pastor Deutschlands". Westdeutsche Zeitung vom 5. Nov. 2018. https://www.wz.de/nrw/wuppertal/wuppertaler-marcus-schneider-ist-der-breiteste-pastor-deutschlands_aid-34272407. Zugegriffen am 26.06.2022

4 Eine Wirkung allein zu Haus – die Zielwirkung klar festlegen

▶ **Basic 3** Legen Sie Ihre persönliche Zielwirkung fest.

4.1 Die Zielwirkungstabelle

> **Beispiel**
>
> Den Weihnachtsfilm-Klassiker aus dem Jahr 1990 *Kevin allein zu Haus'* kennt die halbe Welt. Der Schauspieler Macaulay Culkin, der den achtjährigen aufgeweckten, frechen und trotzdem sehr liebenswürdigen Kevin spielt, ist seitdem weltberühmt. Kevin muss sich – aus Versehen zu Weihnachten von seiner Familie zu Hause alleine gelassen – gegen zwei tollpatschige Einbrecher zur Wehr setzen, um das elterliche Haus zu verteidigen. In einer der bekanntesten Szenen des Films setzt er einen Schattentrick ein, um den Einbrechern vorzugaukeln, dass die ganze Familie zu Hause am Essenstisch sitzt, während er eigentlich ganz alleine die Fäden der Pappkameraden zieht. Kevin entpuppt sich in allerlei Situationen als ein Meister der eingesetzten Wirkung. Zielgerichtet verwendet er Tonbänder und visuelle Effekte, um die Einbrecher zu täuschen. In einer anderen Szene lässt er den Pizzaboten durch zuvor aufgenommene Filmaufnahmen glauben, dass auf ihn geschossen wird. ◀

Beim Festlegen Ihrer eigenen persönlichen Zielwirkung können Sie wie Kevin erkennen, welcher bunte Blumenstrauß an unterschiedlichen Wirkweisen Ihnen im Alltag zur Verfügung stehen.

© Springer Fachmedien Wiesbaden GmbH, ein Teil von Springer Nature 2022
B. Crisand, *Die Power der persönlichen Präsenz*,
https://doi.org/10.1007/978-3-658-37981-0_4

Die persönliche Zielwirkung, auch „Wunschwirkung" genannt, ist die Wirkung, die Sie erhoffen, auf andere in bestimmten Situationen zu haben. Diese kann von Situation zu Situation, von Person zu Person, unterschiedlich sein und von Ihnen selbst immer wieder neu angepasst werden. Dazu müssen Sie diese Zielwirkung aber zuerst einmal erkennen, definieren und schließlich festlegen. Sobald Sie die Zielwirkung für eine konkrete Situation festgelegt haben, können Sie Ihre Wirkung dementsprechend entfalten.

Je konkreter, klarer und präziser Sie sich im Vorfeld Gedanken über die Zielwirkung machen, desto erfolgreicher können Sie wirken und desto stärker können Sie auch abgleichen, ob das, was Sie sich vorgenommen haben, eingetreten ist. Auch wenn Ihre Wunschwirkung nicht eintritt, sehen Sie anhand der vorher festgelegten Wirkung genau, woran Sie noch arbeiten sollten.

Stellen Sie sich vor, Sie arbeiten im Telefonvertrieb und verkaufen eine Dienstleistung. In vielen Vertriebsschulungen werden sogenannte Telefonleitfäden erarbeitet, bei denen dem Verkäufer eine ganz klare und festgelegte Struktur vorgegeben wird, nach der sie sich im Gespräch zu richten haben. Der Vorteil besteht in der Einheitlichkeit und darin, wiederkehrende Einwände der Kunden schnell bearbeiten zu können. Der große Nachteil ist, dass die Zielwirkung oft dieselbe bleibt. Sie wird in jedem Gespräch mehr oder weniger ähnlich eingesetzt, obwohl das Gegenüber sich ändert. Manche Kunden reagieren auf zielorientierte, klare, direkte und dominante Ansprachen, manche auf interessierte, vorsichtige, Raum gebende Ansprachen, wieder andere auf lustige, offene, sympathische und lockere Ansprachen.

Bevor Sie versuchen, viele verschiedene Wirkmittel wahllos einzusetzen, sollten Sie sich Zeit nehmen, um Ihre Zielwirkung möglichst präzise zu definieren. Sie sollten sich überlegen, durch welche Sie selbstbewusst wirken. Dann erst können Sie Überlegungen darüber anstellen, was Sie konkret tun müssen, um eben jener Zielwirkung entsprechend zu wirken.

Das kann im Vorfeld geschehen, z. B. bevor Sie den Telefonhörer in die Hand nehmen, oder auch ganz situativ innerhalb eines Gesprächs. Die Stärke eines Verkäufers ist es, im Moment ganz spontan auf sein Gegenüber zu reagieren und sein Wirkziel individuell an die Situation anpassen zu können.

Um diese Zielwirkung zu finden, festzulegen und später zu überprüfen, hilft Ihnen die nachfolgende übersichtliche Zielwirkungstabelle. Diese kann immer wieder neu und ganz situativ angepasst werden.

Füllen Sie die Zielwirkungstabelle in Abb. 4.1 gleich einmal beispielhaft aus, indem Sie sich eine bestimmte Situation überlegen, in der Sie auf bestimmte Weise wirken wollen. Dies kann eine private oder auch eine berufliche Situation, ein konkretes einmaliges oder auch ein wiederkehrendes Event sein.

4.1 Die Zielwirkungstabelle

Zielwirkungstabelle			
Wie wirke ich? Selbstwahrnehmung	Halo Effekt Fremdwahrnehmung	Wirkmethodik Wirkmechanismen	Zielwirkung Wunschwirkung

Abb. 4.1 Zielwirkungstabelle zum Ausfüllen (eigene Darstellung)

Spalte 1: Wie wirke Ich? Selbstwahrnehmung
Hier tragen Sie ein, wie Sie Ihrer Ansicht nach in dieser konkreten Situation wirken oder bisher gewirkt haben. Versuchen Sie, in der linken Spalte so viele Adjektive wie möglich zu finden. Es sollten mindestens 7 bis 10 sein. Je mehr Adjektive Sie finden, desto klarer und umfangreicher können Sie später den Abgleich mit ihrer Zielwirkung vornehmen.

Spalte 2: Halo-Effekt – Fremdwahrnehmung
Hier tragen Sie ein, wie andere Menschen Sie wahrnehmen und welche Adjektive Ihrer Wirkung zugeschrieben werden. Versuchen Sie Bewertungen wie „gut, schlecht, toll etc." zu ignorieren. Diese helfen Ihnen im späteren Verlauf nicht weiter, um Ihre Zielwirkung genauer zu erreichen.

Der Halo-Effekt ergibt sich aus Elementen wie z. B. der Kleidung, Ihrer Körperstatur und auch Ihrer Physiognomie. Tragen Sie eine Brille und wirken dadurch intelligent? Haben Sie graues Haar und wirken dadurch erfahren? Oder Sie sehen sehr jung aus und wirken dadurch unerfahren und naiv?

Spalte 4: Zielwirkung – Wunschwirkung
Beim Ausfüllen der Spalte ganz rechts stellen Sie sich folgende Fragen: Was sind Ihre Wirkziele? Wie möchten Sie im Optimalfall von Ihren Mitmenschen wahrgenommen werden? Welche Wirkung wünschen Sie sich? Was sollen die Zuhörer oder Ihr Gegenüber nach dem Treffen über Sie sagen?

Das Ziel ist es, die eigene Wirksamkeit in den Wirkfeldern zu erhöhen, in denen es von Ihnen gewünscht ist und gebraucht wird.

Versuchen Sie, auch hier wieder so viele Adjektive wie möglich zu finden, um Ihre Wunschwirkung möglichst genau zu definieren. Es sollten auch hier mindestens 7 bis 10 sein. Je mehr Adjektive Sie finden, desto klarer und umfassender können Sie Ihre Zielwirkung gestalten und der gewünschten Situation anpassen.

Spalte 3: Wirkmethodik – Wirkmechanismen
Diese Spalte lässt sich ausfüllen, wenn Sie festgelegt haben, welche Ziel- oder Wunschwirkung Sie erreichen wollen. Hier können dann die körpersprachlichen, rhetorischen oder mimischen Wirkmechanismen eingesetzt werden, um jeweils die gewünschte Zielwirkung zu entfalten. Diese Spalte definiert die konkreten Schritte, die Sie gehen müssen, um Ihre gewünschte Zielwirkung zu erreichen. Um ein Beispiel zu nennen: Wenn Sie offen, erfreut und interessiert wirken wollen, dann könnten Sie die Augenbrauen ganz leicht anheben, ein ganz feines Lächeln mit geschlossenem Mund aufsetzen und dabei „mhm" sagen.

4.1 Die Zielwirkungstabelle

Es kann auch vorkommen, dass die Fremdwahrnehmung bereits der Wunschwirkung entspricht. Dann müssen Sie keine weiteren Wirkmechanismen einsetzen.

> **Wirk-Adjektive für selbstbewusstes Auftreten (Beispielauswahl)**
> Wenn Ihnen auf Anhieb keine 10 Wirkadjektive einfallen, dann können Sie sich von den folgenden Adjektiven inspirieren lassen. Welche der Eigenschaften wünschen Sie sich für Ihre Zielwirkung? Was genau bedeutet es für Sie, wenn Sie *selbstbewusst* wahrgenommen werden wollen?
> Wirken Sie dann …
> *kompetent, interessant, offen, sachlich, strukturiert, ruhig, souverän, kernig, glaubwürdig, charmant, sympathisch, locker, leicht, ruhig, besonnen, lässig, cool, sportlich, flüssig, filigran, klar, direkt, durchsetzungsstark, kontrolliert, persönlich, nahbar, bodenständig, konsequent, leidenschaftlich, emotional, streng, redselig, fröhlich, wohltemperiert, freundlich, (selbst-)ironisch, lustig … etc.*

Das Ausfüllen dieser Zielwirkungstabelle sei nun anhand von vier unterschiedlichen Beispielen exemplarisch erklärt, damit Sie sehen können, wie Sie mit der Tabelle arbeiten können.

Das erstrangige Wirkziel soll hier „souveränes Auftreten" sein. Dies wird oberhalb der Tabelle als Überschrift notiert. Ganz rechts finden Sie die Adjektive, die Sie im Beispiel als Zielwirkungen ausgemacht haben (siehe Abb. 4.2).

Beispiel 1 Sie denken über sich selbst, dass Sie chaotisch wirken, weil Sie sich innerlich als sehr unruhig wahrnehmen. Im Gespräch mit Freunden und KollegInnen wird Ihnen allerdings immer wieder mitgeteilt, dass Sie als ruhig wahrgenommen werden. Wenn eins Ihrer Zielwirkungsadjektive „ruhig" lautet, dann müssen Sie hier nicht tätig werden und können sich dem nächsten Punkt widmen.

Beispiel 2 Ihr Zielwirkungsadjektiv lautet „sachlich", und auch in Ihrer Selbsteinschätzung nehmen Sie sich selbst als „sachlich" wahr. Allerdings wird Ihnen von außen gespiegelt, dass Sie emotional wirken. Hier finden Sie nun eine große Differenz vor. Wenn Sie der Fremdwahrnehmung trauen können, dann wäre es möglich, durch das reduziertere, direkte und klarere Einsetzen Ihrer Gestik sowie die Verringerung der Durchlässigkeit die Wirkung der Sachlichkeit zu stärken und die Emotionalität zu verringern.

Zielwirkungstabelle
Ziel: Souveränes Auftreten

Wie wirke ich? Selbstwahrnehmung	Halo Effekt Fremdwahrnehmung	Wirkmethodik Wirkmechanismen	Zielwirkung Wunschwirkung
• Chaotisch	• Ruhig	• —	• Ruhig
• Sachlich	• Emotional	• Reduzierte, direkte, klare Gestik; Verringerung der Durchlässigkeit	• Sachlich
• Kompetent	• Intelligent	• —	• Kompetent
• Unsicher	• Freundlich	• Ruhige Stimmführung, klare Gestik mit geringer Amplitude & langsamen Tempo, undurchlässige Mimik, klare innere Haltungen	• Selbstbewusst

Abb. 4.2 Beispiel einer ausgefüllten Zielwirkungstabelle (eigene Darstellung)

4.1 Die Zielwirkungstabelle

Beispiel 3 Sie nehmen sich in Ihrer Wirkung als kompetent war. In der Fremdwahrnehmung bekommen Sie gespiegelt, dass Sie intelligent wirken. Sie haben vielleicht auch eine Brille auf und grau meliertes Haar, welches Ihren Halo-Effekt auch ganz klar in Richtung „Intelligenz" gehen lässt. Als Zielwirkung haben Sie jedoch „kompetent" und nicht „intelligent" notiert.

Obwohl Intelligenz und Kompetenz eine differenzierte Bedeutung haben, werden diese Begriffe oft synonym verwendet. Die Fremdwahrnehmung wird in den meisten Fällen nicht besonders präzise formuliert, weil oft das notwendige Wissen und die Erfahrung dazu fehlt. In diesem Fall könnten Sie es getrost dabei belassen, müssten also kein konkretes Wirkmittel einsetzen. Wenn sich allerdings herausstellen sollte, dass Sie zwar für intelligent, aber für inkompetent gehalten werden, dann müssten Sie aktiv werden, um der Zielwirkung „kompetent" zu entsprechen.

Falls Sie darauf bestehen, dass die Mitmenschen Sie als kompetent einschätzen, sollten Sie zuerst herausfinden, ob die Fremdwahrnehmung „intelligent" dem gegebenenfalls schon entspricht oder die kompetente Wahrnehmung mit einschließt. Versuchen Sie hier zuerst ein dezidiertes Bild der Fremdwahrnehmung zu erhalten, um herauszufinden, ob und wenn ja wie weit Sie von der kompetenten Wirkung entfernt sind.

Beispiel 4 Ihre Zielwirkung lautet „selbstbewusst", allerdings nehmen Sie sich als „unsicher" wahr. Ihre Fremdwahrnehmung wird Ihnen aber nicht als unsicher, sondern als „freundlich" beschrieben. In diesem Fall könnten Sie durch eine ruhige Stimmführung, durch eine klare Gestik mit nicht allzu ausgreifender Bewegung und einem langsamen Tempo, sowie undurchlässiger Mimik und klarer innerer Haltung zwar weiterhin als freundlich wahrgenommen werden, aber Ihrem Wirkziel „selbstbewusst" näherkommen.

Sie sehen also, wie wichtig es ist, dass Sie sehr genau mit den Adjektiven arbeiten und auch die Fremdwahrnehmung hinterfragen. Nur in Kombination mit diesen Grundlagen und einer klaren Wunschwirkung kann es gelingen, dass Sie die effektivste Wirkmethodik für sich herausfinden.

Übung: Die eigene Wirkung ausprobieren

Halten Sie vor KollegInnen, FreundInnen oder Familienmitgliedern eine dreiminütige Präsentation – erzählen Sie von Ihrem Tag, von Ihrem letzten Urlaub oder eine andere Geschichte, an die Sie sich noch gut erinnern können. Nehmen Sie sich vor dem Erzählen vor, eine gewisse Zielwirkung zu erreichen, und notieren Sie diese für sich in Form von Wirk-Adjektiven.

Nachdem Sie die Geschichte erzählt oder die kurze Präsentation gehalten haben, bitten Sie die Zuhörenden um ein konkretes Feedback. Fragen Sie sie nicht, *wie* sie es *fanden*, sondern fragen Sie sie, *wie die Geschichte oder der Vortrag auf sie gewirkt* hat. Vergleichen Sie dann im Anschluss die genannten Adjektive mit denen, die sich sie im Vorfeld vorgenommen haben.

4.2 Der Preis ist heiß – die Hot Person

Die *Hot Person* im Raum ist diejenige, für die Ihre Zielwirkung bestimmt ist. Sie ist die Person, um die es Ihnen wirklich geht und die Sie für sich gewinnen wollen. Die *Hot Person* kann das gesamte Publikum, eine ganz spezielle Person im Publikum oder ein bestimmter Kollege im Meeting, eine Kunde auf einer Kundenveranstaltung oder eine attraktive Person auf einer Party sein. Es geht um die Person, die für Sie persönlich aus irgendeinem Grund wichtig ist und deren Aufmerksamkeit Sie gewinnen wollen. „Hot" muss nichts damit zu tun haben, dass Sie diese Person attraktiv, sexy oder „heiß" finden. Es bedeutet lediglich, dass Ihnen diese Person besonders wichtig ist.

Viele Menschen, die auf eine *Hot Person* im Raum fokussiert sind, verhalten sich zu den übrigen Menschen unbewusst sonderbar. Es ist wichtig, dass Sie sich Ihrer eigenen Wirkweise und Ihrer Zielwirkung bewusst werden, um diese anzupassen oder zu verändern und um andererseits zu verstehen, welche *unerwünschte Nebenwirkungen* Sie durch gewisse Handlungen erzeugen können.

Stellen Sie sich eine Party vor, bei der Ihr heimlicher Schwarm auch vor Ort ist oder sogar am gleichen Tisch wie Sie sitzt. Sie unterhalten sich mit jemand anderem, der ebenfalls mit Ihnen am Tisch sitzt, kommunizieren aber nicht direkt mit Ihrer *Hot Person*. Die Art und Weise, wie Sie sich jetzt unterhalten, und das Wissen, dass die *Hot Person* Sie jederzeit sehen und hören kann, verändert Ihr Wirkverhalten. Sie lachen z. B. lauter, um zu zeigen, wie viel Spaß Sie haben. Sie zeigen Ihrem Gegenüber, wie interessiert Sie an ihm oder ihr sind, um der *Hot Person* zu signalisieren, dass hier gerade ein hochinteressantes Gespräch vor sich geht. Sie bewegen sich lässiger, um zu zeigen, dass Sie cool und locker drauf sind. Das alles machen Sie zwar scheinbar zu der Person gerichtet, mit der Sie sich unterhalten, aber eigentlich ist die Wirkung an die *Hot Person* adressiert.

Wenn Ihr Gesprächspartner nichts davon weiß, wird er zum *unbewusst Verbündeten*. Sie „benutzen" ihn, um Ihr Wirkziel zu optimieren. Wenn die *Hot Person* den Raum verlässt, merken Sie schnell, wie sich das Wirkziel und somit das Verhalten verändert, und die Situation merklich abkühlt. Falls Ihr Gesprächspartner davon Kenntnis hat, wird er zu einem *bewusst Verbündeten*. Landläufig kennt man auch den Begriff „Wingman" bzw. „Wingwoman", wenn es darum geht, in Gesellschaft einen Freund dabei zu unterstützen, einen neuen potenziellen Partner oder eine Partnerin kennenzulernen.

Es gibt natürlich auch Situationen, in denen mehrere *Hot Persons* vor Ort sind und wir mehrere Wirkziele miteinander verbinden müssen, wenn wir z. B. auf einer Veranstaltung sind, auf der unser Chef, aber auch die Personalchefin einer potenziell interessanten anderen Firma zu finden ist. Je nachdem, mit wem wir gerade sprechen, wechselt die *Hot Person* und somit unser Wirkziel. Wenn wir mit unserem Chef sprechen, halten wir vielleicht Ausschau nach der Personalchefin. Wenn wir mit der Personalchefin sprechen, versuchen wir, falls unser Chef gerade in der Nähe ist, nicht allzu interessiert zu wirken, um unangenehme Rückfragen zu vermeiden. Hier stellt sich dann die Frage, ob es eine Person gibt die „hotter" ist als die andere oder ob sie gleich „hot" sind.

Die Gefahr, die sich innerhalb solcher Situationen ergibt, ist die, dass Sie sehr schnell den Anschein erwecken, aufgesetzt und überdreht zu sein und Ihr Verhalten künstlich und unglaubwürdig wirkt. Zudem besteht die Gefahr, dass Ihr Gegenüber Ihr Verhalten auf sich bezieht und es persönlich nimmt.

▶ **Tipp** Achten Sie auf die Wirkmerkmale (Körpersprache, Mimik, Gestik, Stimme), welche Sie bei anderen wahrnehmen, wenn es ihnen darum geht, die Wirkung für ihre *Hot Person* zu optimieren. Oft fällt es den anderen unangenehm, übertrieben oder störend auf, weil der Blickkontakt abschweift, weil besonders laut gelacht oder geredet wird, weil der Körper immer etwas abgewandt ist, weil nicht richtig zugehört oder nur oberflächlich agiert wird und die Aufmerksamkeit grundsätzlich leidet.

Wenn Sie ihre KollegInnen nicht zu bewussten Verbündeten machen wollen, versuchen Sie, mit weniger energetischem Aufwand, dafür zielorientierter und intensiver, Ihre *Hot Person* mit Ihrer Wirkung zu erreichen. Haben Sie Spaß innerhalb der Situation und versuchen Sie die Aufmerksamkeit nur in kleinen Dosen der *Hot Person* zu schenken, sonst vergraulen Sie Ihre übrigen GesprächspartnerInnen in der verzweifelten Hoffnung, der *Hot Person* zu gefallen.

4.3 Die über- und die untergeordneten Ziele

Sie kennen sicherlich folgende Situation: Sie haben ein Gespräch mit Ihrer Chefin oder Ihrem Chef und gehen mit dem selbstgesteckten Ziel einer Gehaltserhöhung hinein. Oder Sie wollen ein Gespräch mit Ihrem Partner führen mit dem Ziel, etwas anzusprechen, dass Sie schon längst einmal ansprechen wollten.

Sobald Sie aber im Gespräch sind, verläuft es ganz anders, als Sie es sich vor Ihrem inneren Auge vorgestellt haben. Sie sagen Dinge, die Sie nicht sagen wollten, oder sagen Dinge nicht, die Sie aber eigentlich vorhatten zu sagen. Auch das Gegenüber reagiert vollkommen unerwartet. Wieso ist das so und welche unbewussten Wirkkräfte kommen da ins Spiel und halten Sie davon ab, so zu wirken und zu agieren, wie Sie wirklich wollen?

Die Wirkkräfte werden gesteuert von den sogenannten *übergeordneten Zielen*. Um diese oft unbewussten Ziele zu erkennen, müssen Sie sich selbst besser kennen lernen. Nur dann können Sie überprüfen, ob die Ziele, die Sie glauben zu haben, auch diejenigen sind, die Sie wirklich haben. Sonst sind Sie unzufrieden und weiterhin unsicher in Ihrer Außenwirkung.

Damit Sie Ihren unbewussten Zielen auf die Spur kommen und diese einordnen können, ist es unabdingbar, dass Sie aufhören, sich selbst etwas vorzumachen. Sie müssen radikal ehrlich zu sich selbst sein. Das ist mitunter ein Prozess, der eine Weile dauern kann und dauern darf.

Denn die Psyche ist eine Meisterin im Suchen und Finden von Ausreden und Schutzversuchen, damit Sie sich ja nicht mit dem beschäftigen müssen, was Sie wirklich antreibt. Die Psyche macht das aus einem Schutzmechanismus heraus, um das Selbstbild, welches über Jahre aufgebaut wurde, zu bewahren. Zudem sind noch eine Menge weitere psychologische Phänomene aktiv, die dazu verleiten können, dem Grund des eigenen Verhaltens Situationsfaktoren zuzuschreiben und nicht den charakterlichen Eigenschaften oder anderen inneren Prozessen.

Teil dieser inneren Prozesse, die großen Einfluss auf Ihr Wirken haben, sind die *über- und die untergeordnete Ziele,* nach denen alle Menschen handeln. Sie haben mit gewissen Bedürfnissen zu tun, welche immer wieder erfüllt werden wollen, bewusst oder unbewusst.

Übergeordnete Ziele
Übergeordnete Ziele können zum Beispiel sein: die wahre **Liebe** zu finden und zu erfahren, **Macht** oder **Kontrolle** auszuüben, **Bewunderung** zu bekommen, **Bestätigung** oder **Anerkennung** zu erhalten oder die **Zugehörigkeit** zu einer Gruppe zu haben. Diese Ziele sind sehr beständig und können ein Leben lang anhalten. Sie ändern sich nur sehr selten und stellen den inneren Kompass dar, wonach alles Bewusste und Unbewusste ausgerichtet ist. Die Ziele selbst müssen nicht notwendigerweise bewusst sein. Umso wichtiger ist es, dass Sie sich diese bewusstmachen. Denn wenn Sie Ihr Leben schon danach ausrichten, dann ist es sicher nicht von Nachteil, auch die Richtung zu kennen.

4.3 Die über- und die untergeordneten Ziele

Gehaltsverhandlung

Nehmen wir an, ein Mitarbeiter hat „Kontrolle" als das eigene, unbewusste übergeordnete Ziel. Er geht in eine Gehaltsverhandlung mit der Führungskraft. Sein bewusstes situatives Ziel ist es, eine Gehaltserhöhung zu bekommen. Unbewusst möchte er nicht nur die Kontrolle über das Erreichen der eigenen Gehaltsvorstellung haben, sondern auch den Verlauf des Gespräches kontrollieren.

Doch im Gespräch sagt die Führungskraft, dass sie die Leistungen des Mitarbeiters im vergangenen Jahr zwar wertschätzt und die Zusammenarbeit als fruchtbar und angenehm empfindet, dass aber die derzeitige Marktlage dem Unternehmen keinerlei Spielraum lässt, das Gehalt aktuell zu erhöhen.

Nun scheint die Kontrolle zu entgleiten, denn entweder muss das Gespräch zu einem anderen Zeitpunkt weitergeführt werden oder der Mitarbeiter muss den entgegengebrachten Argumenten inhaltsstark begegnen, um die Kontrolle über das Gespräch zurückzugewinnen. Hier besteht allerdings schnell die Gefahr, dass sich die Verhandlungspositionen ungewollt verhärten.

Wenn der Mitarbeiter sich hingegen das übergeordnete Ziel Kontrolle im Vorfeld bewusstgemacht hat, kann er im Moment viel einfacher bewusst situativ nachgeben, die Kontrolle loslassen und überlegen, was langfristig, strategisch in dieser Situation sinnvoll wäre, und die emotional angespannte Situation gleichzeitig nicht eskalieren lassen. Wenn diese Bewusstheit nicht erreicht wird, verbleibt der Mitarbeiter in seinem Verhaltensmuster und seiner Gewohnheit und verschenkt die Möglichkeit, durch andere Wirkmechanismen sein Ziel nachträglich doch noch zu erreichen. ◄

Wenn Sie sich der unbewussten übergeordneten Ziele bewusst sind oder sich diese immer wieder vor wichtigen Gesprächssituationen bewusstmachen und somit auch die eigene Wirkweise innerhalb dieser Situation besser verstehen, dann haben Sie die Möglichkeit, die Situationen auf unterschiedlichen Dimensionen – z. B. auf der inhaltlichen sprachlichen, der körpersprachlichen oder Ihrer stimmlichen Ebene – zu beeinflussen und gegebenenfalls umzulenken.

Diese verschiedenen Möglichkeiten macht die *Multidimensionalität Ihrer Wirkkraft* deutlich, sobald Sie sich der übergeordneten Ziele bewusst sind.

Untergeordnete Ziele

Die untergeordneten Ziele sind situativer Art oder für kürzere Lebensabschnitte wichtig, um im nächsten Schritt das übergeordnete Ziel zu unterstützen oder zu ermöglichen. Untergeordnete Ziele können sein: **Erfolg, finanzieller Aufstieg** und **Wohlstand**, Aneignung von **Wissen und Fähigkeiten**, Erwerb von **Gegenständen**, das **Erreichen von bestimmten Positionen** und sozialer **Anerkennung**.

Wenn Sie sich bewusst sind, welche übergeordneten Ziele bei Ihnen ganz individuell eine Rolle spielen, können Sie Ihr Wirkverhalten genauer definieren, reflektieren und daraufhin Ihre Wirkziele situativ hinterfragen und anpassen. Es ist zudem möglich, anhand der Bewusstwerdung der untergeordneten Ziele Hinweise darauf zu erlangen, was die übergeordneten Ziele sein könnten. Sie können somit viele Ängste, Schuldgefühle und Unsicherheiten besser einordnen, ihnen begegnen und im besten Fall langfristig auflösen.

> Denn die kurzfristigen untergeordneten Ziele dienen in der Regel den langfristigen übergeordneten Zielen. Sich damit zu beschäftigen kann eine spannende Reise zu sich selbst sein. Da jeder Mensch diese Ziele bewusst oder unterbewusst verfolgt, kann es auch spannend sein, bei anderen zu beobachten, wie dort das Wirkverhalten umgesetzt wird und zu Tage tritt.

Menschen versuchen, ihren zentralen Mangel, der meist in der Kindheit entstanden ist, z. B. durch fehlende oder nichtexistierende Liebe oder Anerkennung eines Elternteils, zu kompensieren. Dadurch eignet sich der Mensch Fähigkeiten an, mit denen er diesen Mangel durch Erreichen der untergeordneten Ziele situativ immer wieder temporär decken kann. Doch die Sehnsucht nach dem übergeordneten Ziel, das durch den Mangel entstanden ist, wird auch durch das Erreichen der untergeordneten Ziele nie erfüllt werden und bleibt somit die treibende Kraft auf der Suche nach Erfüllung.

Jemand, der als Kind einen zentralen Mangel an Liebe und Anerkennung durch den Vater oder die Mutter erleidet *(übergeordnetes Ziel)*, eignet sich beispielsweise als Kompensation die Fähigkeit an, Wertschätzung, Bewunderung und Anerkennung durch viele Menschen zu erlangen *(untergeordnetes Ziel)*. Dies ist häufig bei Schauspielern, Comedians oder ähnlichen Berufsgruppen zu beobachten. Indem sich diese Menschen ganz selbstbewusst auf der Bühne vor Hunderten von Zuschauern bewegen und agieren, erfahren sie situativ sehr viel Bewunderung. Diese momentane Bewunderung stillt jedoch nie das Ur-Bedürfnis und das Ur-Verlangen: den zentralen Mangel der fehlenden Liebe von Vater oder Mutter zu decken.

5. A beautiful mind – die Gedanken konkretisieren

▶ **Basic 4** Nutzen Sie die Macht Ihrer Gedanken.

5.1 Honig im Kopf – Der innere Dialog

Stellen Sie sich vor, Sie liegen bereits gemütlich auf der Couch, haben sich ein Schälchen Knabberzeug auf den Tisch gestellt und sind bereit für einen entspannenden Abend mit dem Streamingdienst Ihrer Wahl. Da summt Ihr Handy, und per Kurznachricht schreibt Ihre beste Freundin oder Ihr bester Freund: „Wir treffen uns gerade spontan mit den anderen, trinken gemütlich ein Glas Wein und quatschen. Lust vorbeizukommen?"

Ihr erster Impuls scheint klar zu sein: „Nein! Ich liege auf der Couch, bin entspannt und will einfach nur chillen." Während Sie die Antwort schreiben, kommt Ihnen ein anderer Gedanke: „Ich habe alle schon lange nicht mehr gesehen. Familie und Arbeit nehmen viel Zeit in Anspruch. Soziale Kontakte wären auch mal wieder schön."

„Würde dir auch gut tun", sagt plötzlich eine Stimme im Kopf.

Ergänzende Information Die elektronische Version dieses Kapitels enthält Zusatzmaterial, auf das über folgenden Link zugegriffen werden kann [https://doi.org/10.1007/978-3-658-37981-0_5]. Die Videos lassen sich durch Anklicken des DOI Links in der Legende einer entsprechenden Abbildung abspielen, oder indem Sie diesen Link mit der SN More Media App scannen.

© Springer Fachmedien Wiesbaden GmbH, ein Teil von Springer Nature 2022
B. Crisand, *Die Power der persönlichen Präsenz*,
https://doi.org/10.1007/978-3-658-37981-0_5

„Ich muss aber auch an mich selbst denken, und ich fühle mich heute nun mal nach Chillen", sagt eine andere Stimme.

„Du bist ja nur zu faul, um jetzt aufzustehen. Sei nicht so bequem! Du musst auch mal heraus aus deiner Komfortzone", ruft eine andere Stimme.

Sie denken sich: „Ich muss aufstehen, mich umziehen, fertigmachen, zum Fahrrad laufen und losfahren. Bestimmt brauche ich 15 Minuten, bis ich dort bin. Dann bin ich verschwitzt und die anderen haben vielleicht gar nicht so viel Zeit. Ob es dann wirklich lohnt …?"

„Außerdem", unterbricht eine andere Stimme, „musst du morgen arbeiten und früh aufstehen. Dann siehst du müde aus, und das macht keinen guten Eindruck bei den Kollegen und dem Chef."

„Weißt du, was ich gerade höre?", fragt säuselnd ein anderes Stimmchen im Hintergrund. „Nein, was denn?", fragen Sie sich.

Streng antwortet es: „Ich höre nur Mimimi. Im Nachhinein ärgerst du dich wieder und denkst, du hast etwas verpasst. Das Leben ist kurz, und man bereut vor allem die Dinge, die man nicht getan hat. Also gib dir endlich einen Ruck, du Faulpelz!"

Hin- und hergerissen gucken Sie abwechselnd auf Ihr Knabberschälchen, Ihr Smartphone und zum Fernseher und denken sich: „Was soll ich jetzt machen?"

Egal, wie Sie sich entscheiden, ein Teil von Ihnen findet es richtig und ein anderer Teil falsch. Das Unterbewusstsein und das Bewusstsein stehen in einem ständigen Kontakt miteinander, verbunden durch das *Vorbewusstsein*. Egal, wie die Entscheidung ausfällt, sie ist in sich nachvollziehbar. „Ich bleibe liegen. Schließlich muss ich morgen arbeiten, und ich bin ja vernünftig." Sie könnten sich aber auch anders entscheiden: „Ich fahre jetzt noch los. Faul herumliegen kann ich auch noch ein anderes Mal. Meine Freunde sehe ich sowieso zu selten."

> Diese unterschiedlichen Stimmen sind unser *inneres Parlament*. Es sind unterschiedliche Wünsche, Bedürfnisse, Gewissensentscheidungen, Meinungen, Sehnsüchte, Triebe und viele weitere innere Elemente, die miteinander verhandeln. Wenn Sie unterschiedliche Dinge denken, wollen und fühlen und sich schließlich für eine Sache entscheiden, dann rechtfertigen Sie diese Entscheidung im Nachhinein als die „richtige" und glauben, dass Sie sie im Bewusstsein getroffen haben. Die Entscheidungen werden allerdings bereits im Unterbewusstsein getroffen und unser Bewusstsein rechtfertigt sie nur nachträglich. Man nennt dieses Hin- und Hergerissensein, diesen unangenehmen Gefühlszustand, in der Psychologie *kognitive Dissonanz*.

Um ein neues Selbstbewusstsein zu entwickeln, ist es wichtig, dass Sie sich selbst bewusster werden. Sie sollten daher wahrnehmen, welche Stimmen sich gerade austauschen. Jede Stimme hat ihre Berechtigung und sollte angehört werden. Es gibt keine *falschen* und *richtigen* Stimmen, denn jede Stimme ist einfach nur anders. Wenn Sie wissen, warum welche Stimme so laut ist, wie sie es ist, dann entdecken Sie neue Möglichkeiten, damit umzugehen, oder Kompromisse zu schließen. Zum Beispiel: „Okay, heute Abend gehe ich noch weg, aber am Wochenende nehme ich mir dann extra einen ganzen Tag nur für mich."

Sie sind, was Sie denken. Sie haben vielfältige Gedanken, und das ist auch gut so. Da in unserem Kopf sowieso schon so viel gedacht wird, nutzen Sie das Potenzial Ihrer Gedanken, indem Sie sie durch Ihre Wirkung nach außen manifestieren.

5.2 Subtextarbeit – die Gedanken steuern

Seien Sie ehrlich: Sind Sie schon mal *mit Absicht* ohne einen gültigen Fahrausweis mit der Straßenbahn gefahren? Sehr wahrscheinlich waren Sie während der Fahrt nervös und aufgeregt, aber nach dem Aussteigen auch erleichtert, dass Sie nicht kontrolliert wurden.

Ist es Ihnen auch schon einmal passiert, dass Sie *unbewusst* ohne einen gültigen Fahrausweis mit der Straßenbahn gefahren sind? Vielleicht haben Sie dann erst nach dem Aussteigen oder kurz vor der letzten Station bemerkt, dass Sie sich ein Ticket hätten lösen oder ein vorhandenes Ticket entwerten müssen. Waren Sie während der Bahnfahrt auch nervös? Vermutlich nicht, denn Sie wussten ja zu dem Zeitpunkt noch gar nicht, dass Sie ohne gültigen Fahrausweis unterwegs waren.

Das Spannende dabei ist, dass die Situation zweimal die gleiche war: Sie waren beide Male ohne Ticket, aber einmal war es Ihnen bewusst und einmal nicht.

Falls Sie noch nie ein Ticket gelöst haben oder grundsätzlich nicht mit der Bahn unterwegs sind, wie sieht es mit diesem Beispiel aus: Haben Sie sich, nachdem Sie von zu Hause aufgebrochen sind, um in den Urlaub zu fahren, gefragt, ob der Herd oder das Bügeleisen ausgeschaltet oder das Dachfenster geschlossen ist? Diese quälende Ungewissheit, ob oder ob nicht, hält so lange an, bis man es entweder erfolgreich verdrängt oder Gewissheit über den Zustand hat, dass alles seine Ordnung hat.

Denken schafft Realität
Beides sind starke Beispiele dafür, dass Ihr Denken die Realität erschafft – zumindest die gefühlte Realität für Sie selbst. Aber diese Gedanken und die dadurch

gefühlte Realität reichen aus, dass sie auf Sie wirken und somit auch eine Außenwirkung erzielen.

Dieses Phänomen machen sich Schauspieler für ihre Rolle zunutze. Diese Methode wird *Subtextarbeit* genannt. Sie können sie in allen Situationen nutzen, insbesondere in solchen, in denen Sie Ihre Wirkung, anders als sie sonst wäre, anpassen und trotzdem wahrhaftig gestalten wollen.

Beispielsweise gestalten Sie Ihre Wirkung von „unsicher" zu „selbstbewusst", von „genervt" zu „entspannt" und von „gelangweilt" zu „erfreut". Das alles ist möglich allein durch die Kraft der eigenen Gedanken. Das klingt vielleicht ein wenig unglaubhaft – dass es funktioniert, sehen Sie aber jeden Tag, wenn Sie im Fernsehen guten Schauspielern bei ihrer Arbeit zusehen. Zugrunde liegt das in der Abb. 5.1 dargestellte Wirkmodell.

Die Grundlage von allem ist Ihr persönliches übergeordnetes Ziel. Das darunterliegende untergeordnete Ziel bestimmt Ihre situative *innere Haltung*. Die innere Haltung ist das, was Sie mit Übung bewusst steuern können. Es ist so etwas wie Ihre innere Einstellung zu etwas, nur, dass eine innere Haltung proaktiver, klarer, zielgerichteter ist.

Ihre innere Haltung bestimmt Ihre Gedanken. Und das, was Sie denken, wirkt durch Ihre Körpersprache, Mimik, Gestik, Ihre Stimme und Sprache nach außen.

Wenn Ihre innere Haltung Offenheit und ein ehrliches Interesse an Ihren Mitmenschen ist und Sie den Gedanken haben, dass Sie sich freuen, die andere Person zu treffen und sich mit ihr zu unterhalten, dann wird diese Freude auch nach außen hin sichtbar werden – zumindest so lange, wie Ihre *Durchlässigkeit* es erlaubt. Die Durchlässigkeit wird dadurch bestimmt, wie viel Ihrer inneren Haltung, Ihrer Gedanken und Gefühle Sie erlauben und in der Lage sind, nach außen in Erscheinung zu bringen.

Wenn als innere Haltung Ungeduld und Desinteresse vorherrschen, dann wird das, was man sagt, nicht wahrhaftig wirken. Denn der Gedanke unterstützt den Inhalt des Gesagten nicht. Die Wirkung von Körpersprache, Mimik, Gestik und Stimme stimmen nicht überein mit dem Inhalt des Gesagten. Der Inhalt ist „aufgesetzt" auf die wahren Gedanken und wirkt dadurch ebenfalls aufgesetzt.

Stellen Sie sich vor, eine Bekannte erzählt Ihnen in aller Ausführlichkeit von ihrem letzten Urlaub. Sie zeigt Ihnen endlos viele Bilder und langweilige verwackelte Videos, mit denen Sie nichts anfangen können. Dennoch versuchen Sie, nach außen hin Interesse zu zeigen, weil Sie die Bekannte nicht verletzen möchten. Wenn Ihre Bekannte allerdings genau hinhörte, dann würde sie merken, dass Sie aufgesetzt wirken, Interesse heucheln und somit nicht glaubwürdig interessiert sind.

5.2 Subtextarbeit – die Gedanken steuern

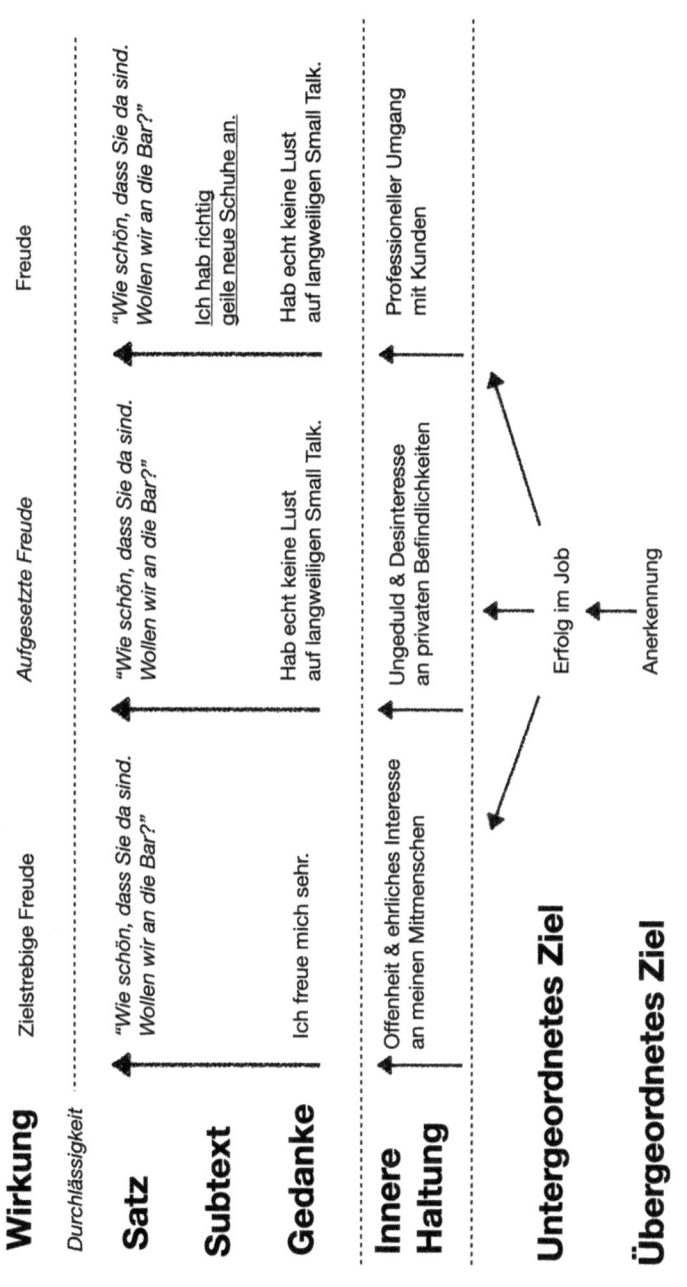

Abb. 5.1 Wirkmodell „Freude" mit Subtext (eigene Darstellung)

Abb. 5.2 Videobeispiel zum Thema Subtext. (Foto + Video: Benedikt Crisand. Bitte verwenden Sie zum Abspielen dieses Videos die SN More Media-App und scannen Sie die folgende URL: (▶ https://doi.org/10.1007/000-7ag))

Wenn Sie Ihr Desinteresse und Ihre fehlende Lust auf das Gespräch nicht zeigen wollen, dann kommt die *Subtextarbeit* ins Spiel:

> Der Subtext ist ein bewusst gedachter Gedanke, der so ausgewählt wird, dass er die Wirkung hat, die man haben möchte.

Nehmen wir an, die Zielwirkung wäre Freude und die Person freut sich immer über neue Schuhe. Denkt sie nun bewusst an neue Schuhe, dann wirkt dieser Subtext, und der ursprüngliche Gedanke der Lustlosigkeit wirkt nicht mehr nach außen.

Das Verrückte dabei ist, dass wir alle es täglich bereits anwenden. Denn der Mensch lügt im Schnitt ca. 20- bis 30-mal am Tag, wozu auch die sogenannten sozial akzeptierten Lügen gehören. Wenn Sie jemand fragt, wie Ihnen seine Frisur gefällt, und Sie sie scheußlich finden, dann würden Sie vermutlich etwas sozial Akzeptiertes antworten wie: „Ja, interessant, ist ja heutzutage modern dieser Stil", selbst wenn es nicht Ihrer wirklichen Ansicht entspricht. Eine Lüge ist also nichts anderes, als eine Aussage mit einem starken dahinterstehenden Subtext (Video Abb. 5.2).

Mehr als nur Worte – Gestik lesen und einsetzen

6

„Der Körper ist der Übersetzer der Seele ins Sichtbare." (Christian Morgenstern)

▶ **Basic 5** Setzen Sie Ihre Gestik zielorientiert ein.

Für viele Menschen scheint der Körper ein Mittel zum Zweck zu sein: Er soll einfach funktionieren. Viele schenken ihm nur ihre Aufmerksamkeit, wenn etwas nicht funktioniert, wenn er krank ist oder etwas weh tut. Ist der Körper denn so abtrennbar von unserem Geist, unseren Gedanken, unseren Gefühlen und Emotionen?

Das ist eine sehr philosophische Frage, die je nach Kultur, Glaubensrichtung und Lehrmeinung anders zu beantworten ist. In der asiatischen Welt wird alles stärker als Einheit betrachtet, wohingegen in der westlichen Welt Körper und Geist eher getrennt betrachtet werden. Viele Menschen trennen Körper und Geist mittlerweile so sehr, dass sie keine, nur eine befremdliche Beziehung oder sogar überhaupt keinerlei Zugang mehr zu ihrem Körper haben.

Um den Körper mit dem Geist, den eigenen Gedanken, zu verbinden ist die Atmung das Mittel der Wahl. Egal ob bei Entspannungstechniken, Meditation, bei

---

Ergänzende Information Die elektronische Version dieses Kapitels enthält Zusatzmaterial, auf das über folgenden Link zugegriffen werden kann [https://doi.org/10.1007/978-3-658-37981-0_6]. Die Videos lassen sich durch Anklicken des DOI Links in der Legende einer entsprechenden Abbildung abspielen, oder indem Sie diesen Link mit der SN More Media App scannen.

© Springer Fachmedien Wiesbaden GmbH, ein Teil von Springer Nature 2022
B. Crisand, *Die Power der persönlichen Präsenz*,
https://doi.org/10.1007/978-3-658-37981-0_6

Kraftsport oder im Geburtsvorbereitungskurs – überall erfährt man von der Bedeutung des Potenzials der Atmung.

Wenn man jemandem z. B. etwas erzählen, etwas präsentieren oder etwas verkaufen will, dann liegt der Fokus in den allermeisten Fällen auf dem Inhalt dessen, *was* gesagt werden soll, und selten darauf, *wie* wir das Gesagte herüberbringen wollen. Man denkt, der Körper mache dabei, „was er will" – aber eigentlich macht er das, was man *fühlt*.

Wir können den Körper auch als eine Art Arbeitswerkzeug betrachten, um unsere Botschaften oder unsere innere Haltung nach außen zu transportieren. Dazu ist es wichtig, das Bewusstsein für den eigenen Körper zu schärfen. Dadurch kann man das Lesen und Einsetzen der Gesten massiv erhöhen, was wiederum zu einem erhöhten Selbstbewusstsein führt, welches durch unseren Körper nach innen sowie nach außen wirkt.

6.1 Die Verwandlung – der Körper als Energie umwandelndes System

Der Körper ist *ein Energie umwandelndes System:* Er nimmt Energie auf, wandelt sie um und gibt sie dann in anderer Form wieder ab. Innerhalb dieses Prozesses spart der Körper so viel Energie wie möglich. Denn evolutionär betrachtet ist Energie einer der wichtigsten, wenn nicht sogar der wichtigste Selektionsfaktor.

Körpersprache ist nicht, wie landläufig angenommen, eine Pose, sondern ein Prozess. Um Energie zu sparen, ist das Einnehmen einer Pose ein häufiges Mittel der Wahl, wobei zu beachten ist, dass auch sie nicht starr ist. Niemand „friert" komplett ein. Im Körper ist immer Bewegung sichtbar, da auch unsere Gedanken nicht einfrieren, sondern in Bewegung sind. Diese kleinen Bewegungen sind nicht unbedingt sofort sichtbar, aber immer vorhanden, auch wenn es nur ein kleines Zucken, das sanfte Atmen oder ein kurzes Blinzeln ist. Um die Posen besser zu verstehen, ist es wichtig, wie jemand in eine solche hineingekommen ist. Hat er bereits mehrere Posen vorher ausprobiert, ist er schnell oder langsam hineingegangen? Wie lange verharrt er schon darin oder in welche Pose wechselt er? Anhand dieses *Posenwechselprozesses* kann die Körpersprache von anderen besonders gut gelesen werden. Aber auch das Verharren in einer Pose ist interessant. Ist es ein „stures" Verharren, ist es ein schützendes oder ein rein energiesparendes Verharren? Jedes Mal wirkt eine eingenommene Pose dadurch anders.

Gewisse energiesparende Posen sind wahre Klassiker. Da gibt es z. B. die bereits erwähnten verschränkten Arme. Im Stehen oder im Sitzen werden die Arme so

6.1 Die Verwandlung – der Körper als Energie umwandelndes System

ineinander verschränkt, dass die Arme sich gegenseitig halten und keine Energie aufgewendet werden muss.

Ein anderer Klassiker im Stehen ist der *Standbein-Spielbein-Stand*. Hier wird das Standbein durchgedrückt und das Spielbein leicht angewinkelt. Da hier Gelenke im Bein überbeansprucht werden, wird man nach kurzer Zeit in eine andere energiesparende Pose gehen. Dazu wird unbewusst oft einfach die spiegelverkehrte Pose ausgewählt. Anstelle des linken durchgedrückten Standbeins ist es dann das rechte Bein, welches durchgedrückt wird. Bei den verschränkten Armen ist das Spiegeln seltener der Fall, weil hier die Gelenke weniger beansprucht werden.

Davon ausgehend, dass der Mensch versucht, Energie zu sparen, gibt es mehrere wichtige Kenngrößen innerhalb der Bewegung, anhand derer erkannt werden kann, was hinter der Körpersprache steckt.

6.1.1 Der FRATZ – die fünf Kenngrößen von Bewegungen

Sicher kennen Sie den Ausdruck „Das ist ein süßer kleiner Fratz." Das Wort „Fratz" kommt vom italienischen „frasca" und bezeichnet einen leichtsinnigen Menschen. Wir meinen damit meist ein schelmisches kleines Kind.

Das Akronym FRATZ steht hier für die fünf Kenngrößen von Bewegungen. Wer diese nicht beherzigt, der ist leichtsinnig und ein Schelm, wenn er trotzdem glaubt, Körpersprache richtig lesen zu können. Wer allerdings auf die Kenngrößen achtet, kann anhand ihrer nicht nur seine eigene Wirkung steuern, sondern auch die Wirkung anderer präziser beschreiben und analysieren.

Eine Bewegung kann in die Kenngrößen des FRATZ unterteilt werden
- **F**requenz
- **R**eihenfolge
- **A**mplitude
- **T**empo
- **Z**ielorientierung

Frequenz
Die Frequenz beschreibt die Wiederholung von aufeinander folgenden gleichen Bewegungsmustern.

Beispiel

Jemand kratzt sich am Kinn. Tut er es nur einmal oder drei- bis viermal hintereinander? Ein einmaliges Kratzen könnte entweder nur ein kleiner Juckreiz gewesen sein, eine *Verlegenheitsgeste* oder eine *Übersprunghandlung*. Wenn der Kratzvorgang häufiger hintereinander stattfindet, dann ist der Juckreiz erheblich größer, oder aber es handelt sich z. B. um eine *Beruhigungsgeste*. ◄

Reihenfolge

Die Reihenfolge ist der Vorgang von Bewegungen in Kombination mit anderen Wirkelementen wie Sprache und Stimme. Da unsere Körpersprache direkt auf einen Gedankenimpuls reagiert, während das Sprachzentrum unseres Gehirns erst noch die passenden Worte dazu suchen muss, reagiert die Körpersprache normalerweise früher als die Stimme und vor allem früher als die Sprache. Es kann sein, dass der Abstand zwischen Körpersprache und sprachlichem Einsatz so kurz ist, dass es als gleichzeitig wahrgenommen wird. Wenn die Sprache zuerst und danach die Bewegung dazu einsetzt, dann ist die Körpersprache klar ein ganz bewusst eingesetztes Mittel, um eine Wirkung zu erreichen (siehe Video Abb. 6.1).

Abb. 6.1 FRATZ: Kenngröße Reihenfolge. (Foto + Video: Benedikt Crisand. Bitte verwenden Sie zum Abspielen dieses Videos die SN More Media-App und scannen Sie die folgende URL: (▶ https://doi.org/10.1007/000-7ah))

6.1 Die Verwandlung – der Körper als Energie umwandelndes System

> **Beispiel**
>
> Am Empfang eines Hotels werden Sie mit den Worten „Schönen guten Tag, wie geht es Ihnen?" begrüßt und währenddessen oder erst danach bildet sich ein Lächeln auf dem Gesicht der Empfangsdame oder des Empfangsherren. Der Willkommensgruß ist nicht ehrlich gemeint, sondern aufgesetzt und wird durch ein vermeintlich echtes Lächeln zu verstärken versucht. Dieser *Wirkverstärker* multipliziert jedoch nur die dahinterstehende Absicht der Mimik und nicht das versuchte Wirkziel. Der Empfang wirkt also nicht ehrlich freundlich und herzlich, sondern aufgesetzt höflich. ◀

Amplitude
Die Amplitude ist der Umfang einer Bewegung, die vom Körper durchgeführt wird. Der Umfang kann klein oder ausladend sein. Dies hat mit der inneren Energie des Senders zu tun, mit dem Raum, in dem er sich befindet, oder mit dem eigenen Sendungsbewusstsein und wer damit erreicht werden soll. Aber auch das Alter kann einen großen Einfluss haben. Je jünger der Mensch, desto größer die Amplitude, und je älter ein Mensch, desto geringer ist die Amplitude seiner Bewegungen.

Hier kann zudem unterschieden werden, ob eine Bewegung flüssig, also in einem Impuls, oder stockend ausgeführt wird. Im Zweifel lässt sich darüber streiten, ob es immer noch eine Bewegung mit großer Amplitude oder mehrere Bewegungen mit kleinen Amplituden sind.

> **Beispiel**
>
> Eine Opernsängerin auf der Bühne wird große ausladende Bewegungen machen, damit auch die letzte Reihe sieht und versteht, was sie singt oder sagt. An einem Kaffeetisch mit dem Angetrauten, der ihr direkt gegenübersitzt, wird sie nur kleine Bewegungen machen, um beim Gegenüber eine Wirkung zu erzielen. ◀

Tempo
Das Tempo bezeichnet die Geschwindigkeit, mit der eine Bewegung ausgeführt wird. Um eine Bewegung genauer einzuordnen, ist es von Bedeutung, die Geschwindigkeit der Bewegung mit in Betracht zu ziehen.

> **Beispiel**
>
> Jemand hat die Arme vor dem Körper und nimmt sie während des Gesprächs hinter den Körper. Wenn dies eine geführte und langsame Bewegung ist, kann es sein, dass die Person sich wartend hinstellt, um Energie zu sparen. Wenn

diese Bewegung schnell ausgeführt wird, ist es eher wahrscheinlich, dass etwas versteckt oder verheimlicht werden soll. Denn es ergibt wenig Sinn, Energie in eine schnelle Bewegung zu stecken, um in einen energiesparenden Zustand zu gelangen. ◄

Zielorientierung
Die Zielorientierung beschreibt, inwieweit eine Bewegung zielgerichtet und ohne Umwege ausgeführt wird. Ist die Bewegung präzise und genau oder eher ungenau und großflächig? Daraus lässt sich unter anderem auch erkennen, ob eine Bewegung unbedacht oder eher bedacht vollzogen wurde.

Beispiel

Sie stehen in einer Gruppe von Menschen vor einem Schalter. Es ist keine richtige Schlange erkennbar, so dass niemand genau weiß, wer als nächstes an der Reihe ist. Wenn jetzt die Person hinter dem Schalter eine zu sich herwinkende Bewegung macht, dann wird die Ratlosigkeit in der Gruppe steigen und derjenige nach vorne treten, der am mutigsten oder am frechsten ist oder tatsächlich bereits am längsten ansteht. Wenn die Person hinter dem Schalter jedoch ganz präzise und genau diese Bewegung auf eine Person zielgerichtet ausführt, dann ist jedem klar, wer als nächstes nach vorne treten soll. ◄

Die Körpersprache junger Menschen ist eher hochfrequent, schnell und zeichnet sich durch umfangreiche Bewegungen aus. Die Körpersprache älterer Menschen ist eher niederfrequent, langsam und zeichnet sich durch kleine Bewegungen aus.

6.1.2 Die neutralen Grundpositionen

Um in der Komplexität der vielen Signale, die man selber sendet, aber auch von anderen empfängt, eine Orientierung zu haben, dienen die körpersprachlichen Ausgangssituationen, auch *neutrale Grundpositionen* genannt. Wie in jeder Sportart, Entspannungstechnik oder anderen körperlichen Betätigungen, gibt es auch bei der Körpersprache Ausgangspositionen, aus denen heraus Aktion stattfindet. Die Grundpositionen sind diejenigen, die wir auf Grund unseres Körperbaus auf natürliche Weise einnehmen würden, wenn keine Wirkprozesse aktiv sind. Da dies selten der Fall ist, sind die neutralen Grundpositionen im natürlichen Umfeld selten zu finden.

6.1 Die Verwandlung – der Körper als Energie umwandelndes System

Zu hundert Prozent neutral sind sie zwar nicht, denn das hieße, man wirke in diesen Positionen gar nicht. Aber schließlich kann man nicht wirken, die Wirkung allerdings zumindest so neutral wie möglich gestalten. In diesen Ausgangspositionen wirken dann nur die unveränderbaren Äußerlichkeiten wie z. B. der Halo-Effekt.

Grundsätzlich gibt es vier neutrale Grundpositionen:

1. Liegen
2. Stehen
3. Gehen
4. Sitzen

Die neutrale Liegeposition ist allerdings im Alltag so selten von Bedeutung, dass hier auf die Beschreibung verzichtet wird. Denn im beruflichen Alltag stehen, sitzen oder gehen wir in der Regel.

Die neutralen Grundpositionen sind aus mehreren Gründen wichtig. Sie geben eine gute Orientierung, welche körpersprachlichen Signale gerade gesendet werden. Sie geben auch Aufschluss darüber, welche Signale von anderen vornehmlich empfangen werden. Ausgehend von der neutralen Grundposition kann man sehen, welche Veränderung eingetreten ist bzw. welche körpersprachlichen Prozesse aktiv sind. Dieses Wissen kann direkt für den ersten Schritt bei den fünf Schritten zur Fremdwahrnehmung angewendet werden.

Der neutrale Stand
Beim neutralen Stand steht man mit beiden Füßen flach auf dem Boden, wobei die Füße in Hüftbreite positioniert sind. Auf den Fußballen liegt genauso viel Druck wie auf den Fersen. Stellen Sie sich vor, Sie sind fest verwurzelt mit dem Boden oder Sie stehen auf einer Platte mit Sekundenkleber, der Sie fest auf dem Boden haften lässt. Die Hüfte befindet sich direkt über den Füßen, ist nicht nach vorne oder hinten gebeugt und das Gewicht ist auch nicht auf das rechte oder linke Bein verlagert. Im Mittelkörper ist eine leichte Grundspannung zu finden, die das Brustbein etwas nach außen anhebt. Die Schultern gehen dadurch nach hinten und unten. Es ist wichtig, die Schultern nicht dorthin zu drücken, da sie sonst zu fest werden. Die Arme hängen neben dem Körper seitlich locker hinunter. Der Kopf sitzt aufrecht auf dem Kopfgelenk. Der Hals und das Kinn bilden dabei einen Winkel von 90 Grad. Man kann sich hier vorstellen, dass man am Scheitelpunkt mit einem goldenen Faden an der Decke aufgehängt ist, ein bisschen wie eine Marionette, allerdings mit stärkerer mittlerer Körperspannung und festem Kontakt zur Erde.

> **Beispiel**
>
> Wenn auf einer Veranstaltung eine Kollegin in einem Gespräch ist und wir anhand der Körpersprache herausfinden wollen, ob sie sich gerade wohl fühlt oder nicht, dann können wir schauen, was sich in Bezug auf den neutralen Stand verändert hat. Beispielsweise ruht auf dem rechten Bein viel Gewicht, auf dem linken fast keines. Der linke Fuß zeigt zusammen mit dem linken Bein in Richtung Tür. Die Hüfte ist auch eher in diese Richtung gedreht. Der Oberkörper jedoch ist gerade und frontal zum Gesprächspartner gerichtet. Das Brustbein ist leicht eingefallen, der linke Arm hängt nach unten und der rechte ist vor dem Körper und fasst den linken Arm auf Höhe des Oberarms an. Der Kopf ist leicht schräg nach links geneigt.
>
> Allein von diesen Merkmalen ausgehend, ohne den Raum, die andere Person oder andere Wirkelemente wie Mimik oder Sprache mit einzurechnen, will unsere Kollegin vermutlich das Gespräch oder die Situation verlassen. Sie hält sich jedoch noch, im wahrsten Sinne des Wortes, selbst fest und zeigt auch durch die frontale Stellung des Oberkörpers, dass sie es ihrem Gegenüber nicht offenbaren möchte, z. B. um nicht unhöflich zu sein. Wer der Kollegin jetzt helfen möchte, der könnte sich elegant in das Gespräch einklinken und einen Grund finden, warum die Kollegin kurz an einen anderen Ort kommen soll. Eine Möglichkeit wäre: „Verzeihen Sie, wenn ich das Gespräch gerade so unhöflich unterbreche, Steffi, der Jochen wollte dir einen Kunden vorstellen. Könntest du kurz mitkommen? Danke sehr, dass ich Ihre Gesprächspartnerin kurz entführen darf." ◄

Sie könnten einwerfen, dass die Körpersprache nicht zwingend verrät, dass der Drang, aus der Situation zu gehen, am Gesprächspartner liegt, sondern es auch einfach nur der Gang zur Toilette sein könnte, der an Priorität gewonnen hat. Um diese Theorie zu prüfen, könnte man unterschiedliche Signale checken: Wo liegen die Toiletten und wohin ist der Körper, ausgehend vom neutralen Stand, gerichtet? Gibt es Signale von Unruhe, die das Gegenüber nicht wahrnehmen soll, wie z. B. ein leichtes Wippen der Füße oder ein fester Druck am Oberarm? Steht die Person mit den geöffneten Beinen schon länger da, oder warum sind die Beine dann nicht näher beieinander oder gar überkreuzt?

Sie sehen, dass die Wahrscheinlichkeit für dieses Szenario geringer ist, aber es bleibt natürlich nie ganz ausgeschlossen. Um etwas mit hundertprozentiger Sicherheit sagen zu können, ist Wirkung zu komplex.

6.1 Die Verwandlung – der Körper als Energie umwandelndes System

Der neutrale Sitz

Beim neutralen Sitz sind die Füße wieder fest auf dem Boden, in einem hüftbreiten Abstand. Unterschenkel und Oberschenkel bilden einen Winkel von 90 Grad. Es gilt die Ein-Drittel-/Zwei-Drittel-Regel: Nur das vordere Drittel der Sitzfläche wird zum Sitzen für die Sitzhöcker benutzt.

Dadurch entsteht automatisch eine gewisse Mittelkörperspannung, wodurch das Brustbein leicht nach außen angehoben wird. Die Schultern gehen dadurch nach hinten und unten. Die Arme liegen locker im Schoß oder auf der Tischplatte. Der Kopf sitzt aufrecht auf dem Kopfgelenk. Der Hals und das Kinn bilden dabei einen Winkel von 90 Grad. Auch hier kann man sich wieder vorstellen, dass man am Scheitelpunkt mit einem goldenen Faden an der Decke aufgehängt ist. In einem Meeting die Teilnehmer in ihren unterschiedlichen Sitzweisen zu beobachten kann durchaus sehr spannend und aufschlussreich sein.

Wenn Sie in einem Meeting sitzen, werden Sie niemanden beobachten, der den neutralen Sitz eingenommen hat. Die meisten werden Energie sparen und sich gegen die Rückenlehne lehnen, sie werden den unteren Rücken entlasten und sich gleichzeitig „selber spüren" und damit beruhigen, indem sie die Beine übereinanderschlagen. Vor allem männlich dominante Kollegen werden sich aber auch in „Man-spreading"-Manier eher in den Stuhl hineinlümmeln und gleichzeitig die Knie weit auseinander strecken. Bei manchen Kollegen wird das mit lang ausgestreckten Beinen kombiniert – ein besonders Raum einnehmender und somit Dominanz ausstrahlender Sitz. Manche TeilnehmerInnen werden sich auch aktiver beteiligen, vor allem, wenn sie eine Meinung besonders vertreten und sich dadurch nach vorne beugen. Die Arme werden meist in Energiesparhaltung vor dem Körper überkreuzt sein oder entspannt auf den Lehnen liegen. Sie können an den jeweiligen Sitzpositionen erkennen, wie aktiv oder passiv die TeilnehmerInnen sind. Sie können sehen, wie dominant oder zurückhaltend jemand sich in der Runde präsentiert, und Sie können nun mit Leichtigkeit erkennen, wie angespannt oder entspannt, wie wohl oder unwohl jemand sich im Meeting fühlt.

Das gilt selbstverständlich auch für Sie und Ihre Wirkung. Sie wissen natürlich am besten, wie Sie sich fühlen, und können entscheiden, ob Sie dieses Gefühl auch durch die Körpersprache ins Außen tragen möchten. Wenn Sie sich unwohl fühlen, aber dennoch Selbstbewusstsein ausstrahlen wollen, dann setzen Sie sich im Zweifel einfach in den neutralen Sitz. Durch den festen Stand und die dadurch entstehende dezente Mittelkörperspannung sowie durch den sicheren Sitz erlangen Sie mehr innere Souveränität.

Der neutrale Gang

Der neutrale Gang ist erheblich individueller als die anderen neutralen Positionen, da jemand der 2,10 Meter hoch ist, größere Schritte machen wird als jemand, der 1,60 Meter groß ist. Dennoch gibt es fünf Faktoren, die allgemeingültig sind.

Der Loslaufimpuls

Der Impuls loszulaufen kommt eigentlich aus der Hüfte. Bei vielen Mitmenschen ist zu beobachten, dass sie sich nach vorne fallen lassen und dann den Schwung mitnehmen, um ihren Gang zu starten. Wer das beobachten will, stellt sich einfach mal, von der Seite guckend, an eine Ampel und achtet auf den Losgehimpuls der FußgängerInnen. Auch hier wird natürlich wieder Energie gespart, denn das Loslaufen erledigt die Schwerkraft wie von selbst. Mit einem Impuls aus der Hüfte loszulaufen ist erheblich dynamischer, aktiver und wirkt selbstbewusster.

Das Fußabrollen

Ein weiterer Faktor ist das Abrollen des Fußes. Viele gehen im Fersengang. Das heißt, sie kommen zuerst mit der Ferse auf und rollen dann über den gesamten Fuß nach vorne hin ab. Je stärker die Ferse zu Beginn in den Boden gerammt wird, desto stärker wird der Gehende zum „Stackser". Es wirkt fester und steifer. Nun gibt es noch das andere Extrem, dass es Menschen gibt, die scheinbar die ganze Zeit wie auf Zehenspitzen schleichen und sich dabei stark hoch und hinunter bewegen. Diese werden „Trippler" oder auch „Hüpfer" genannt. Den Hüpfern zuzuschauen macht große Freude, da es sehr erheiternd und fröhlich aussieht.

Je nach Geschwindigkeit ändert sich unsere Gangart und somit auch der präferierte Bereich beim Aufsetzen des Fußes auf den Boden. Der Fersengang ist energiesparender beim Gehen, der Ballengang hingegen besser geeignet beim Laufen und Sprinten [1].

Den Ballengang nutzen wir auch beim Treppensteigen. Achten Sie bei sich selbst darauf, wie Sie die Treppenstufen erklimmen. Stellen Sie ihren Fuß nur auf die Stufen und ziehen das andere Bein nach, oder nutzen Sie die natürliche Wippbewegung des Fußes um sich nach oben zu stoßen und einen Schwung herzustellen, mit dem das andere Bein leichter und mit weniger Kraftaufwand mitgezogen werden kann?

Achten Sie beim neutralen Gang darauf, dass Sie weder nur ganz vorne auf dem vorderen Ballen noch nur ganz hinten auf dem letzten Stückchen der Ferse aufkommen.

6.1 Die Verwandlung – der Körper als Energie umwandelndes System

Die Schrittlänge
Die Schrittlänge ist bei Fersengängern größer als beim Gehen auf den Ballen. Um Ihre optimale Schrittlänge zu finden, eignet sich folgende Übung. Gehen Sie zu einem Ort, an dem Sie zehn Meter vor sich genug Platz haben. Nun machen Sie ganz bewusst zehn Meter lang sehr große Schritte. Drehen Sie sich um und machen wieder ganz bewusst zehn Meter lang ganz kurze Schritte. Dann gehen Sie zehn Meter mit einer mittleren Schrittlänge und schauen, ob sich diese für Sie gut anfühlt. Wenn nicht, dann wiederholen Sie die Übung so lange, bis Sie das Gefühl haben, die für Ihren Körperbau mittlere Schrittlänge herausgefunden zu haben. Diese Schrittlänge können Sie dann beim neutralen Gang anwenden.

Menschen, die gemessen an ihrer Körperstatur eher eine zu kleine Schrittlänge haben, wirken oft zurückhaltend, unsicher, zuvorkommend oder freundlich. Menschen, die gemessen an ihrer Körperstatur eher eine zu große Schrittlänge haben, wirken meist etwas dominanter, strenger, zielstrebiger oder gehetzter.

Das Mitschwingen der Arme
Im neutralen Gang schwingen die Arme leicht diagonal mit. Das heißt, wenn der linke Fuß nach vorne schwingt, tut es gleichzeitig der rechte Arm.

Einige Mengen gehen im sogenannten *Passgang*, einer Gangart, die eigentlich von Tieren, bei Vier- oder Mehrbeinern, verwendet wird. Sie beschreibt die Bewegung, die sich aus der Abwechslung des rechten und linken Beines ergibt, wobei der linke Arm mit dem linken Bein und darauf folgend der rechte Arm mit dem rechten Bein gleichzeitig nach vorne schwingen.

Es gibt allerdings auch Gangarten, bei denen Menschen die Arme stark festhalten und sie beim Gehen beinahe nicht bewegen, sondern weiterhin links und rechts neben dem Körper hängen lassen.

Der Oberkörper
Beim neutralen Gang ist der Oberkörper, ähnlich wie beim neutralen Stand, gerade und aufrecht. Er ist nicht nach hinten gelegt, aber auch nicht nach vorne gebeugt. Der neutrale Gang ist präsent und klar. Er wirkt weder träge oder unsicher noch zu dominant oder hektisch.

Im Alltag ist der neutrale Gang selten im Fokus. Eine Gangart fällt meist dann auf, wenn sie sich erheblich von der Norm unterscheidet, wenn also z. B. jemand im Passgang läuft, besonders große Schritte macht und laut mit der Ferse auftritt oder wenn jemand den Oberkörper besonders stark nach hinten lehnt. Es gibt allerdings hin und wieder Situationen, in denen unser Gang eine größere Wirkung entfalten kann als normalerweise, und zwar bei Situationen, in denen der Fokus bereits auf uns liegt, bevor wir in Interaktion mit den Personen vor Ort kommen, z. B. beim Betreten eines Raumes bei Vorstellungsgesprächen, beim Gang auf die Bühne, kurz bevor man eine Präsentation hält oder auch beim Kommen und beim Gehen in einer Situation bei einer beruflichen bzw. einer privaten Veranstaltung.

Vorteile der neutralen Grundpositionen
Die neutralen Grundpositionen sind für folgende drei Dinge besonders bedeutsam:

1. Man kann dadurch andere besser analysieren, weil ihre aktuelle Körpersprache mit der Ausgangsposition, der Basic-Körpersprache, abgeglichen werden kann.
2. Man kann sich situativ differenzierter wahrnehmen und ermöglicht sich dadurch einen größeren Handlungs- und Wirkungsspielraum.
3. Man kann die neutralen Positionen jederzeit für sich selbst anwenden. Falls man sich unsicher fühlt oder klar, präsent und selbstbewusst wirken will, ohne in eine spezifische, vielleicht sogar ungewollte Wirkrichtung abzudriften, bieten diese Positionen eine natürliche souverän wirkende Präsenz.

6.2 Körperwelten – von Kopf bis Fuß

Man wirkt immer – mit allem, was einem zur Verfügung steht. Wie sehr man mit einem Körperteil wirkt, hängt einmal davon ab, wie stark es die Wirkung ins Außen trägt, und es hängt davon ab, wie stark sich das Gegenüber auf diesen Körperteil konzentriert. In der Regel geht das Hauptaugenmerk auf den oberen Teil des Körpers, vor allem auf das Gesicht und die Hände. Oder schauen Sie etwa als Erstes auf die Füße Ihres Partners, wenn er fluchend nach Hause kommt?

Es gibt sehr viele Wirkweisen in den unterschiedlichsten Situationen, die an dieser Stelle nicht alle besprochen werden können. Der Fokus liegt vor allem auf den Basics und den grundsätzlichen Wirkweisen der einzelnen Körperteile. Dennoch gilt es immer zu beachten, dass diese im Zusammenspiel mit den anderen Regionen des Körpers wirken und die Einzelwirkung nicht immer gleich der Gesamtwirkung ist. Zugleich ist es sehr spannend, wie unterschiedlich manche

6.2 Körperwelten – von Kopf bis Fuß

Gesten in ihrer Wirkung vom Gesamtkontext abhängig sind und eine andere Wirkung haben, sobald sich eine andere Geste oder ein anderer Körperteil nur um einen Bruchteil verändern.

Sie können die nachfolgenden Wirkweisen bei sich selbst beobachten und selbstbewusst einsetzen, oder auch bei anderen Menschen beobachten und interpretieren.

Kopf
Beim Kopf gilt es vor allem, die Stellung und die Neigung in die unterschiedlichen Richtungen zu beachten: links, rechts – oben, unten – vorne, hinten.

Neigt sich der Kopf nach **links oder rechts,** kann das eine Gewohnheit, ein verkürzter Muskel oder energieeinsparend sein. Es kann aber auch sein, dass man versucht, etwas genauer zu beobachten, skeptisch ist, den anderen sympathisch findet oder gefallen will.

Gehen das Kinn und der Kopf nach **unten**, dann kann es sein, dass man den Hals schützen will vor Kälte, Nässe, einem Krabbeltier oder etwas anderem, das dort ungewollt in die Nähe kommt. Der Kopf geht auch oft bei Enttäuschung, Niedergeschlagenheit, Traurigkeit, Kraftlosigkeit oder Hoffnungslosigkeit nach unten. Diese Wirkung ist zudem sichtbar, wenn man sich unangenehm berührt fühlt, in Situationen, in denen man sich schämt oder sich verstecken oder klein machen möchte.

Gehen das Kinn und somit der Kopf nach **oben**, dann kann das durch Misstrauen, durch eine Überraschung, aber auch durch eine gewisse Skepsis hervorgerufen werden. Die Wirkung ist oft eine erhabene, arrogante oder auch hochnäsige. Mit der Kopfhaltung von oben nach unten herab wird oft auch eine gewisse distanzierte Beobachtung oder eine Überraschung in Verbindung gebracht.

Wenn der Kopf nach **vorne** geschoben wird, dann geht das meistens mit einer Verringerung der Distanz zu etwas einher, z. B. einer näheren Prüfung eines Objekts, Interesse oder der physischen Annäherung an eine andere Person.

Nach **hinten** wird der Kopf geschoben, wenn die Distanz vergrößert werden soll, z. B. bei Ekel oder bei ängstlichen bzw. überraschenden Situationen, aber auch, wenn man sich aus irgendetwas zurückziehen und nicht Teil davon sein möchte.

Schultern und Brustbein
Meistens verändern sich die Schultern mit einer Veränderung des Brustbeins, daher wirken diese beiden Teile meist zusammen.

Bei den **Schultern** wirkt eine Anspannung oder eine Entspannung besonders stark. Bei einer Anspannung werden diese entweder nach oben gezogen oder sind festgehalten und somit unbeweglich. Dadurch wirkt der gesamte Oberkörper fester, starrer und unflexibler. Feste Schulterpartien können durch Angst, Unsicherheit, Stress, Kälte oder Überraschung eintreten.

Hochgezogene Schultern können vermehrt Signale der Unwissenheit, der Unsicherheit, aber auch der Gleichgültigkeit senden.

Lockere Schultern, die eher hinten und unten angeordnet sind, wirken natürlich, locker und selbstbewusster.

Wenn das **Brustbein eingefallen** ist, werden die Schultern unweigerlich auch mit nach vorne gezogen und ein Rundrücken entsteht. Dies wirkt traurig, enttäuscht, in sich gekehrt, schüchtern, unsicher, zurückhaltend,

Durch ein **nach außen präsentiertes** Brustbein gehen die Schultern meist automatisch etwas nach hinten und unten, was nicht nur eine gesündere Pose für den Rücken darstellt, sondern auch stolzer, selbstbewusster, sicherer, souveräner, stärker und klarer wirken kann.

Arme und Hände

Eine der am häufigsten gestellten Fragen ist, was man mit den Armen und Händen in Präsentationen oder anderen Situationen machen soll, in denen man frei im Raum steht und mit den Händen nichts zu tun hat. Arme und Hände scheinen die Unsicherheit zu erhöhen statt der Person Sicherheit zu geben.

Die **Arme zu verschränken** kann, wie bei den Wirkirrtümern in Abschn. 2.3 bereits angesprochen, die Wirkung haben, dass man sich vor dem Gegenüber schützen oder dieses abwehren und somit eine gewisse Distanz aufbauen möchte. Es kann auch sein, dass man sich vor Kälte schützen möchte, dass es eine Form von Bequemlichkeit darstellt, da man unsicher ist und nicht weiß, was man sonst mit Armen und Händen tun soll, oder man sich selbst halten und Mut geben will.

Wenn die **Arme seitlich eng** am Körper anliegen, sendet es Unbehagen und Unsicherheit aus. Man benötigt Druck, um sich zu spüren und dadurch mehr bei sich zu sein. Oft wird hier versucht, die Distanz zu anderen Mitmenschen zu erhöhen.

Die **Hände in die Hüfte zu stützen** kann sehr energiesparend sein, weil auch hier die Arme sich mehr oder weniger selbst halten, aber auch Angestrengtheit und Erschöpfung signalisieren. Auf der anderen Seite ist diese Position auch möglich, wenn signalisiert werden soll, dass man tatkräftig und bereit ist anzupacken. Auch Empörung kann es ausdrücken; die Person ist ungläubig oder erstaunt, weil sie überrascht ist. Eine weitere Möglichkeit: Die Person fühlt sich erhaben und möchte Dominanz ausstrahlen.

6.2 Körperwelten – von Kopf bis Fuß

Es gibt zudem im Großen und Ganzen drei Positionen, die **Hände ineinander zu legen**. Jede Position hat eine eigene Wirkung, aber selbstverständlich wirkt auch die Art und Weise, wie die Hände ineinandergelegt werden.

- **Hand-Position 1**: Die Hände werden mit ausgestreckten Armen ungefähr auf Höhe des Beckens zusammengeführt. Dort wirkt es eher brav, abwartend und passiv.
- **Hand-Position 2**: Die Hände werden mit angewinkelten Armen, ungefähr auf Höhe des Bauchnabels zusammengeführt. Diese Position ist im Vergleich noch die neutralste Position, daher wird sie sehr gerne von Rednern, Vortragenden oder Politikern benutzt. Die Hände sind bereits vor dem Körper, so dass diese mehr im Blickfeld des Beobachters sind und kleinere Wege haben, um etwas zu zeigen oder um eingesetzt zu werden. Zudem haben die Hände eine gewisse Grundaktivität, welche diese schneller unbewusst zum Einsatz kommen lässt. Position 2 wirkt selbstbewusster, aktiver und präsenter als Position 1.
- **Hand-Position 3**: Die Hände werden hierbei auf der Höhe des Brustbeins zusammengeführt. Die Arme sind dabei stark angewinkelt. Da verhältnismäßig viel Energieaufwand betrieben wird, ist es eine eher unnatürliche Hand-Position. Sie wirkt meistens eher festhaltend, sehr kontrolliert, angespannt, unsicher und gewollt. Eine der bekanntesten Gesten in diesen Positionen ist die Raute von Angela Merkel. Der Vorteil hierbei ist die starke Kontrolle der Hände in diesem Bereich, da sie nah an unserem Sichtfeld sind. Dadurch haben wir die Hände im wahrsten Sinne des Wortes besser im Griff. Diese Position wirkt sehr bewusst eingesetzt.

Es kommt nicht nur auf die Hand-Position an, sondern auch darauf, ob und wie sich die Hände in dieser Position berühren. Die Berührung kann von ganz zart bis stark festgehalten gehen. Ein zartes **Berühren der Hände** oder das leichte Anfassen nur eines Fingers wirkt zum Beispiel eher vorsichtig, unsicher, nervös oder abwartend. Ein mittelfester Griff mit einer mittleren Berührungsstärke wirkt hingegen eher sicher, souverän, entspannt, agil oder aktiv führend. Wenn die Berührung der Hände sehr fest ist oder gar knetende, massierende Bewegungen gemacht werden und ein hoher Druck ausgeübt wird, wirkt das angespannt, nervös, aufgeregt, gestresst oder ungeduldig. Für eine souveräne Wirkung ist es wichtig, dass die Hände nicht in eine vorgefertigte Position gelegt werden, wie z. B. bei einer Raute oder wenn die rechte Hand den linken Zeigefinger ergreift, sondern dass diese Position als Grundposition verstanden wird, zu der sich die Hände einfach bewegen, ohne dass man eine konkrete Position beabsichtigt. Von dieser Position aus bewegen sich die Hände dann entsprechend dem eigenen Wirkziel, ohne dass darüber nachgedacht werden muss, was man mit den Händen machen muss.

> Für eine möglichst souveräne Wirkung ist Hand-Position 2 – Hände mit angewinkelten Armen auf Höhe des Bauchnabels – mit mittelfestem Griff zu empfehlen.

Die **Bewegungen der Hände** sind schon einen kurzen Moment sichtbar, bevor man etwas sagt. Vor über 125.000 Jahren haben sich unsere Vorfahren nur mit Körpersprache verständigen können. Erst dann hat sich frühestens und nur ganz langsam die Sprache entwickelt. Daher sprechen der Körper und somit auch die Hände, noch bevor man verbal etwas ausdrücken kann. Die Hände dienen als unterstützende Geste des Gesagten („ungefähr *so groß* war der Hund") oder der *informativen Erweiterung* des Gesagten durch zusätzliche Informationen, z. B. durch eine abwertende Wegwischbewegung, begleitet von den Worten: „Da hab ich dem Hund einfach ein paar Leckerlis gegeben." Das kann in diesem Beispiel unterstreichen, dass es keine Rolle spielt, wie viele Leckerlis es waren.

> Nicht organische und somit unglaubwürdige Wirkweisen erkennen wir daran, dass die Körpersprache erst kurz *nach* dem Gesagten einsetzt, sofern es sich um eine Wiederholung des Gesagten handelt.

Stellen Sie sich vor, Sie rufen einem weit entfernten Bekannten „Hallo" zu, und um sich bemerkbar zu machen, winken Sie zusätzlich mit der Hand. Hier werden zwei Impulse gesendet. Wenn Sie den Bekannten dann begrüßen, auf ihn zugehen, sagen: „Ich freue mich, dass du da bist" und erst danach ein Lächeln aufsetzen, dann wirkt das wenig glaubwürdig.

Um für sich selbst Sicherheit zu schaffen, halten sich viele Menschen gerne an Gegenständen fest: an einem Stift, einer Handtasche, am eigenen Gürtel oder an einem Gegenstand im Raum, wie z. B. einem Stehtisch oder Rednerpult. Ein **Stift** birgt viele Gefahren. Er kann Aufmerksamkeit auf sich ziehen, vor allem wenn er bewegt wird, er kann herunterfallen oder man bemalt sich versehentlich damit. Man kann bei einem Kugelschreiber auch laut und störend mit dem Clipper spielen. Ich habe schon Menschen getroffen, die sich mit einem Stift, während sie redeten, unbewusst in der Nase und im Ohr spielten. Den Vogel hat jedoch ein Banker abgeschossen.

6.2 Körperwelten – von Kopf bis Fuß

> **Beispiel**
>
> Der sehr nette und sympathische ältere Mann mit leicht grauem Haar und dichtem Vollbart spielte in einem Verkaufsgespräch mit einem Kugelschreiber in der Hand herum. Irgendwann begann er, sich mit der Rückseite des Kugelschreibers im Bart zu kraulen, bis der Kuli plötzlich festhing. Der Clipper hatte sich in einem seiner Barthaare verfangen. Ich sah noch, wie er mit leicht schmerzverzerrtem Gesicht versuchte, sich nichts anmerken zu lassen, und erfolglos versuchte, den Kugelschreiber wieder aus seinem Bart zu ziehen. Das Barthaar hatte sich aber schon zu fest verfangen und wollte den Kuli nicht mehr loslassen. Mit Schamesröte im Gesicht entschuldigte er sich und verließ kurzerhand das Zimmer. Als er nach wenigen Sekunden wieder das Zimmer betrat, war der Kugelschreiber aus seinem Gesicht verschwunden, er hatte einen roten Fleck auf der Wange und legte ganz unscheinbar einen zerbrochenen Kugelschreiber auf den Tisch. ◄

Wenn der Stift zum Schreiben benötigt wird, sollte er selbstverständlich griffbereit sein, ansonsten sollte gut überlegt werden, ob man wirklich weiß, was man mit dem Stift in der Hand macht, während man sich auf andere Dinge konzentriert.

Die **Handtasche** oder andere ähnliche Gegenstände werden hauptsächlich für das eigene Sicherheitsgefühl gehalten und sind meist zu groß, um damit besonders aktiv zu sein. Je enger und je näher sie am Körper anliegen oder an den Körper gedrückt werden, desto unsicherer wirkt es. Je lockerer und selbstverständlicher die Handtasche in der Hand oder über die Schulter neben dem Körper hängt, desto selbstsicherer wirkt es, weil sich der Träger anscheinend wohl fühlt.

Eine weitere Geste, die oft zu beobachten ist: Die **Daumen** werden **in die Gürtelschlaufen** oder gleich in den Hosenbund gesteckt. Diese Geste erinnert schnell an eine Cowboy-Haltung. Sie wirkt sehr lässig, dominant, locker oder cool, womit man Gefahr läuft, je nach Situation zu lässig und zu dominant zu wirken.

Sich an **Möbel und Gegenständen** festzuhalten gibt vielen auch eine Form der Sicherheit. Bei einem Stehtisch oder einem Rednerpult geht es oft weniger darum, sich wirklich an dem Gegenstand festzuhalten als darum, die Hände irgendwo ablegen oder aufstützen zu können. Meist werden die Hände und somit ihre Wirkung damit neutralisiert, weil sie entweder nicht mehr sichtbar sind oder erheblich weniger aktiv eingesetzt werden. Wenn jemand sich allerdings auf einem Tisch mit dem Gewicht abstützt oder mit festem Griff die Seitenteile eines Rednerpultes umklammert, dann wirkt dies sehr dominant, aggressiv, verärgert oder aufgebracht.

In den unterschiedlichsten Situationen ist eine sehr beliebte Handgeste auch die, dass die **Hände in die Hosentaschen** gesteckt werden. Hier gibt es viele unterschiedliche Positionen. Zuerst einmal ist es von Bedeutung, ob eine Hand oder **beide Hände** in die Hosentasche gesteckt werden. Da sichtbare Hände als ein Zeichen des Vertrauens gesehen werden, wirkt es eher distanzierter, vorsichtiger, versteckender, passiver, entspannter, lässiger, zurückhaltender oder geheimnisvoller, wenn beide Hände in die Hosentasche gesteckt werden. Wenn sich **nur eine Hand in der Hosentasche** befindet, dann ist diese Hand die passivere und die freie Hand die aktivere. Diese Kombination wirkt etwas agiler und dennoch nicht ganz so aktiv, als wenn beide Hände sichtbar sind.

Unterschiedliche Wirkweisen hat es auch, je nachdem wie tief sich die Hände in den seitlichen Hosentaschen befinden. Befinden sie sich sehr tief, wirkt es eher unsicher und so, als ob jemand etwas verstecken will, es sei denn, er will sich in einer kühlen Umgebung wärmen. Wenn die Hände nur bis zum Mittelhandknochen in der Hosentasche sind, wirkt es lässiger, entspannter oder auch weniger involviert in das Gesamtgeschehen. Besonders lässig, aber auch angespannt oder teilnahmslos kann es wirken, wenn nur die Daumen in die Hosentaschen gehängt werden.

Unsicherer, nervöser und auch innerlich getrieben wirkt es, wenn die Hände in die hinteren Hosentaschen gesteckt sind. Wenn nur die Daumen in die hinteren Hosentaschen gehängt werden, wirkt das lässig und passiv mit der Offenheit, bei Bedarf aktiver zu werden. Wenn die Daumen sich jedoch in die Hosentaschen regelrecht hineinbohren, wie bei einem Kind, das den Daumen in den Pulli hineinbohrt, dann wirkt diese Gestik umso unsicherer, nervöser oder aufgeregter.

Diese Position wird – wie alle Positionen, bei denen die Hände aufgelegt oder irgendwo hineingesteckt werden – zusätzlich auch zum Energiesparen genutzt.

> ▶ **Tipp: Souveräner Umgang mit den Händen** Für einen souveränen Umgang mit den Händen empfiehlt es sich, die Hände in Hand-Position 2 zu bringen und sie ab dem Moment, an dem sie diese Position innehaben, zu vergessen, um sich nur auf die innere Haltung und die zu sendenden Botschaften zu konzentrieren. Ganz gleich, ob das während einer Präsentation oder in einer zusammmenstehenden Kleingruppe im Pausenraum oder auf einer Veranstaltung geschieht, die Hände werden automatisch das Gesagte so lange unterstützen und ergänzen, wie der Fokus auf der klaren Vermittlung der Botschaften liegt. Je konkreter, klarer und direkter die Botschaft, desto konkreter, klarer und direkter arbeiten die Hände unbewusst mit. Je stärker der Fokus und die Aufmerksamkeit auf den Händen liegen, desto unnatürlicher und unsicherer wird die Wirkung der Hände.

Wenn die Arme und die Hände in einer **offenen Haltung** positioniert sind, wirkt das vertrauensvoll, offen oder herzlich. Werden die Handflächen nach oben gezeigt, offenbart das eine leere Hand. Stellen Sie sich vor, Sie gehen in einer Fußgängerzone die Straße entlang und werden angerempelt. Derjenige, der Sie angerempelt hat, hebt die Arme nach oben, dreht sie leicht nach außen und zeigt Ihnen die Handflächen: „Verzeihen Sie, bitte." Dies wirkt auf Sie glaubwürdig entschuldigend. Wenn derjenige sofort die Arme hinter den Rücken nimmt und Sie somit keine offene Armhaltung und auch keine Hände sehen, dann entzieht diese Gestik sofort das Vertrauen und auch die Glaubwürdigkeit der Entschuldigung. Ähnlich ist es, wenn die Person, die Sie angerempelt hat, die Arme nach oben nimmt und Ihnen nun mit den Handrücken gegenübersteht. Das hat eher eine verteidigende, schützende oder gar angriffslustige Wirkung. Wenn der **Handrücken nach oben** zeigt, hat das eher eine dominante Wirkung. Das können Sie ganz einfach ausprobieren, in dem Sie sich vorstellen, Sie stehen vor Ihren Kindern und sagen mit Worten und Ihren Händen: „Jetzt ist aber Schluss!" Sie werden beide Hände hochnehmen, mit dem Handrücken nach oben eine Bewegung von innen nach außen machen.

Die Hände sind meistens direkte Informationsträger der aktuellen Gefühlslage – man sagt: Sie sind das Tor zur Seele. Nervosität und Unsicherheit wird schnell an den Händen sichtbar, entweder durch schnelle, unruhige Bewegungen oder durch **Beruhigungsgesten**. Das sind bewusst oder unbewusst gemachte Bewegungen, die eine zeitlich befristete beruhigende Wirkung haben, z. B. ein Streicheln am Arm, ein Kraulen des Bartes, ein Entlangfahren der Hände an den eigenen Haarsträhnen oder ein Reiben der Finger aneinander. Es gibt viele unterschiedliche Formen von Beruhigungsgesten, und sehr oft benutzen Menschen individuell ein paar spezifische davon.

▶ **Tipp** Achten Sie darauf, welche Gesten Sie mit den Händen machen, um sich in aufregenden Situationen zu beruhigen. Dies können Sie dann bewusst einsetzen oder auch bewusst weglassen, um anderen nicht zu verraten, dass Sie eigentlich gerade nervös und unsicher sind.

Meistens führen die Hände eine **Übersprungbewegung** aus, wenn die Unsicherheit oder innere Unruhe zu groß wird, eine Situation überfordernd auf jemanden einwirkt, sich Angst oder ein Schuldgefühl ausbreiten, eine Distanz zu gering wird oder wenn Schamgefühle zu groß werden. Dieses Verhaltensmuster hat keinen unmittelbaren Zweck und überrascht sowohl den Beobachter als auch den Akteur selbst. Das kann ein Kratzen im Gesicht aber auch ein Wegrücken eines auf einem Tisch liegenden Gegenstandes sein. Dadurch wird sichtbar, dass sich die Person unwohl fühlt. Es hilft, sich entweder kurz auf die eigenen Wirkziele zu besinnen, oder sich für einen Moment aus der Situation zu begeben, um sich zu sortieren.

Torso und Hüfte

Die Richtung, in die der Oberkörper gedreht wird, ist das, was die größte Aufmerksamkeit erfährt. Daher kann mit dem Torso eine große Wirkpräsenz hergestellt werden. Diese Präsenz ist entscheidend für eine selbstsichere Wirkweise. Allerdings hängt sie von der Mittelkörperspannung ab. Ist eine **Mittelkörperspannung**, also eine gewisse Spannung im unteren Rücken und Bauchbereich vorhanden, dann stärkt es die selbstbewusste Wirkweise. Wenn eine Unterspannung vorherrscht, wirkt es eher erschöpft, energielos, unbeteiligt, passiv oder unsicher.

▶ **Tipp** Für ein souveränes Auftreten sind eine Mittelkörperspannung und ein bewusstes Einsetzen der Grundpräsenz des Oberkörpers extrem wichtig.

Besonders viel über die Wirkung verrät die **Hüfte**. Sie ist nicht nur verantwortlich für die Gewichtsverlagerung, da sie den Körperschwerpunkt darstellt. Sie ist auch der Ausgangspunkt für sicheres Stehen und Gehen. Viele Menschen finden es sehr anziehend, wenn jemand seine Hüfte locker, dynamisch und trotzdem stabil und klar bewegt. Das kann beim Tanzen, beim Kampfsport, beim Reiten oder bei anderen sportlichen Betätigungen geschehen. Die Hüfte ist immer der Dreh- und Angelpunkt des Zusammenspiels des oberen und des unteren Teils des Körpers. Je nachdem, ob die Hüfte nach vorne oder nach hinten geneigt ist, zeigt sie den Wunsch nach Nähe oder Distanz. Dies kann man sehr gut auf Familienfeiern beobachten, wenn sich die Gäste mit Umarmungen begrüßen. Bei der Begrüßung kommen sich zuerst die Hände und die Arme, dann der Oberkörper und erst zum Schluss die Hüften nah. Je nachdem, in welchem Bereich schon eine gewisse Distanz herrscht, kann auch die emotionale Verbundenheit zwischen den Personen eingeschätzt werden.

Je größer die Distanz, desto weniger Verbindungen, und je näher die Oberkörper, desto größer die Verbundenheit. Wenn auch die Hüften sich bei der Umarmung sehr nahe kommen, ist die emotionale Beziehung vermutlich sehr stark.

Beine und Füße

Die Wirkweisen der Beine und der Füße sind sehr ähnlich wie die der Arme und Hände. Vor allem auf Veranstaltungen an Stehtischen oder im offenen Raum oder auch bei Präsentationen kommt die Wirkung besonders stark zur Geltung. Aber auch in einem Vis-à-vis-Gespräch im Stehen, wie z. B. in einem Verkaufs- oder einem Kennenlerngespräch, kann die Wirkung der Beine und der Füße sehr präsent sein.

Es gibt im Grunde vier Positionen der Beine, die für das Sitzen und Stehen gleichermaßen gelten:

- **Bein-Position 1**: Die Beine sind über Kreuz. Dies wirkt eher unsicher, ängstlich und instabil. Es gibt sogar die Möglichkeit, dass sich die Beine gegenseitig umschlängeln, was die unsichere Wirkung noch verstärkt.
- **Bein-Position 2**: Die Beine stehen direkt in Berührung und eng nebeneinander. Dies wirkt brav, passiv, unsicher oder (ab)wartend.
- **Bein-Position 3**: Die Beine stehen in hüftbreiten Abstand zueinander. Das wirkt sicher, neutral, bodenständig und präsent.
- **Bein-Position 4**: Die Beine stehen schulterbreit oder noch breiter auseinander. Das wirkt sehr dominant, selbstbewusst und selbstsicher, fordernd oder gar herausfordernd.

Für einen selbstsicheren und souveränen Stand empfiehlt es sich, in Position 3 oder 4 zu stehen. Allerdings beherbergt Bein-Position 4 die große Gefahr, schnell zu dominant zu wirken.

Neben den unterschiedlichen Bein-Positionen haben auch die Fußstellung und die **Fußrichtung** eine große Wirkung, vor allem die Richtung, in die die Zehen zeigen. Sind die Fußspitzen zueinander gerichtet, dann wirkt das leicht tollpatschig oder unbeholfen. Wenn die Füße parallel zueinander stehen, wirkt das eher sicher, fest oder kraftvoll. Wenn die Fußspitzen sehr weit nach außen zeigen, im sogenannten Enten-Stand, kann das auch sehr dominant und raumeinnehmend wirken. Eine leichte Außenneigung der Fußspitzen steht für eine neutrale Position.

Eine Rolle spielt auch die **Gewichtsverlagerung** auf die Füße. Im neutralen Stand lagert das Gewicht auf dem ganzen Fuß, auf der Ferse wie auch auf dem Fußballen. Wenn das Gewicht sich Richtung Fußballen bewegt, dann macht man sich etwas größer, aber es kann auch so wirken, als ob man auf dem Sprung ist und weg möchte.

Beinpositionen und die Gewichtsverlagerung im Fuß sind zum Teil auch vom Schuhwerk abhängig. Wer auf High-Heels läuft, muss z. B. das Gewicht unnatürlich stark auf die vordere Fußhälfte verlagern, was bei bequemem Schuhwerk, das der natürlichen Stellung des Fußes entgegenkommt, nicht der Fall ist.

Wie bei den Händen gibt es auch bei den Füßen Beruhigungsgesten und Übersprungbewegungen, die unsicher, nervös, ungeduldig, überfordert oder gestresst wirken. Zu diesen Gesten gehört z. B., auf der äußeren Fußkante zu stehen oder mit den Füßen von den Ballen zur Ferse und wieder zurück zu wippen.

▶ **Tipp** Sensibilisieren Sie sich für die körperliche Fremdwahrnehmung, indem Sie in Gesprächen darauf achten, was die Arme und Hände sowie die Beine und die Füße Ihres Gesprächspartners machen. Sie werden anhand der Wirkung erkennen können, wie sicher oder unsicher, entspannt oder angespannt sich Ihr Gegenüber fühlt. Sie können auch genauer einschätzen, ob die Person gerne bleibt oder ob ihre Füße anzeigen, dass sie lieber woanders hingehen würde. Um die Fremdwahrnehmung zu trainieren, eignen sich am besten Ereignisse wie Firmenveranstaltungen oder Familienfeiern.

6.3 „Chantal, heul' leise" – sich selbst mit Gesten beruhigen

Im Schnitt fasst sich der Mensch zwischen 400- und 800-mal am Tag ins Gesicht. Die Gründe hierfür sind sicherlich vielseitig und von Person zu Person unterschiedlich. Selbstberührungen tun uns jedoch gut, vor allem in Situationen, in denen wir besonders viel Stress oder Unsicherheit spüren. Dann ist die Berührung des Gesichtes geeignet, um sich wahrzunehmen, sich zu spüren und sich ein leichtes Gefühl von Sicherheit zu geben. Zudem wird versucht, Gedanken, die einem gerade entfallen sind, wiederherzustellen. Das Arbeitsgedächtnis wird wieder funktionsfähig gemacht. Das erklärt auch das berühmte nachdenkliche Kopfkratzen [2].

Ist jemand traurig oder verzweifelt, so ist zu beobachten, dass mitunter beide Hände mit ihren Handflächen das Gesicht verdecken. Das schützt vor unangenehmen Blicken und davor, dass zu viele Informationen nach außen preisgegeben werden. Es hat aber andererseits auch einen beruhigenden Charakter. Daher ist es eine völlig natürliche und effektive Selbstberuhigungsgeste in traurigen Situationen, bei der man sich die Propriozeption zu eigen macht.

Die Wahrnehmung des eigenen Körpers
Die Propriozeption ist die Wahrnehmung des eigenen Körpers entsprechend seiner Lage im Raum. Sie wird benutzt, um sich seiner selbst zu vergewissern, sich Vertrauen zu geben und um sich zu beruhigen, indem man sich selbst berührt und dabei spürt. Die Sinneszellen in der Haut senden diese Signale weiter an das Gehirn, wo neuronale Prozesse ausgeführt werden. Wenn man sich selbst berührt, werden viele Gehirnregionen heruntergefahren und regelrecht deaktiviert, was den Beruhigungseffekt erklärt [3]. Daher fällt es auch vielen Menschen schwer, sich selbst zu kitzeln. Wenn uns andere Menschen berühren, dann werden hingegen viele Gehirnregionen verstärkt aktiviert. Sich selbst zu spüren ist notwendig, falls man in einer beklemmenden Situation ist.

Es gibt sehr viele Beruhigungsgesten, die das Phänomen der Propriozeption gut beschreiben können: Man streichelt sich über den Oberarm, die Oberschenkel, oder man riecht an sich selbst. Es kann sein, dass die Hände in den Schoß gelegt oder unter die Beine geklemmt werden, dass man die Beine übereinanderschlägt oder die Zehen in den Schuhen oder unter der Bettdecke aneinander gerieben werden. Auf der Fußkante zu stehen übt einen starken Druck und somit eine starke Selbstberührung aus, genauso wie eine Wippbewegung mit den Füßen.

Auch wenn mit einem Stift in der Hand herumgespielt und der Daumen zwischen Schaft und Clipper gesteckt wird, ist das eine häufig vorkommende Beruhigungsgeste. Generell haben die Fingerkuppen eine stark beruhigende Wirkung. Mit all diesen Gesten stellt man Bezug zu sich selbst her und das gibt einem das Gefühl der Sicherheit.

▶ **Tipp** Nutzen Sie bewusst die Kraft der Propriozeption, um sich in unsicheren und stressigen Momenten zu beruhigen. Achten Sie bei Ihrem Gegenüber darauf, um gegebenenfalls Ihr Handeln an das Stressempfinden des anderen anzupassen, und vermeiden Sie bei Bedarf die Beruhigungsgesten, wenn Sie nicht möchten, dass Ihr Gegenüber wahrnimmt, wie Sie sich gerade fühlen.

6.4 USA – die vereinigten Teile des Selbstzweifels

Die Abkürzung USA steht für **Unsicherheit**, **Schuld** und **Angst**. Sie bezeichnet die drei elementaren Phänomene, die für Selbstzweifel, Schamgefühl, Verklemmtheit und alle anderen unangenehmen Emotionen mit verantwortlich sind. Diese manifestieren sich auch in großer Auswirkung in Ihrer alltäglichen Körpersprache.

Sie sollten Ihre Wirkung danach beurteilen, ob sie zielführend oder nicht zielführend ist und nicht danach, ob sie richtig oder falsch, gut oder schlecht ist. Das beruht auf Bewertungen, die oftmals aus der Schule stammen. Das Streben nach dem Guten und Richtigen würde bewirken, dass Sie ein Vermeidungsverhalten gegenüber dem angeblich Falschen und Schlechten aufbauen.

Die Gesellschaft ist geprägt von Menschen, die Unsicherheiten sowie Ängste vermeiden und verstecken wollen, die keine Schuld auf sich laden möchten. Wenn Sie diese drei Grundelemente erkannt haben, sind sie auf einmal überall sichtbar. Sie können erkennen, wann und wie stark diese auf Sie einwirken. Diese Elemente und deren Vermeidungsstrategien bilden eine breite und leider auch grundlegende Basis der persönlichen Präsenz eines jeden Einzelnen.

Unsicherheit

Man vermeidet es meistens, die eigene Unsicherheit nach außen zu zeigen. Man will nicht, dass jemand erkennt, dass man nicht genau weiß, ob etwas richtig oder falsch ist, ob man etwas gut oder schlecht macht. Jedoch ist genau dieser Prozess der Unsicherheit, der eigentlich nicht gezeigt werden soll, körpersprachlich wie auch sprachlich von außen klar zu erkennen.

Erkennbar ist es vor allem daran, dass man erheblich mehr und schneller als in einem sicher gefühlten Zustand kommuniziert. In einer gefühlten Unsicherheit redet der ganze Körper viel „drum herum". Man bewegt die Arme und Beine auf eher unkonkrete Art und Weise mit immer wieder neuen ziellosen Impulsen. Man kratzt sich, berührt sich, macht Verlegenheitsgesten und kleine Übersprunghandlungen. Sprachlich gesehen redet man um den Kern des Themas, benutzt dabei viele nonlexikalische Begriffe wie Mhms, Ähs und Ähms. Unsicherheit erzeugt eine gewisse Sprechenergie, mit der sie nach außen getragen wird. Zur schauspielerischen Vollkommenheit hat die Gestik, Mimik und Sprache der Unsicherheit übrigens der Kabarettist Olaf Schubert entwickelt, dessen humorvolle Auftritte genau darauf beruhen, zu versuchen, die Unsicherheit zu überspielen.

Auf Veranstaltungen, Partys, in Clubs ist es extrem stark zu beobachten, wie viele *Verlegenheitsgesten* oder *Übersprunghandlungen* bei den Gästen zu beobachten sind. Sehr oft haben die Gäste jedoch das Ziel, genau gegenteilig wirken zu wollen. Es ist erstaunlich, wie viel Unsicherheit Sie in Ihrem Umfeld auf einmal beobachten werden, wenn Sie den Fokus darauf gelegt haben.

Stillstand bedeutet in der Natur „Tod". Es ist auch durchaus möglich, dass gerade deswegen der Impuls da ist, sich lieber irgendwie als gar nicht zu bewegen. Denn es könnte ja die „lebensrettende" Bewegung mit dabei sein.

Schuld

Wenn man glaubt, etwas schlecht oder falsch, nicht richtig oder nicht gut gemacht zu haben, fühlt man sich schnell schuldig. Körpersprachlich macht sich das auf unterschiedliche Art und Weise bemerkbar. Häufig werden die Schultern kurz nach oben gezogen und der Kopf nach unten und vorne gezogen. Der Blick senkt sich häufig oder wird von unten nach oben zur anderen Person gerichtet. Bei starken Schuldgefühlen zieht man die Ellenbogen näher an den Oberkörper heran, die Arme und Hände öffnen sich nach oben.

Sprachlich gesehen rechtfertigt man sich: Man fertigt sich das eigene Recht. Hierbei ist es nicht wichtig, ob man tatsächlich Schuld hat, man sich nur schuldig fühlt, oder ob jemand anderes einem das Gefühl vermittelt, dass man etwas falsch

6.4 USA – die vereinigten Teile des Selbstzweifels

oder nicht gut gemacht hat. Das alleine reicht schon aus, um sofort in eine rechtfertigende Haltung zu kommen. Man kommt schnell in eine Situation, in der die eigene Verlegenheit dominiert.

Angst

Viele Menschen haben Angst vor einer Bedrohung oder davor, etwas falsch zu machen, nicht gut genug zu sein und anderen nicht zu gefallen. Auf Angst reagiert der Mensch von jeher mit Kampf, Flucht oder Erstarren.

Grundsätzlich wird im Angstzustand der komplette Körper auf verschiedenen Ebenen in Alarmmodus versetzt. Die Atemfrequenz erhöht sich, die Durchblutung der wichtigen großen Muskelgruppen wird stärker, das Herz schlägt schneller, das Hormon Adrenalin wird ausgeschüttet, und es werden vermehrt weiße Blutkörperchen produziert – um nur eine kleine Auswahl an körperlichen Reaktionen zu nennen.

Warum reagiert der Körper so intensiv auf Angst? Stellen Sie sich eine große Raubkatze vor, auf deren Speiseplan Ihre Vorfahren vor vielen zigtausend Jahren standen. Und stellen Sie sich vor, diese Raubkatze stehe bei dem morgendlichen Ritual Ihrer Vorfahren, durch die Wiesen und Täler der Umgebung auf der Suche nach Beeren zu streifen, plötzlich in geringer Entfernung vor Ihnen. Ihre Vorfahren hatten nur drei Möglichkeiten.

Wenn sie sich entschieden hatten zu kämpfen, dann benötigten sie alle großen wichtigen Muskelgruppen, was wiederum viel Blut und Sauerstoff verlangte, damit sie mit größtmöglicher Stärke kämpfen konnten. Die stärkere Atmung und die höhere Herzfrequenz machten das möglich. Das Adrenalin aktivierte ihr Energiepotenzial und machte sie zudem extrem fokussiert und schmerzunempfindlich, wenn z. B. eine Kralle die Schulter aufschlitzte. Die Bakterien und Viren, die durch die Verletzung in den Körper eindrangen, wurden von den Killerzellen, den weißen Blutkörperchen, direkt abgefangen, und es bestand eine größere Chance, keine tödliche Infektion zu bekommen.

Entschieden sich Ihre Vorfahren für die Flucht vor der Raubkatze, halfen Ihnen dieselben Mechanismen möglichst schnell und leistungsstark, vor der Gefahr zu flüchten. Auch wenn sie durch Dornengestrüpp rennen mussten, nahmen sie die Abschürfungen erst nach erfolgreicher Flucht wahr, und die Immunabwehr in Form von weißen Blutkörperchen tat auch in diesem Fall ihre lebensrettende Aufgabe.

Falls sich Ihre Vorfahren aus Unterlegenheit oder mangels Erfolgsaussichten gegen einen Kampf wie auch gegen eine Flucht entschieden, blieb Ihnen noch das Erstarren, das dem sich Totstellen gleichkommt. Denn egal wie groß Katzen sind, sie reagieren insbesondere auf Bewegung, so dass die Anspannung der Muskulatur, auch in dieser Situation, zum überlebenswichtigen Stillstehen beitrug.

Es ist bei vielen Menschen auch häufig eine Fluchtmüdigkeit zu beobachten. Diese tritt ein, wenn jemand stark gestresst ist und unter enormer Anspannung steht. Im Backstage-Bereich sieht man bei vielen aufgeregten KünstlerInnen vor einer Show oder einer Vorstellung ein häufiges Gähnen. Sie sind dann nicht etwa müde, sondern das Lampenfieber hat sie erwischt. Dieses Gähnen hilft, die Sauerstoffaufnahme zu erhöhen.

Im Alltag sind die Grundelemente Unsicherheit, Schuld und Angst überall gegenwärtig. Damit die Körpersprache selbstbewusst und selbstsicher eingesetzt werden kann, muss man aufhören, in Kategorien wie „richtig" und „falsch" zu denken. Man muss sich bewusst werden, wann man das Gefühl hat, Schuld auf sich zu laden, und man muss sich bewusst werden, wann sich Angst im Körper verbreitet. Wenn diese drei Grundelemente des Selbstzweifels in Schach gehalten werden können, ergeben sich ganz neue Möglichkeiten für ein souveränes und selbstsicheres Wirken.

6.5 Das fünfte Element – die unterschiedlichen Formen der Gestik

Haben Sie schon einmal zu Weihnachten oder zum Geburtstag ein Geschenk bekommen, bei dem Sie sich überhaupt nicht gefreut haben? Vielleicht waren Sie sogar über den Inhalt schockiert? Wenn Ihnen das bereits passiert ist, kennen Sie sicherlich das Gefühl, dass man die andere Person nicht verletzen will, indem man sagt: „Oh je, wie kommst du denn darauf, dass mir so etwas gefällt? Das ist ja ganz schrecklich." Vermutlich würden Sie nach einer kurzen Denkpause lächeln, sich bedanken, das Geschenk näher betrachten und die andere Person mit geöffneten Armen zu einer Umarmung einladen. Sie versuchen also, mit Ihrer Körpersprache und unter dem Einsatz von Mimik und Gesten der Person glaubhaft zu vermitteln, dass Sie sich über das Geschenk freuen und sich bedanken möchten.

Die Gesten, die Sie in diesem Prozess durchlaufen haben, sind für den anderen sehr sichtbar, da die Aufmerksamkeit und der Fokus auf Ihnen liegt. Sobald Sie die Enttäuschung über das Geschenk spüren, wenden Sie automatisch andere Formen der Gesten an als zuvor beim Entgegennehmen des Geschenks. Dieser Unterschied der Gesten wird Ihrem Gegenüber sehr wahrscheinlich auffallen. Es werden in der zwischenmenschlichen Kommunikation teils bewusste und teils unbewusste Ges-

6.5 Das fünfte Element – die unterschiedlichen Formen der Gestik

ten eingesetzt. Die Wirkung dieser unterschiedlichen Arten wurde von den Psychologen Paul Ekman und Wallace V. Friesen erforscht. Um die eigene und die Gestik anderer Menschen besser zu verstehen, einzuordnen und somit auch analysieren zu können, sind folgende fünf Formen der Gestik wichtig [4]:

1. **Illustratoren:** Gesten dieser Art können bewusst und unbewusst ablaufen. Hierbei wird das Gesagte illustriert und verdeutlicht, z. B., wenn gezeigt werden soll, wie nah sich zwei Autos bei einem Unfall kamen.
2. **Embleme:** Diese Gesten sind bewusst eingesetzt. Jede Sprache und jede Kultur, auch jede Subkultur, hat gesellschaftlich festgelegte Signale. Die Embleme können als eine vereinfachte Kommunikation in Gebärdensprache angesehen werden. Sie können einfache Wörter ersetzen. Das Nicken bedeutet in vielen Ländern ein „Ja", jedoch nicht so in Indien, Pakistan und Bulgarien. Dort wird der Kopf hin und her gewogen, um „Ja" zu sagen. In Äthiopien ist es wieder ein wenig anders, dort wird der Kopf zurückgeworfen. Weitere Embleme können die Richtung anzeigen, die Anzahl von etwas benennen oder Beschimpfungen darstellen.
3. **Adaptoren:** Sie wurden meistens in der Kindheit durch Nachahmung erlernt und übernommen, sie laufen unbewusst ab. Oft sind das konkrete Gesten zu ganz konkreten situativen Anlässen. Beispielsweise kann es eine Adaptoren-Geste sein, wenn man bei einem Erschrecken die Hand vor den Mund nimmt.
4. **Regulatoren:** Diese Gesten werden ganz bewusst eingesetzt und wirken meist steuernd. Sie zeigen z. B. an, wenn man ganz leise sein soll. Dann wird der Finger auf den geschlossenen Mund gelegt, oder ein Polizist deutet mit einer klaren Geste an, dass langsamer gefahren werden soll.
5. **Affektgesten**: Diese Gesten laufen meist unbewusst ab und drücken spontan entstehende Emotionen aus. Das kann z. B. ein schief gelegter Kopf sein, wenn man ein süßes Hundebaby sieht, oder ein Schütteln der Hände, wenn man eine eklige große schwarze Spinne an der Wand sieht.

Denken Sie zurück an das Beispiel der Geschenkübergabe. In dem Moment, in dem Sie das Geschenk auspacken, werden Sie vermutlich kurz mit Affektgesten der Enttäuschung reagieren, bevor Sie in Sekundenschnelle mit bewusst eingesetzten Illustratorgesten dagegenhalten. Sie tun das, weil Sie dem anderen zeigen wollen, dass Sie sich über das Geschenk freuen. Damit glauben Sie, Ihre Enttäuschung kaschieren zu können. Meistens hat das Gegenüber die Affektgesten allerdings schon längst wahrgenommen und erkennt daher die bewusst eingesetzten Gesten.

▶ **Tipp** Falls Sie bei Ihrem nächsten Geburtstag oder zu Weihnachten wieder Geschenke öffnen müssen, bei denen Sie nicht wissen, was sich unter dem Papier verbirgt, dann vermeiden Sie die Affektgesten und reagieren sofort mit Ilustratoren. Oder Sie geben der Person im Laufe des Jahres immer wieder unverkennbare Hinweise, über welches Geschenk Sie sich *wirklich* freuen würden.

Literatur

1. Bohländer E (2021) Der Ballengang ist nicht die natürlich präferierte Gangart des Menschen. Barfuß leben, Freilauf Academy vom 20.01.2021. https://www.freilauf-methode.com/blogs/wissensblog/der-ballengang-ist-nicht-die-naturlich-praferierte-gangart-des-menschen. Zugegriffen am 24.06.2022
2. Zips M (2020) Warum wir uns ins Gesicht fassen. Süddeutsche Zeitung vom 18.03.2020. https://www.sueddeutsche.de/panorama/coronavirus-hygiene-verhalten-selbstberuehrung-1.4849220. Zugegriffen am 24.06.2022
3. Albat D (2019) Wie unser Gehirn Berührungen interpretiert. Scinexx das wissensmagazin vom 22.01.2019. https://www.scinexx.de/news/biowissen/wie-unser-gehirn-beruehrungen-interpretiert/. Zugegriffen am 24.06.2022
4. Mai J (2022) Körpersprache deuten: So dechiffrieren Sie Gesten. karrierebibel vom 08.02.2022. https://karrierebibel.de/koerpersprache/. Zugegriffen am 13.03.2022

Ich schau dir in die Augen, Kleines – Mimik lesen und einsetzen

7

▶ **Basic 6** Achten Sie auf den Einsatz der Mimik.

Gesichter sind faszinierend, oder? Extravertierte Menschen beantworten diese Frage meistens mit Ja. Menschen, die eher als introvertiert gelten, wären sich bei der Antwort nicht so sicher. Eine Studie von Inna Fishman aus dem Jahr 2011 legt nahe, dass die neurologische Gehirnaktivität bei extravertierten Menschen stark erhöht ist, wohingegen die Gehirnaktivität introvertierter Menschen beim Anschauen von Gesichtern weniger aktiv wurde [1]. Ob Introvertierte also ein Bild von Blumen oder von Gesichtern anschauen ist ziemlich gleich. Die Zuwendung bei introvertierten Menschen findet am Subjekt statt, also zu sich selbst, und bei extravertierten am Objekt, also zu anderen.

> Die landläufige Meinung, introvertierte Menschen seien per se unsicherer als extravertierte, ist nicht haltbar. Durch ihre jeweils unterschiedliche Interessenlage wird schlicht und ergreifend nur eine andere Wirkweise gewählt. Die Fehlinterpretation dieser Wirkweise ist dann die eigentliche Problematik.

Die Mimik hilft Ihnen dabei, sich klarer verständlich zu machen und gleichzeitig auch andere Menschen besser einschätzen und lesen zu können. Sie können die Mimik also einsetzen, um Ihre Wirkung auf andere Menschen zu beeinflussen. Es kommt allerdings darauf an, wie *durchlässig* Ihre Mimik oder die Ihres Gegenübers ist. Bei einer eher undurchlässigen Mimik ist schwer zu sehen, was dahinter steckt.

© Springer Fachmedien Wiesbaden GmbH, ein Teil von Springer Nature 2022
B. Crisand, *Die Power der persönlichen Präsenz*,
https://doi.org/10.1007/978-3-658-37981-0_7

Prüfen Sie einmal, wie durchlässig Ihre Mimik ist. Ändert es sich mit der gefühlten Emotionalität in einer Situation? Sieht man Ihnen schnell an, wenn Sie wütend, enttäuscht, traurig oder erfreut sind?

Da Babys nur die Gesichter der Eltern als Informationsquelle haben, müsste die Mehrzahl der Menschen eigentlich wahre Gesichtsexperten sein. Allerdings verlernen wir die sensible Wahrnehmung von Mimik im Laufe der Jahre und fokussieren uns meist auf den Inhalt des Gesagten.

Um die eigene Mimik bewusster wahrzunehmen und um die Mimik von anderen besser lesen und einschätzen zu können, ist es wichtig, gewisse Grundregeln zu kennen. Auch hier gilt: Ein Gesichtsausdruck ist nicht ausschließlich einer konkreten Wirkung oder einer konkreten Herkunft zuzuordnen. Erst im Zusammenspiel mit anderen mimischen Ausdrucksweisen, Gesten, der ganzen Körpersprache und der Einschätzung der Gesamtsituation kann Mimik ihre wahre Bedeutung entfalten. Damit nicht das ganze Gesicht als eine Einheit wahrgenommen und die Übersicht über die einzelnen Wirkweisen der Mimik bewahrt wird, hilft es, das Gesicht in drei großen Wirkfelder einzuteilen.

7.1 Die verschiedenen Mimik-Wirkfelder

Wirkfeld 1: Augenpartie und Stirn
Stirn und Augenbrauen

Die Stirn nimmt einen großen Teil des Gesichtes ein, ihre Einsetzbarkeit ist allerdings überschaubar. Die Stirn kann gerunzelt werden und sich nach oben oder nach unten ziehen. Meistens geschieht das durch den Einsatz der Augenbrauen. Diese sind bei den meisten Menschen sehr prägnant sichtbar, wenn sie nicht hell gefärbt oder von einem Brillenrahmen verdeckt sind. Werden die Augenbrauen hochgezogen, ist das meist ein Distanz-Impuls. Das bedeutet, dass man versucht, Abstand zu dem Gesagten oder der Situation zu bekommen. Man wartet ab, ist überrascht, distanziert, traurig, ängstlich oder verunsichert.

Ziehen sich die Augenbrauen zusammen, dann ist das ein Anzeichen dafür, dass sich der oder die Betreffende mit einer Thematik intensiver auseinandersetzt. Man ist verärgert, argwöhnisch, prüfend oder nachdenklich. Manche können auch nur eine Augenbraue nach oben ziehen und zeigen damit, dass sie eine Wirkung verstärken wollen. Vor allem in Situationen, in denen jemand skeptisch ist und dabei nur eine Augenbraue hebt, ist das oft eine ganz konkrete Skepsis jemanden oder einer Sache gegenüber. Werden beide Augenbrauen gehoben, ist die Person überrascht, wobei es auch hier der Fall sein kann, dass eine Augenbraue führt und die andere automatisch mitgeht.

Augen
Die Augen sind universell einsetzbar und haben eine große Wirkkraft, die sich nicht auf ihre Größe, Farbe und Lage beschränkt. Grundsätzlich sind die Augen ein wichtiger Indikator für das Interesse eines Menschen, weil sie meist an den Ort schauen, an dem das Interesse am größten ist, zumindest das visuelle. Wenn man etwas genauer hören möchte, dann wird eher das Ohr in die Richtung des Interesses gehalten, z. B. wenn man einem Gespräch lauschen möchte. Aber selbst dann kann uns das Auge beim Hören „mithelfen", weil wir z. B. auf die Lippenbewegungen schauen. Das Interesse ist in den meisten Fällen visueller Natur, daher spielt die Blickrichtung eine entscheidende Rolle. Bei der Blickrichtung und dem Einsatz der Augen gibt es verschiedene Parameter zu beachten:

Fokus und Bewegung Wie genau wird etwas fokussiert oder wie stark bewegen sich die Augen: Schweifen sie eher umher oder sind es schnelle, kurze und zackige Bewegungen?

Blinzeln Wie oft wird geblinzelt? Oft kann man erkennen, dass ein „Blinzler" einen Gedanken abschließt. Ich erkenne also am Blinzeln, ob jemand einen neuen Gedankenimpuls hat. Daher blinzeln Menschen, die reden, mehr als jemand, der nur zuhört [2]. Wenn der Zuhörer ebenfalls viel blinzelt, denkt er entweder sehr aktiv mit oder er denkt an etwas ganz anderes. Wer nicht blinzelt, wirkt charismatischer, intensiver und stärker. Daher üben viele Schauspieler, unter anderem der berühmte Michael Caine, weniger zu blinzeln [3].

Dauer Wie lange wird etwas angeschaut? Ist es nur vorübergehend, oder ist es länger am Stück?

Frequenz Wie häufig und in welchem zeitlichen Abstand wird der Fokus auf etwas gerichtet?

> **Beispiel**
>
> Stellen Sie sich vor, Sie sind auf einer Gartenparty Ihres Bruders eingeladen. Sie stehen im Wohnzimmer und Ihnen fällt ein Gast besonders durch seine Attraktivi-

tät auf. Wenn Sie jetzt die unterschiedlichen Parameter durchgehen, stellen Sie fest, dass Sie eher die Person fokussieren und Ihre Augen sich nicht unbedingt zu der halbvertrockneten Topfpflanze daneben bewegen. Die Anzahl der Blinzler wird davon abhängen, wie viele Gedanken Ihnen gerade durch den Kopf schießen. Je mehr Ihnen diese Person gefällt, desto länger werden Sie hinschauen. Da Sie sicherlich gut erzogen Sind, wird dann irgendwann eine Stimme im Kopf Sie daran erinnern, dass Sie doch nicht so hinstarren sollen. Dennoch wird es nicht das letzte Mal sein, dass Sie Ihren Blick dorthin wenden, sondern Sie werden im zeitlichen Abstand immer wieder Ihren Blick dorthin richten. Selbstverständlich können Sie all das auch vermeiden, weil Sie keine Aufmerksamkeit auf sich lenken wollen und nicht möchten, dass Ihr Interesse von anderen wahrgenommen wird. Sie werden es vermutlich nicht ganz verstecken können oder auch wollen.

Als Gegenbeispiel funktioniert der nervige Nachbar, der auch auf der Gartenparty vorbeischaut. Bei ihm wollen Sie unbedingt vermeiden, dass er Sie wieder mit seinem langweiligen Gebrabbel zutextet. Sehr wahrscheinlich werden Sie diesem Nachbarn wenig Fokus schenken und die Augen werden sich immer wieder von ihm abwenden, wenn er ins Blickfeld gerät. Die Blinzelrate wird auch hier wieder entsprechend Ihren Gedankenimpulse ansteigen, und sehr wahrscheinlich werden auch die Dauer Ihres Blickes sowie die Häufigkeit des Anschauens des Nachbarn so gering wie möglich gehalten werden. ◄

Studien haben gezeigt, dass die **optimale Dauer des Blickkontakts** nicht länger als 3,3 Sekunden beträgt, da sich sonst der andere unwohl fühlen kann. Zu lang gehaltener Blickkontakt kann Widerstand auslösen oder als „fixierendes oder neugieriges Starren" interpretiert werden. Die 3,3 Sekunden gelten allerdings bei Erstkontakten und nicht bei Freunden, Verliebten oder turtelnden Menschen. Wenn Gefühle im Spiel sind, dann steigert langer Blickkontakt sie. Das gilt für positive Gefühle wie Anziehung und Verliebtsein, aber auch für negative wie Wut und Aggression. Wie lange ein Blickkontakt als höflich oder unhöflich gilt, ist kulturell gesehen aber durchaus unterschiedlich.

Es gibt auch Menschen, die aus Schüchternheit keinen Blickkontakt herstellen oder ihn länger halten können. Ein selten stattfindender Blickkontakt ist in diesem Fall nicht als Desinteresse zu verstehen. Die Wirkung, die auf das Gegenüber ausstrahlt, wird allerdings mit hoher Wahrscheinlichkeit „Unsicherheit" sein.

Berühmt sind die kleinen **Lachfältchen** links und rechts der Augen, die entstehen, wenn die Augen leicht zugekniffen werden. Bei großer Freude, wie z. B. beim Ausdruck des Lachens, werden die Augen eher schmaler und die Fältchen entstehen. Wenn diese nicht zu sehen sind und jemand lacht dennoch, ist es gut möglich, dass es so wirkt, als ob das Lächeln nicht echt ist.

Eine Rolle in der mimischen Analyse können mitunter auch die **Pupillen** spielen. Sie können sich weiten oder verengen. Immer wenn es wichtig ist, dass mehr Informationen aufgenommen werden, dann weiten sie sich, z. B. wenn man jemanden Interessant oder attraktiv findet. Sie verengen sich, wenn weniger Informationen aufgenommen werden wollen und man z. B. desinteressiert ist oder jemanden abstoßend wirkt. Da die Veränderung unterhalb des Millimeterbereichs liegt und man, um die Unterschiede zu merken, der anderen Person wirklich sehr nah kommen müsste, hat das in der Regel keine Außenwirkung auf die persönliche Wirkweise.

Wirkfeld 2: Nase und Wangen
Nase und Nasenflügel
Die Nase wird in Ihrer Wirkung besonders dann präsent, wenn etwas missfällt, Wut aufkommt oder etwas als unangenehm oder eklig empfunden wird. Dann findet ein Rümpfen der Nase statt, wobei sie nach oben gezogen wird, so dass links und rechts neben der Nase zwei größere Falten entstehen.

Was wenigen Menschen direkt auffällt, weil man auch hierfür sehr nah beim Gegenüber sein muss, ist der Vorgang, wenn sich die Nasenflügel pulsierend weiten. Dies geschieht meistens unbewusst bei Aufregung, bei sexueller Erregung, aber auch bei Wut.

Wangen
Die Wangen sind meist eher weniger präsent. Je nach Physiognomie können sich beim Bewegen des Mundes kleine Grübchen bilden, deren Wirkung aber nicht interpretiert werden sollte. Durch eine stärkere Durchblutung und ein Erröten der Wangen können z. B. Scham, Wut oder Aufregung sichtbar werden. Das Erröten ist allerdings für die wenigsten Menschen bewusst steuerbar, sondern passiert unwillkürlich. Oft wird der Vorgang des Errötens als peinlich und unangenehm wahrgenommen.

Wirkfeld 3: Mund und Kiefer
Zähne
Sehr starke und auch sehr unterschiedliche Wirkweisen erzeugt der Mund. Die Zähne zeigt jemand, wenn der lächelt, Angst hat oder wütend ist. Wenn man sich mit einem oder wenigen Zähnen auf die Lippen beißt, kann das auch Nervosität oder sexuelle Erregung bedeuten. Sich hingegen mit mehreren Zähnen auf die Lippe zu beißen, oft mehrfach hintereinander, ist ein Zeichen für Unsicherheit und Unbehagen.

Lippen

Sich die Lippen abzulecken kann z. B. etwas Konzentrierendes, Aufgeregtes oder auch eine Vorfreude oder etwas sexuell Erregtes haben. Die Lippen werden aufeinandergepresst, wenn etwas Unangenehmes, aber auch etwas sehr Angenehmes geschieht, man etwas nicht sagen oder für sich behalten möchte.

Oft öffnen Models bei einem Fotoshooting ganz leicht ihre Lippen, da es die Wirkung der Mimik etwas undurchsichtiger, aber auch etwas erotischer machen kann. Das wirkt für den Betrachter interessanter als ein ganz klar geschlossener oder weit offener Mund. Um diese Mimik einzusetzen, gilt als Ausgangsposition der geschlossene Mund. Nun werden die Lippen ganz langsam geöffnet. Sobald man spürt, dass in der Mitte die Lippen nicht mehr aufeinander sind, hat man diese Mimik hergestellt.

Mundwinkel

Neben den Lippen gibt es noch die Mundwinkel, die eine starke Wirkung erzeugen können:

- Gehen die Mundwinkel nach oben, wirkt es erfreut oder schadenfroh und überheblich.
- Gehen die Mundwinkel nach unten, wirkt es enttäuscht, traurig, eingeschnappt oder verärgert.
- Wenn die Mundwinkel nach links oder nach rechts, dabei aber nicht nach oben oder unten gezogen werden, wirkt das geringschätzend, überheblich oder sogar verachtend.

Bei Wut, Ärger oder Hass beißt man sich häufig auf die Zähne und die Kieferknochenmuskulatur wird dadurch sichtbar. Das zeigt einen starken inneren Konflikt an. Die Kieferknochen sind eher bei schmaleren Gesichtsformen sichtbar und fließen dabei in den Halo-Effekt mit ein.

Zunge

Die Zunge ist in der Regel nicht zu sehen, außer sie wird als eine emblematische Geste bewusst nach draußen gestreckt. Unbewusst kann die Zunge in Situationen zum Vorschein kommen, in denen sie zwischen den Lippen eingeklemmt wird, weil man sich gerade besonders stark konzentrieren muss, um eine Aufgabe zu erledigen. Warum das genau so ist, ist noch nicht zu hundert Prozent erforscht. Die wahrscheinlichste Theorie besagt allerdings, dass die Zunge ständig den Mund abtastet und diese Informationen an das Gehirn sendet. Durch das Einklemmen bleibt die Zunge fixiert, sendet dadurch weniger Informationen an das Gehirn, und es bleibt somit mehr „Rechenleistung" für das Lösen der jeweiligen Aufgabe übrig [4].

> **Übung: Erkennen der eigenen Mimik-Wirkfelder**
>
> 1. Teilen Sie Ihr Gesicht in drei Mimik-Wirkfelder ein, um bei sich selbst die einzelnen Wirkelemente besser getrennt voneinander wahrnehmen zu können. Wenn nur geringfügige oder keine Wirkelemente in Ihrem Gesicht aktiv sind, dann ist ihr Gesicht undurchlässig, und Sie wirken automatisch sehr selbstsicher.
> 2. Probieren Sie die einzelnen oben beschriebenen Wirkelemente aus, und fühlen Sie in sich hinein, was es an Ihrer inneren Haltung ändert. Damit erarbeiten Sie sich eine Werkzeugkiste an unterschiedlichen bewusst einsetzbaren Gesichtsausdrücken.

7.2 Basic Instincts – Mikroexpressionen deuten

Mikroexpressionen sind ganz kurze, nur Sekundenbruchteile dauernde Gesichtsausdrücke. Diese sind für das normale Auge fast nicht sichtbar sind und entstehen oft dadurch, dass gewisse Emotionen zurückgehalten oder nicht gezeigt werden sollen. Die Emotionen stehen immer in Bezug zu einer Handlung, einer Aussage oder einem Gedanken. Die Emotion muss also nicht notwendigerweise eine Reaktion auf einen äußeren Impuls sein. Der Ursprung kann durchaus auch von einem inneren Impuls ausgelöst worden sein.

Die neutrale Mimik
Die sogenannte Grundstellung unserer Mimik ist der neutrale Gesichtsausdruck. Hier wirken wir ausschließlich mit dem Halo unserer individuellen Physiognomie. Diese Grundstellung kann am besten dadurch geübt werden, dass man auf einen Gegenstand mit einem Abstand von ungefähr drei Metern schaut. Es sollte darauf geachtet werden, dass die Gesichtsmuskulatur locker bleibt. Die Stirn wird nicht in Falten gelegt, die Augenbrauen nicht zusammengezogen, die Mundwinkel werden nicht verzogen und auch die Lippen sind ohne Druck aufeinander gelegt. Das vordere Drittel der Zunge liegt hinter den oberen Schneidezähnen am Gaumen.

Auf diese Weise erzeugt man mit dem Halo eine Grundwirkung, ohne dass aktiv die Mimik eingesetzt werden muss. Durch das aktive Nutzen von bestimmten Gesichtsausdrücken kann die persönliche Wirkweise sofort und auf direktem Wege nach den eigenen Zielen und Wünschen verändert werden. Der Halo-Effekt tritt dabei dann in den Hintergrund.

Grundemotionen
Emotionen sind zwar im ganzen Körper spürbar und auch sichtbar, allerdings werden sie von anderen hauptsächlich über das Gesicht wahrgenommen. Um mit den eigenen Emotionen zu arbeiten und besser umzugehen und um diejenigen von Mitmenschen differenzierter betrachten zu können, ist es wichtig, dass man unterschiedliche Formen von Emotionen kennt.

> Grundemotionen sind unsere Basisemotionen. Diese hat jeder Mensch von Geburt an. Emotionen informieren uns, was uns fehlt oder was wir brauchen, ob wir die Distanz zu etwas verringern oder die Distanz erhöhen sollten. Um ihre Bedeutung zu erkennen, muss man sich der Emotionen bewusst werden und sich selbst reflektieren können. **Primäremotionen** signalisieren das, was im aktuellen Moment wirklich wichtig ist. Die **Sekundäremotionen** sind die emotionalen Reaktionen auf die Primäremotion [2].

Wenn sich z. B. jemand auf den Partner oder die Partnerin freut (= Primäremotion), dann aber von dieser Person nicht wahrgenommen oder sogar abgewiesen wird, ist die nächste Primäremotion Trauer. Weil diese Trauer nicht wahrgenommen wird oder die betreffende Person diese Trauer nicht wahrnehmen möchte, wird sie in eine Sekundäremotion umgewandelt, z. B. in Wut. Wenn die Person nun laut vor sich hin schimpft und klagt, dann geschieht das, um bei Mitmenschen bestimmte Emotionen absichtlich auszulösen, z. B. Aufmerksamkeit oder Mitleid zu erwecken. Diese manipulativ eingesetzten Emotionen werden **instrumentelle Emotionen** genannt [5].

Die unterschiedlichen Arten der Emotionen werden beständig gesendet und empfangen. Sie äußern sich in entsprechenden Gesichtsausdrücken, die international verständlich sind. Daraus ergeben sich folgende sieben Grundemotionen nach Paul Ekman [6]:

1. Wut
Bei Wut werden die Innenseiten der Augenbrauen zusammen- und nach unten gezogen. Die Lippen werden aufeinander gepresst. Es kann auch sein, dass die Zähne gezeigt werden, weil derjenige jederzeit bereit zum „Zubeißen" ist.

7.2 Basic Instincts – Mikroexpressionen deuten

2. Trauer
Bei Trauer wird die Augenbrauen-Innenseite hochgezogen, und die Mundwinkel gehen nach unten. Bei manchen Menschen öffnen sich die Nasenflügel und auch die Augenlider gehen manchmal nach unten.

3. Freude
Bei Freude gehen die Mundwinkel nach oben und die Augendeckfalte wird abgesenkt. Dadurch entstehen schmale Augenschlitze und häufig sogenannte Lachfältchen neben den Augen.

4. Überraschung
Es entstehen hochgezogene Augenbrauen sowie hochgezogene Oberlider. Der Mund ist leicht oder stark geöffnet, je nach Intensität der Überraschung. Es wirkt so, als ob alles „aufgemacht" wird, um möglichst viele Informationen zu gewinnen. Danach folgt meist eine weitere Primäremotion. Denn das Überraschende wird im nächsten Schritt auch bewertet.

5. Angst
Bei Angst werden beidseitig die Mundwinkel nach unten zurückgezogen. Manchmal sind die Auswirkungen sogar bis zum Halsmuskel sichtbar. Die Augenbrauen werden nach innen hochgezogen. Dadurch wirken die Augen größer.

6. Ekel
Es wird zwischen physischem und psychischem Ekel unterschieden. Physischer Ekel wird auf Grund von physischen Gegebenheiten aktiviert, z. B. bei einem plötzlich auftretenden bitteren Geschmack oder einem strengen fauligen Geruch. Psychischer Ekel ist kulturell und individuell bedingt. Es gibt Menschen, die Spinnenbeine eklig finden, während in Asien z. B. Insekten auch auf dem Speiseplan stehen. Ekel, gleich ob physischer oder psychischer Art, wird sichtbar durch eine gerümpfte Nase und eine hochgezogene Oberlippe.

7. Verachtung
Verachtung ist ein Gefühl der Geringschätzung, bei dem etwas oder jemand als minderwertig oder als unterlegen betrachtet wird. Wenn das Missfallen leicht ausgeprägt ist, hebt sich der Mundwinkel auf einer Seite oder zieht sich nach hinten. Das Gesicht wird dabei asymmetrisch verzogen. Wenn die Verachtung eine höhere Intensität hat, hebt sich zudem noch die Oberlippe einseitig, wodurch sich der Mund etwas öffnen kann. Die Nase wird auf der gleichen Seite gerümpft [7].

Diese Grundemotionen kommen nicht immer in ihrer puren und reinen Form vor. Es gibt auch **Mischemotionen**. Zum Beispiel kann einem etwas missfallen, aber gleichzeitig ist man überrascht darüber. Oder es wird wütende oder freudige Trauer verspürt. Hierbei kombinieren sich die Mikroexpressionen.

Beispiel

Stellen Sie sich vor, Ihre Partnerin kommt nach Hause. Sie wollten sie überraschen und haben etwas gekocht. Da sie das nicht wusste, hat sie bereits etwas gegessen, bevor sie nach Hause kam. Wenn Sie jetzt fragen, ob sie dennoch probieren will, wäre das der perfekte Moment, um ihre Gesichtsausdrücke zu lesen. Denn sehr wahrscheinlich wird sie Ja sagen. Sie haben sich Mühe gegeben, und da wäre es jetzt unhöflich, wenn man es nicht zumindest probiert. Wenn Sie aber wissen wollen, ob sie es nur aus Höflichkeit macht oder weil sie es wirklich will, ist es wichtig, dass Sie die Mikroexpressionen mit in Ihre Analyse einbeziehen. Sie fragen: „Schatz, möchtest du denn wenigstens was davon probieren?"

Wenn sie jetzt ganz kurz mit einem Mundwinkel zuckt und diesen nach hinten zieht, dann ist es ihr vermutlich nicht so recht. Auch wenn sie leicht die Nase rümpft und die Augenbrauen sich leicht zur Mitte zusammenziehen, ist das der Fall. Ein anderes Zeichen dafür, dass sie nicht unbedingt begeistert von der Idee ist, wäre ein kurzes Aufeinanderpressen der Lippen.

Wenn die Partnerin allerdings ihre Lippen leicht öffnet und einen oder beide Mundwinkel leicht nach oben zieht, dann sind das eher positive Signale für das Probieren. Auch wenn beide Augenbrauen etwas nach oben gehen, dann ist das vermutlich eher als ein gutes Zeichen zu werten. Wenn nur eine Augenbraue nach oben geht, ist noch Skepsis angesagt, und es kommt auf weitere kleine sichtbare Expressionen an.

Da dieser Vorgang sehr schnell geht und nicht wiederholbar ist – außer Sie nehmen die Situation mit einer versteckten Kamera auf –, müssen Sie wirklich sehr genau beobachten. Ziehen Sie keine vorschnellen Schlüsse. Sie sollten sich vor allem auch der möglichen Interessenlagen Ihrer Partnerin bewusst sein, damit Sie die Mikroexpressionen dementsprechend einordnen können. Denn wenn Ihre Partnerin mit den Gedanken noch gar nicht im Hier und Jetzt ist, sondern noch bei einem nervenden Kollegen am Arbeitsplatz, dann missinterpretieren Sie vielleicht das Zucken des Mundwinkels und beziehen es auf Ihre gerade gestellte Frage, obwohl sie eigentlich gerade an den Kollegen gedacht und sich über ihn geärgert hat. ◄

Sie sehen, es kommt stark auf die Übung an, inwieweit es Ihnen gelingt, Mikroexpressionen richtig zu deuten. Achten Sie auch bei sich selbst auf die Mikroexpressionen. So können Sie selbst bestimmen, welche Sie davon in der jeweiligen Situation nutzen oder nicht durchlassen möchten.

Literatur

1. Fishman I, Ng R, Bellugi U (2011) Do extraverts process social stimuli differently from introverts? Cogn Neurosci 2(2):67–73
2. Mai J (2022) Körpersprache deuten: So dechiffrieren Sie Gesten. karrierebibel vom 08.02.2022. https://karrierebibel.de/koerpersprache/. Zugegriffen am 13.03.2022
3. Grissemann S (2007) Schauspieltipps von Michael Caine „Niemals blinzeln" (18.12.2007). Interview. taz. https://taz.de/Schauspieltipps-von-Michael-Caine/!5189751/. Zugegriffen am 29.06.2022
4. Subklew J (2021) Warum strecken manche beim Konzentrieren die Zunge raus? Quarks/WDR vom 21.09.2021. https://www.quarks.de/gesellschaft/psychologie/warum-strecken-manche-beim-konzentrieren-die-zunge-raus/. Zugegriffen am 10.03.2022
5. Margulies F (2019) Primäre, sekundäre und instrumentelle Emotionen. Blog Praxis Margulies vom 16.03.2019. https://blog.praxis-margulies.ch/primaere-sekundaere-und-instrumentelle-emotionen. Zugegriffen am 10.03.2022
6. Ekman P (2017) Gefühle lesen: Wie Sie Emotionen erkennen und richtig interpretieren (Kuhlmann-Krieg S, Reiss M, Übers). Springer, Heidelberg
7. Kovacs, P (2022) 7 Basisemotionen – Verachtung. https://emotionen-lesen-lernen.de/theory/?p=1, ohne Datum. Zugegriffen am 13.03.2022

Wirkung macht selbstbewusst – Hoch- und Tiefstatus 8

▶ **Basic 7** Seien Sie sich des Hoch- und Tiefstatus, der Statuswippe und des Statuskampfes bewusst.

8.1 Den Star spielen immer die anderen

Die *Washington Post* führte 2007 ein interessantes Experiment mit dem Stargeiger Joshua Bell in einer U-Bahn-Station durch. Bell, der normalerweise wie ein Star behandelt wird und auf einer Stradivari-Violine im Wert von 3,5 Millionen Dollar spielt, wurde in dieser U-Bahn-Station wie ein gewöhnlicher Straßenmusiker wahrgenommen. Während seines 45-minütigen U-Bahn-Konzertes gingen knapp 1100 Menschen an ihm vorbei, aber nur sieben hielten an. 27 Passanten gaben ihm Geld. Insgesamt bekam er 32 Dollar [1].

Wenn Joshua Bell hingegen ein Solokonzert in der Philharmonie in Hamburg gegeben hätte und durch das Foyer hereingekommen wäre, hätten die Leute sehr wahrscheinlich applaudiert und ihm Platz gemacht. Für die Tickets wären im Schnitt 100 Euro bezahlt worden

Dieses Experiment zeigt, dass nicht nur der Star selbst die Star-Wirkung ausmacht, sondern alle anderen um den Star herum. In Theaterkreisen kursiert daher die Redensart: „Den König spielen immer die anderen."

Ob jemand als etwas Besonderes behandelt wird, liegt nicht an der Person selbst, sondern am Verhalten und dem Handeln der anwesenden Personen. Diese sind sich der Wirkung als Königs- oder Starmacher meist gar nicht bewusst. Den Unterschied, ob jemand innerhalb einer Situation als Star wirkt, macht also das Verhalten der Mehrheit der Menschen in Bezug auf den Star aus. Selbstverständ-

© Springer Fachmedien Wiesbaden GmbH, ein Teil von Springer Nature 2022
B. Crisand, *Die Power der persönlichen Präsenz*,
https://doi.org/10.1007/978-3-658-37981-0_8

lich erhöht der Bekanntheitsgrad die Chancen, wie ein König behandelt zu werden, letzten Endes liegt es aber nicht im eigenen Wirkungsbereich der Person.

> Es liegt nicht in der Macht des Königs, die Wirkung eines Königs zu erzielen, sondern in der Macht der anderen.

Stellen Sie sich vor, Sie sitzen in einem Café, und ein Hollywood-Star kommt herein. Es ist die Schauspielerin Angelina Jolie. Wenn sich jeder genauso verhalten würde, als wenn Oma Ilse aus Bottrop das Café beträte, dann wäre an der Situation auch nichts Besonderes und es entstünde keine Star-Wirkung. Andersherum wäre es jedoch eine sehr amüsante Situation, wenn alle aufstehen, kreischen und klatschen, hinter vorgehaltener Hand tuscheln und Fotos machen würden, sobald Oma Ilse aus Bottrop das Café betritt.

Diese Erkenntnis ist wichtig für die eigene Wirkweise und das Gefühl für die Selbstwirksamkeit. Selbstsicheres Auftreten erfordert in gewisser Weise die Sicherheit, dass die eigene Wirkung tatsächlich eine Wirkung hat. Wenn das Ziel ist, selbstbewusst und souverän zu wirken, dann sollte diese Wirkung voll und ganz aus einem selbst kommen und nicht als Ergebnis einer Wechselwirkung mit dem Gegenüber oder dem Publikum entstehen.

Einmal Star und zurück

Die Premiere des Films „Morris aus Amerika" wurde 2016 auf dem Sundance Film Festival in Park City gezeigt. In dieser deutsch-amerikanischen Produktion spielte ich halbnackt eine kleine komödiantische Rolle gegen Ende des Filmes. Es war also keine Rolle, die eine besonders große oder nachhaltige Wirkung hatte. Als das ganze Filmteam zur Premiere klassisch über den roten Teppich laufen sollte, wurden wir einzeln aufgerufen, so dass wir uns an die gewünschte Position hinstellen und die Fotografen ihre Fotos machen konnten.

Zuerst kamen nacheinander die Stars des Filmes: Craig Robinson, Markees Christmas und Carla Juri. Ein Blitzlichtgewitter brach los, und die Fotografen riefen ihnen laut zu, um das beste Foto zu ergattern. Irgendwann war ich an der Reihe. Ich ging, wie alle anderen auch, auf die gewünschte Position auf dem roten Teppich, aber nichts passierte. Es machte nur einmal „klick". Vermutlich hatte ein Fotograf kurz die Lichtverhältnisse checken wollen.

Dieser Moment fühlte sich an wie eine Ewigkeit. Ich wusste nicht, ob ich noch stehen bleiben, etwas sagen oder einfach schnell wieder verschwinden sollte. Ich wollte definitiv im Erdboden versinken und war gerade im Begriff, wieder vom roten Teppich herunterzugehen, da wurde mir die Entscheidung abgenommen. Die Presseorganisatorin rief ganz laut in die Fotografenrunde: „He is one of the actors!" „Er ist einer der Schauspieler!" Jetzt gab es kein Halten mehr, alle Fotografen zückten sofort ihre Kameras, und das laute Blitzlichtgewitter begann erneut. Ich lächelte halb irritiert, halb debil in die Kamera und war froh, als ich endlich den roten Teppich verlassen konnte.

Ab dem Tag wusste ich es nicht nur, sondern konnte ich es mit jeder Zelle meines Körpers nachempfinden: Den Star spielen immer die anderen.

Fun Fact: Die Bilder dieses Shootings sind heute noch online zu finden und werden bei Gettyimages für bis zu 475 Euro pro Bild angeboten. ◄

8.2 Bodyguard – die persönliche Wirkung als Schutz

Im Folgenden liegt der Fokus auf dem gezielten Einsatz von körpersprachlichen Wirkelementen, um das Verständnis für ein selbstsichereres Auftreten und eine souveräne Wirkung zu erhöhen. Wenn Menschen aufeinandertreffen, nehmen sie automatisch ein Statusverhalten ein. Dies ist meist ein angelerntes und automatisches Verhaltensmuster, das eine Schutzfunktion hat. Entweder schützt es vor Angriffen, weil die Gegenseite sich nicht traut anzugreifen, oder weil sie glaubt, dass sie sowieso stärker ist und daher gar nicht angreifen muss.

Der Status hat hier nichts mit äußeren Statussymbolen zu tun, sondern bezieht sich auf die Art, wie ein Mensch in einer bestimmten Situation agiert und sich mit seiner Mimik, Gestik, Körpersprache, Stimme und Sprache verhält. Das Entscheidende ist, ob jemand einen höheren oder einen niedrigeren Status einnimmt als andere.

Beim Statusverhalten kann mit Abstufungen zwischen Hoch- und Tiefstatus unterschieden werden. Es gibt innerhalb dieser Unterscheidung noch weitere Abstufungsmöglichkeiten, die sich hauptsächlich an folgenden vier Bereichen mit ihren Gradmessern orientieren (siehe Abb. 8.1):

- **Augenkontakt:** Je häufiger man blinzelt, desto mehr befindet sich die Wirkung im Tiefstatus, je weniger man blinzelt, desto mehr im Hochstatus.
- **Lautstärke:** Je leiser man ist, desto stärker wirkt der Tiefstatus, je lauter man wirkt, desto mehr der Hochstatus.
- **Bewegung und Geschwindigkeit:** Je chaotischer und schneller die Bewegungen sind, desto stärker wirkt der Tiefstatus, je kontrollierender und langsamer sie sind, desto mehr der Hochstatus.

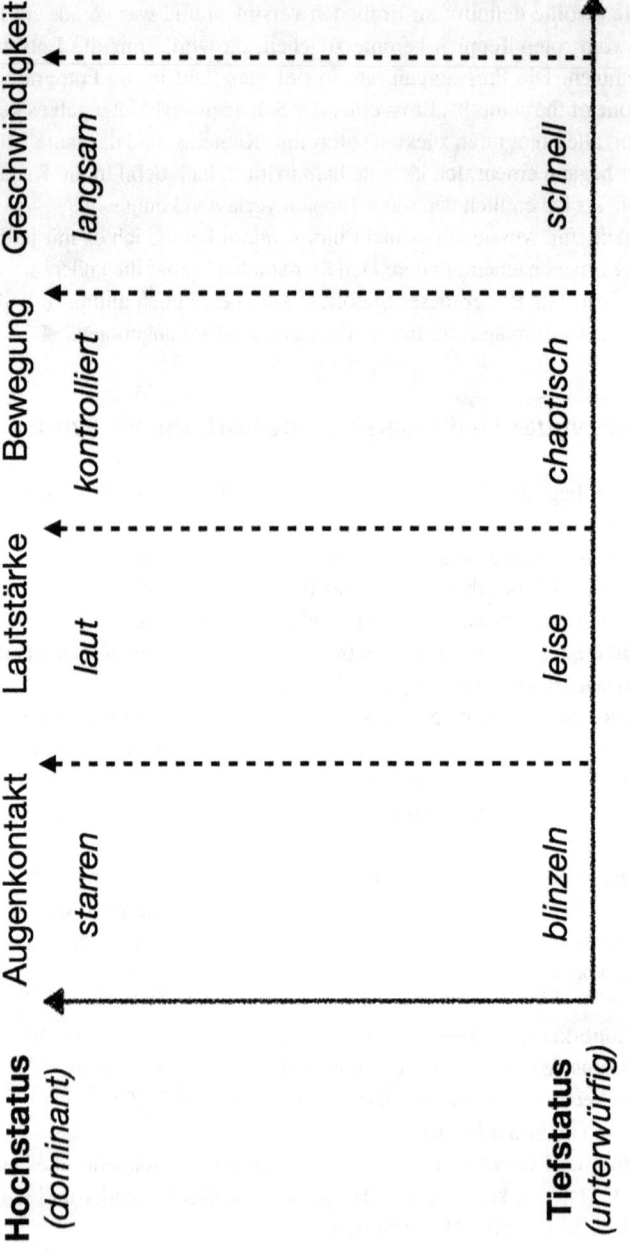

Abb. 8.1 Hoch- und Tiefstatus der Körpersprache (eigene Darstellung)

8.2 Bodyguard – die persönliche Wirkung als Schutz

Diese Gradmesser sind in einem alltäglich erfahrbaren Rahmen zu betrachten. Extreme sind eher schwierig einzuordnen. Wenn sich jemand gar nicht mehr bewegt, überhaupt nicht blinzelt, ganz still ist und nichts mehr sagt, spricht das nicht gegen die Hoch- und Tiefstatus-Unterscheidung, sondern möglicherweise für einen Schock oder ein anderes gesundheitliches Problem.

8.2.1 Konstruktiver und destruktiver Status

Es wird sowohl beim Hoch- als auch beim Tiefstatus zwischen konstruktiv und destruktiv unterschieden (siehe Abb. 8.2). Bei einem konstruktiven Hoch- oder Tiefstatus ist die Wirkweise in der Regel eher *wünschenswert, günstig* oder *bejahend,* bei einem destruktiven tendenziell eher *unerwünscht, ungünstig* oder *verneinend.*

Ein konstruktiver Hochstatus wirkt: kompetent, selbstbewusst, selbstsicher, entscheidungsstark, sachlich, unabhängig, souverän, entspannt, lässig, dominant, überzeugend, entschieden, beschützend.

Ein destruktiver Hochstatus wirkt: reserviert, undurchsichtig, bestimmend, arrogant, hochnäsig, unterspannt, gleichgültig, zweifelnd, herrisch.

Ein konstruktiver Tiefstatus wirkt: sympathisch, höflich, freundlich, zuvorkommend, zurückhaltend, hochinteressiert, emotional, offen, kümmernd.

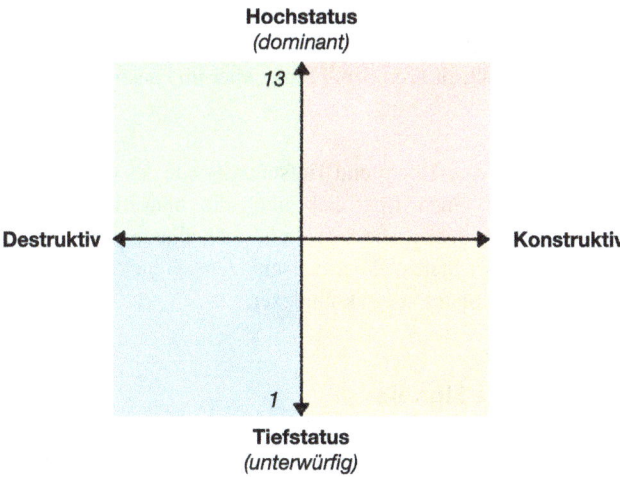

Abb. 8.2 Status: Vier-Felder-Tafel (eigene Darstellung)

Ein destruktiver Tiefstatus wirkt: anhänglich, gierig, unruhig, angespannt, devot, unsicher, zögerlich, nervös, chaotisch, unentschieden, angreifbar.

Auch wenn entsprechende Statussignale gesendet werden, heißt das im Umkehrschluss nicht, dass die Person sich auch so fühlen muss wie der Status, den sie ausstrahlt. Es ist durchaus möglich, dass sie sich tatsächlich ihrem Status entsprechend fühlt, es kann aber auch sein, dass diese Wirkung bewusst eingesetzt wird. Es gelten hier wieder die beiden Wirkungsrichtungen von außen nach innen und von innen nach außen.

Beispiel

Ein bekanntes Beispiel für einen destruktiven Hochstatus ist der ehemalige Präsident der Vereinigten Staaten von Amerika Donald Trump. Nach seiner ganzen Erscheinung wirkt er, als ob er im Hochstatus wäre. Er hat jedoch die Besonderheit, dass er in einem kindlichen, teilweise trotzig wirkenden Hochstatus erscheint, was dazu führt, dass ihn viele nicht ernst nehmen. Dennoch sind bei ihm enorm viele destruktive Hochstatussignale zu beobachten.

Der russische Präsident Wladimir Putin ist ein gutes Beispiel für einen destruktiven Hochstatus ohne trotzige Wirkung. Er wirkt sehr dominant, herrisch, undurchsichtig und bestimmend. Vor allem bei öffentlichen Treffen ist seine Körpersprache gut zu beobachten. Er sitzt gerne sehr breitbeinig da und nimmt mit seinem Körper und seinen Armen viel Raum ein.

Beim Treffen zwischen Wladimir Putin und dem deutschen Bundeskanzler hat Olaf Scholz die Beine angezogen und die Arme nah am Körper, genauso wie es bei Angela Merkel jahrelang zu sehen war. Dementsprechend ist die Statuswirkung, im Vergleich zu Trump und Putin, eher im konstruktiven Tiefstatus zu sehen. ◄

Im Folgenden sind viele Hoch- und Tiefstatussignale des westlichen Einflusses aufgelistet, um Ihnen einen Überblick über die nonverbalen, verbalen und paraverbalen Signale zu geben. Die Signale für sich alleine genommen wirken im jeweiligen zugeordneten Status. Wenn verschiedene Signale kombiniert werden, ist eine Zuordnung des Status etwas komplexer.

8.2.2 Nonverbale Signale

Nonverbale Signale sind Signale der Körpersprache, Mimik und Gestik, die auch ohne Inhalt und Sprache wahrgenommen werden können (siehe Tab. 8.1).

8.2 Bodyguard – die persönliche Wirkung als Schutz

Tab. 8.1 Nonverbale Signale für Hoch- und Tiefstatus

Kriterium	Hochstatus	Tiefstatus
Mimik	– Wenig Mienenspiel – Undurchlässig – Undurchsichtig – Entspannt	– Viel Mienenspiel – Transparent und durchlässig – Viel Lächeln – Angespannt
Blickkontakt	– Wird gesucht – Wird gehalten – Häufiger beim Sprechen als beim Zuhören – Direkt – Entspannt – Blickachse eher horizontal – Ruhig – Wenig, langsames Blinzeln	– Wird selten gesucht, ganz vermieden – Wird nicht gehalten, abgebrochen – Häufiger beim Zuhören als beim Sprechen – Ausweichend – Angestrengt – Blickachse eher nach unten – Umherschweifend – Häufiges, schnelleres Blinzeln oder Augenklimpern
Kopfhaltung	– Kinn eher waagerecht oder nach oben gerichtet – Aufrechte, gerade Kopfhaltung – Nach vorne verschoben – Scheitelpunkt ist der höchste Punkt	– Kinn zeigt eher nach unten – Schräge Kopfhaltung – Häufiges Nicken – Nach hinten verschoben – Scheitelpunkt ist nicht der höchste Punkt
Atmung	– Ruhig und gleichmäßig – Bauch- bzw. Tiefen- und Flankenatmung	– Unruhig und impulsartig – Eher flach und schnell – Brustatmung
Körperhaltung	– Eher straffe Körperhaltung – Mittelkörperspannung – Aufrechte Haltung – Aufrecht stehen oder sitzen – Sich groß machend – Entspannt	– Eher zusammengesunkene, schlaffe, gebückte Körperhaltung – Wenig Mittelkörperspannung – Eingesunken stehen oder sitzen – Sich klein machend – Angespannt, überspannt, unterspannt
Arme und Hände	– Ruhige Armbewegungen – Arme sind locker am Körper hängend oder liegend – Hände sind überwiegend in der Mitte des Körpers – Konkrete Gesten – Hände sind locker in die Tasche gesteckt – Handrücken zeigen häufiger nach unten – Schultern bleiben von den Hand- und Armbewegungen weitestgehend unberührt	– Fahrige Armbewegungen – Arme sind eng am Körper oder den Körper umgreifend – Hände sind eher in der unteren oder in der oberen Körperhälfte zu finden – Ziellose Gestik – Hände sind fest in die Taschen gesteckt – Handflächen sind häufiger nach vorne oder oben sichtbar – Schultern sind durch die Bewegungen hochgezogen, fallen nach vorne oder sind angespannt

(Fortsetzung)

Tab. 8.1 (Fortsetzung)

Kriterium	Hochstatus	Tiefstatus
Berührungen	– Wenig Berühren des eigenen Körpers – Hände berühren sich mit mittlerem Druck – Wenn Berührung stattfindet, dann in einem langsamen, bedachten Tempo – Andere Menschen ganz selbstverständlich berühren – Selbstverständlicher Umgang mit Gegenständen	– Häufiges, schnelles Berühren des eigenen Körpers – Hände üben viel Druck aufeinander aus oder berühren sich nur ganz zart – Hände knibbeln aneinander herum – Häufiges Berühren des Gesichts mit den Händen – Andere Menschen nicht, oder nur kurz berühren – Gegenstände eher nicht oder nur vorsichtig berühren
Bewegungen	– Raum einnehmend – Locker an etwas anlehnen – Distanz zu Gegenständen schaffen – Zielgerichtete Bewegungen – Klare, pointierte Gestik – Platz behauptend und für selbstverständlich nehmen – Hüfte hinbewegend	– Wenig Raum einnehmend – Nähe zu Wänden oder anderen Gegenständen im Raum suchen – An Gegenständen festhaltend – Unklare, unkonkrete Gesten – Schnell, hektisch, zackig – Sofortiges Räumen des Platzes für andere – Hüfte wegbewegend
Stand	– Gewicht ist auf beiden Beinen gleichmäßig verteilt – Gewicht ist gleichmäßig auf den Fußflächen verteilt – Schwerpunkt zentral – Füße flach auf dem Boden – Hüftbreit, schulterbreit – Aufrecht mit Mittelkörperspannung – Brustbein nach vorne – Becken ist mittig oder nach vorne gedrückt	– Stand- und Spielbein, Gewicht verlagernd – Gewicht ist ungleichmäßig auf den Fußflächen verteilt – Schwerpunkt dezentral – Füße berühren teilweise den Boden – Enger als hüftbreit – Eher unterspannt, Körper sackt ein – Brustbein fällt ein oder wird sehr stark nach außen gedrückt – Becken ist eher eingefallen oder nach hinten gezogen
Fußstellung	– Parallel oder Fußspitzen nach außen gerichtet – Fußspitzen zeigen eher nach vorne	– Fußspitzen nach innen gerichtet – In unterschiedliche Richtungen abgewinkelt – Fußspitzen zeigen eher zur Seite

(Fortsetzung)

8.2 Bodyguard – die persönliche Wirkung als Schutz

Tab. 8.1 (Fortsetzung)

Kriterium	Hochstatus	Tiefstatus
Gang	– Raumgreifende Schritte – Langsam – Mittlere bis große Schrittlänge – Zielstrebiges Zugehen auf andere – Aufrechter Gang	– Raumvermeidende Schritte – Zügig oder sehr vorsichtig – Kurze Schrittlänge, hohe Frequenz – Zögerndes Zugehen auf andere – Eher zusammengesunkener, schlaffer Gang
Raum	– Raum nutzen und für sich einnehmen – Abstand zu großen Möbelstücken oder Wänden halten	– Raum nicht nutzen und wenig Raum einnehmen – Wenig Abstand zu großen Möbelstücken oder Wänden halten

8.2.3 Verbale Signale

Verbale Signale sind Signale der Sprache und des Inhalts und der Umgang mit sprachlichen Besonderheiten (siehe Tab. 8.2).

8.2.4 Paraverbale Signale

Die paraverbalen Signale (siehe Tab. 8.3) sind entscheidend für das Decodieren der verbalen Signale. Diese sind eng miteinander verbunden und befassen sich damit, *wie* etwas gesagt wird. Im Folgenden beschränke ich mich auf die mündliche Rede und lasse schriftliche Signale weg.

Anhand der Tabelle können Sie Ihre individuellen Hoch- und Tiefstatus-Signale herausfinden. Wahrscheinlich sind bei Ihnen, wie bei den meisten Menschen, unterschiedliche Signale aktiv. Wenn Sie diese wahrnehmen können, vergleichen Sie sie mit Ihrer Zielwirkung und prüfen Sie, ob die Signale Ihnen dienen oder nicht. Wollen Sie souverän wirken, dann finden Sie heraus, warum welche Tiefstatus-Signale bei Ihnen entstehen und woher sie rühren. Wenn Sie ihnen auf die Spur gekommen sind, verändern Sie sie und finden Sie Ihrer Zielwirkung entsprechende Ausgleichsgesten oder Subtexte, so dass Sie Ihre Wirkung präziser steuern können.

Mischwirkungen
Ihnen ist beim Durchlesen der Tabelle sicherlich aufgefallen, dass es durchaus Mischwirkungen geben kann. Hierbei wirken unterschiedliche Statussignale zur gleichen Zeit oder kurz hintereinander. Grundsätzlich sind Mischwirkungen eher in der Mitte zwischen Hoch- und Tiefstatus anzutreffen.

Tab. 8.2 Verbale Signale für Hoch- und Tiefstatus

Kriterium	Hochstatus	Tiefstatus
Inhalt	– Klare Aussagen – Argumente sind hieb- und stichfest – Aussagen in sich logisch und schlüssig	– Ausweichende Aussagen – Reden um den heißen Brei herum – Sprunghaft – Unlogische oder unschlüssige Aussagen
Fehler	– Sachlicher Umgang – Offen kommunizieren – Nicht zugeben und die Behauptung aufrecht erhalten, keinen Anteil am Scheitern gehabt zu haben	– Emotionaler Umgang – Zugeben und viel entschuldigen – Vertuschen, nicht zugeben – „Herumdrucksen" und Schuld bei sich selbst suchen
Geschichten	– Nutzt Superlative – Alles, was erzählt wird, ist wichtig, interessant, von Bedeutung – Klare Struktur	– Eher bescheiden – Eigene Rolle wird klein geredet – Details werden übersprungen – Chronologie innerhalb der Geschichte fehlt
Reden	– Wortergreifen nach eigenem Ermessen – Unterbrechen nicht geduldet – Nacheinander, stringent	– Schweigen, wenn andere reden, oder unterbrechen – Unterbrechen wird toleriert – Durcheinander, chaotisch

In einer Situation mit Mischwirkungen sind die einzelnen Signale erheblich schwerer zu deuten. Es gibt drei Arten von Mischwirkungen:

1. Mischwirkung Die Kombination der einzelnen unterschiedlichen Signale müssen zu einer Wirkeinheit zusammengefasst und verstanden werden. Hier gilt die Aufmerksamkeit der gegenseitigen Auswirkungen, die die unterschiedlichen Signale jeweils aufeinander haben.

> **Beispiel**
>
> Sie stehen schulterbreit da und eine Fußspitze zeigt stark nach links. Ihr Becken ist nach vorne gedrückt. Sie folgen distanziert einem Gespräch und umfassen mit dem rechten Arm den linken. Ihr Brustbein ist eingefallen und der Kopf neigt sich dadurch nach hinten. Hier befinden Sie sich zwar eher im Hochstatus, allerdings zeigen viele andere Signale Richtung Tiefstatus. Vermutlich wären Sie in solch einer Situation zwar mit sich im Reinen, hätten aber nur wenig Interesse an dem Gespräch und trauen sich nicht zu gehen. ◄

8.2 Bodyguard – die persönliche Wirkung als Schutz

Tab. 8.3 Paraverbale Signale für Hoch- und Tiefstatus

Kriterium	Hochstatus	Tiefstatus
Lachen	– Herzhaftes Lachen – Kurz – Situativ angemessen	– Gekünsteltes Lachen – Lang gehalten – Sehr leise oder sehr laut
Stimmlage und Tonhöhe	– Voll, kräftig – Normal laut – Eher tiefe Stimmlage – Resonanz – Präsent, klar und fest	– Hauchig, dünn – Leise, zart, sehr laut – Eher hohe Stimmlage – Wenig Resonanz – Mit Druck, fest, gepresst, brechend
Intonation	– Wort-, Satz- und Sprachmelodie ist abwechslungsreich – Konkret und klar – Durchgängig, stabil	– Wort-, Satz- und Sprachmelodie ist gleichbleibend, monoton – Diffus und unklar – Unterbrochen, instabil
Lautstärke	– Gut verständlich – Wohltemperiert – Laut und klar	– Unverständlich – Eher leise, diffus – Zu überdreht, zu laut
Nichtlexikalische Begriffe, Signale und Bestätigungslaute	– Mmh, Hm, langes Äh oder Ähm – Ah, Aha – Pff	– Kurzes Äh, Ähm, Öhm – Oh – Uff
Sprechrhythmus	– Dynamisch – Lässig – Klare Betonungen	– Kraftlos – Angespannt, erhöhter Druck – Unklare Betonungen
Sprechgeschwindigkeit	– Langsames, mittleres Sprechtempo	– Schnelles, hektisches Sprechtempo
Schweigen und Redepausen	– Gefüllte Pausen – Mit Spannung oder Bedeutung aufgeladen – Gut aushaltbar	– Leere Pausen – Ohne Bedeutung aufgeladen, eher abwartend – Nur schwer aushaltbar

2. Mischwirkung Hierbei müssen die Hauptsignale aus den anderen Subsignalen herausgefiltert werden.

> **Beispiel**
>
> Wenn Sie sich wohlfühlen und im Hochstatus bewegen, aber kurz im Gesicht kratzen, weil es juckt, dann wäre das Kratzen ein Subsignal. Bei einem einmaligen Auftreten des Kratzens kann es als Tiefstatus-Signal eher ignoriert werden und spielt für den Gesamtstatus keine Rolle. ◄

3. Mischwirkung Die einzelnen Signale haben jeweils eine Statuswirkung für sich. Es werden mehrere gleichwertige Signale zur gleichen Zeit gesendet.

> **Beispiel**
>
> Sie sind einer Person zugewandt und sehr selbstsicher. Sie stehen raumeinnehmend vor ihr und führen souverän durch das Gespräch. Gleichzeitig bewegen Sie Ihre Füße innerhalb der Schuhe viel hin und her und Ihre Hände reiben sich aneinander, um sich zu wärmen, da Ihnen sehr kalt ist. Was die Kälte angeht, befinden Sie sich eher im Tiefstatus, was das Gespräch mit der Person angeht, eher im Hochstatus. ◄

8.3 Kampf der Giganten – die Statuswippe

Der Status ist nicht konsistent innerhalb einer Situation mit verschiedenen Positionen, sondern eine volatile Angelegenheit, die sich aber in alltagsüblichen Situationen in einer Bandbreite von ungefähr 13 Statusstufen bewegt. Diesen Bereich nennt man *Statusbereich*.

Die Einstufung einer Person auf einer konkreten Statusstufe kann immer nur eine ungefähre Annahme sein, da die Stufen nicht trennscharf voneinander abgrenzbar sind. Die 13 Stufen sind nicht universell und endgültig definierbar, sondern beschreiben die Statuswirkung in jeder Situation ganz individuell.

> Statuswippe bedeutet: Je höher die eine Person im Status steigt, desto tiefer sinkt die andere automatisch ab und muss aktiv dafür etwas tun, um im Status wieder auf Augenhöhe oder sogar noch darüber hinaus zu kommen. Diese Statuswippe funktioniert wie eine Wippe auf dem Kinderspielplatz. Wenn ein Kind nach oben wippt, bewegt sich das andere automatisch nach unten. Es findet eine ständige *Wechselbeziehung der Statusstufen* statt.

Wenn einer Person ihr Hochstatus zu unangenehm ist, dann wird sie versuchen, entweder den Status der anderen Person zu erhöhen, oder ihren eigenen Status zu senken. Wenn der Person ihr eigener Status zu niedrig ist, wird Sie entweder versuchen, den Status der anderen Person zu senken, oder den eigenen zu erhöhen. Das kann z. B. kann durch Loben, Tadeln, durch eine Entschuldigung oder eine Kritik am anderen erfolgen.

8.3 Kampf der Giganten – die Statuswippe

Da Tief- oder Hochstatus weder gut und noch schlecht, richtig oder falsch sind, ist der jeweilige Status auch nicht besser oder schlechter. Jeder Mensch hat seinen eigenen Statusbereich, in dem er sich wohlfühlt und den er so oft wie möglich anstrebt. Innerhalb dieses Bereiches wird er versuchen, die Statuswippe ausgeglichen zu halten. Jede größere Änderung bringt die Wippe allerdings ins Ungleichgewicht und wird daher zu Aktivitäten führen, um wieder in den gewohnten und angenehmen Statusbereich zurückzugelangen.

Versuchen Sie im folgenden fiktiven Beispiel, die unterschiedlichen Statusstufen nachzuvollziehen. Diese habe ich, nach einem Statusstufenwechsel, mit Zahlen in Klammern gesetzt, von der tiefsten Tiefstatus-Stufe (1) bis zur höchsten Hochstatus-Stufe (13).

In dieser Situation wird davon ausgegangen, dass Sie sich in einem Statusbereich von 8 bis 12 wohlfühlen. Stufe 8 stellt hierbei die untere Grenze dar und die Stufe 12 die obere. Dem Verkäufer wird ein Wohlfühl-Statusbereich von 6 bis 10 zugeteilt. Hier ist die untere Grenze Stufe 6 und die obere Stufe 10.

Beispiel

Stellen Sie sich vor, Sie kommen in ein Geschäft, in dem Sie sich ein Kleidungsstück haben zurücklegen lassen. Sie gehen ganz souverän hinein (12) und bitten den Verkäufer, das Kleidungsstück zu holen (11). Er fragt Sie höflich nach der Abholnummer (9). Sie greifen in Ihre Tasche, aber die Nummer ist nicht da. Sie werden unsicher und suchen hektisch in Ihren Taschen (7). Der Verkäufer beobachtet Sie einen Moment (11) und sagt dann zu Ihnen: „Kein Problem, ich hole es Ihnen auch ohne Abholschein." (10) Sie freuen sich sehr, während der Verkäufer im Regal nach dem Kleidungsstück schaut.

In dieser Zeit sammeln Sie sich wieder etwas (8), und als der Verkäufer ein Kleidungsstück hochhält, sind Sie unsicher und sagen, dass sei nicht das richtige (7). Der Verkäufer schaut wieder nach, nun etwas mehr in Eile und zügiger (8). Aber auch das nächste Kleidungsstück ist nicht das, was Sie haben zurücklegen lassen (6). Um ihm zu signalisieren, dass er sich Zeit nehmen kann und nicht stressen lassen muss, sagen Sie ihm, dass Sie es nicht eilig haben (8). Nach längerer Suche sagt der Verkäufer hoffnungslos: „Ich finde es leider nicht, es tut mir wirklich leid." (5)

Da erinnern Sie sich, dass es seine Kollegin unter den Tresen gepackt hatte, und geben dem enttäuschten Verkäufer den Hinweis, dort noch einmal nachzuschauen (9). Er schaut unter dem Tresen nach und entdeckt das zurückgelegte Kleidungsstück. Ein Lächeln breitet sich in seinem Gesicht aus. (7) Er bedankt sich bei Ihnen für Ihren Tipp (11). Sie bedanken Sie bei Ihm für seine Geduld und die Ausnahme, die er (8) wegen Ihnen (10) gemacht hat. ◀

In diesem Beispiel fühlen Sie sich wohl, haben ein klares Ziel und wissen, wohin Sie gehen müssen. Daher sind Sie auf Statusstufe 12. Da Sie den Verkäufer höflich fragen und bitten, senkt sich Ihr Status auf die Statusstufe 11. Weil Sie höflich und freundlich waren, fühlt sich der Verkäufer auch sehr wohl, bleibt leicht unter Ihrem Status und muss sie dennoch um den Abholschein bitten. Daher ist er nun auf der Statusstufe 9. Als Sie in Ihre Tasche greifen und nichts finden, erschreckt Sie das sehr und es macht Sie nervös und unsicher. Sie kramen in Ihren Taschen und lächeln den Verkäufer verlegen an. Sie fallen direkt auf die Stufe 7. Dem Käufer fällt das auf, und er wird durch ihr rapides Sinken im Status automatisch auf die Stufe 11 erhöht.

Da sein Wohlfühlbereich nur bis 10 geht, macht er Ihnen den Vorschlag, trotzdem nachzuschauen, und kommt ihnen damit entgegen. Körpersprachlich legt er seinen Kopf leicht schief, lächelt Sie an und macht beruhigende Gesten. Er sinkt dadurch leicht im Status auf die 10. Durch das nette Verhalten des Verkäufers richten Sie sich mit dem Körper auf und steigen auf Stufe 8. Sie fühlen sich aber immer noch unwohl und fragen sich, wo denn dieser blöde Abholschein abgeblieben ist. Halbherzig suchen Sie in Ihren Taschen weiter.

Der Verkäufer findet nicht auf Anhieb das richtige Kleidungsstück, und nachdem er das falsche geholt hat, wird er hektischer und unsicherer, und so sinkt sein Status auf die Stufe 8. Aber auch das nächste Kleidungsstück ist nicht das richtige. Nun gerät er unter Druck, schaut sich viel und hektischer um, wird chaotischer und schneller in seinen Gesten. Er fällt auf Stufe 6. Da Sie das bemerken, versuchen Sie, ihn zu beruhigen, sagen ihm, dass Sie es nicht eilig haben. Damit steigen Sie etwas im Status auf die 8.

Da der Verkäufer das Kleidungsstück partout nicht finden kann, steht er mit eingefallenem Brustbein, erhöhter Atmung und Schweiß auf der Stirn vor Ihnen. Er fällt aus seinem Wohlfühlbereich hinaus auf die 5. Als Ihnen die Idee kommt, dass er unter dem Tresen nachschauen könnte, richten Sie sich auf und zeigen ganz klar in einer Handbewegung in die Richtung, wo es sein könnte. Sie steigen auf die Stufe 9.

Der Verkäufer findet das Kleidungsstück und kann es Ihnen überreichen. Er wird ruhiger und langsamer, die Bewegungen werden wieder klarer. Er steigt nun auf Stufe 7. Da er sich bei Ihnen bedankt, steigen Sie auf die Stufe 11. Sie empfinden das als zu hoch, da er sich ja die Mühe gegeben und auch eine Ausnahme gemacht hat und bedanken sich bei ihm. Er steigt nun auf eine 8, und Sie senken ihren Status ganz leicht auf die 10.

Beide sind nun wieder in der oberen Hälfte ihres Wohlfühlbereiches angekommen, haben aber im Vergleich zum Beginn der Begegnung eine Statusstufe verloren. Beide werden erst einmal kurze Zeit brauchen, um die Situation zu verdauen.

8.3 Kampf der Giganten – die Statuswippe

In diesem Beispiel waren der Verkäufer und Sie als Kunde in einem ständig sich wechselnden *Statusverhältnis*. Es muss sich nicht auf den Status der Anwesenden beziehen, sondern kann auch eine nicht aktiv in das Geschehen eingreifende Person, wie z. B. den Chef, mit einschließen, der im Hintergrund den Verkaufsvorgang beobachtet. Wenn der Verkäufer weiß, dass der Chef da ist oder sogar seine Reaktionen und seinen Status wahrnimmt, hat das auch direkt einen Einfluss auf das Statusverhältnis Ihnen gegenüber.

▶ Tipp Je nach Situation variiert man zwischen verschiedenen Stufen des Hoch- und Tiefstatus, was im Beruf besonders gut zu erkennen ist. Beispielsweise stehen ServicemitarbeiterInnen in ihrem Status eher etwas niedriger als der Kunde und versuchen daher, im Verhältnis zu ihm einen konstruktiven Tiefstatus anzustreben, da er den Verkauf am ehesten fördert. ServicemitarbeiterInnen besitzen inhaltliche Fachkenntnis und sind daher bereits dem Kunden gegenüber in einem gewissen Hochstatus. Wenn sie nun auch noch (körper-)sprachlich in den Hochstatus gehen, dann schreckt das die meisten Kunden eher ab. Denn ein Kunde fühlt sich dann wertgeschätzt, wenn er in seinem Hochstatus leicht angehoben wird, und ist dann eher kaufbereit.
Passen Sie Ihren Status daher immer der aktuellen Situation an, um Ihre Ziele effektiver zu erreichen.

Statuskampf
Statusgiganten sind Menschen, die einen destruktiven Statusbereich von 12 bis 13 haben. Alles andere darunter ist für sie inakzeptabel. Sie fühlen sich unübertroffen in ihrer Größe und Kraft. Solange das Umfeld diesen Status nicht angreift, sind die Situationen recht stabil. Sobald sie allerdings das Gefühl bekommen, sie werden im Status angegriffen und sinken darin, gehen sie ohne Ankündigung in den Statuskampf über. Sie greifen das Gegenüber an, indem sie auf eine massive Abwertung der Statusstufe des anderen abzielen.

Im nächsten Beispiel wird wieder davon ausgegangen, dass Sie einen Wohlfühl-Statusbereich (8 bis 12) haben. Der Autoverkäufer ist ein Statusgigant und hat daher einen Wohlfühlstatusbereich von (12 bis 13). Es sind diesem Beispiel keine Statusstufen eingetragen, sondern es soll Ihnen als Übung dienen, in die leeren Klammern die von Ihnen antizipierten Statusstufen einzutragen.

Das Autohaus

Sie gehen in ein Autohaus, da Sie sich für ein neues Fahrzeug interessieren. (__) Der Verkäufer ist gerade an seinem Smartphone beschäftigt. (__) Sie schauen sich um, aber niemand scheint sich für Sie gerade zu interessieren. (__) Leicht genervt, gehen Sie auf den Verkäufer zu. (__) Dieser beachtet Sie weiterhin nicht. (__) Sie sprechen Ihn an, ob er kurz Zeit für Sie hat. Er blickt von seinem Smartphone auf und fragt Sie, was Sie wissen möchten. (__) Sie merken, wie Ihnen wärmer wird, Sie schauen sich um, sehen aber keinen anderen Verkäufer und sagen, dass Sie einfach eine Beratung bräuchten. (__) Der Verkäufer schaut Sie missbilligend von oben nach unten an und schlägt Ihnen vor, dass Sie sich ja mal umschauen könnten und wenn Sie eine Frage hätten, wieder auf ihn zukommen könnten. (__)

Sie werden lauter und fragen Ihn, ob er denn kein Auto verkaufen möchte, und bitten ihn nochmals um eine Beratung. Sonst würden Sie in ein anderes Autohaus gehen und auf dem Weg dorthin mal kurz im Büro seines Chefs vorbeischauen. (__) Er schaut auf einmal hoch, baut sich vor Ihnen auf und fragt Sie, ob Sie das noch einmal wiederholen könnten. (__) Sie antworten ihm, dass Sie jetzt sofort mit seinem Chef sprechen möchten. (__) Überrascht schaut er sich um und fragt sie dezent aggressiv, was denn Ihr Problem wäre. (__)

Sie sagen ihm mit ruhiger Stimme, klar und sachlich, dass Sie Ihn zu Beginn höflich gefragt hätten, ob er Ihnen helfen könne, er Sie aber ignoriert habe. Das sei wirklich nicht wertschätzend gewesen. Sie wünschen sich einfach eine gute und fachkundige Beratung von ihm. (__) Der Verkäufer schaut Sie prüfend an, ob Sie ihn für dumm verkaufen wollen oder es ernst meinen. (__) Sie schauen ihm in die Augen, ohne eine Miene zu verziehen. (__) Er schlägt Ihnen vor, dass er Ihnen die neusten Modelle zeigen könne. (__) Sie willigen ein und ein leichtes Lächeln huscht über Ihr Gesicht. (__) ◄

Dies ist eine klassische Situation mit einem Statuskampf, der durchaus auch anders hätte verlaufen können. Denn auf der einen Seite sind diese Statusgiganten sehr bedürftig und brauchen Menschen, die sie immer wieder in ihrem hohen Status festigen. Auf der anderen Seite bewundern diese Menschen meistens andere, die einen konstruktiven Hochstatus haben. Das Geheimnis im Umgang mit destruktiven Hochstatus-Menschen ist es, auf Augenhöhe mit ihnen zu gelangen, ohne die Statuswippe in Gang zu setzen und einen Statuskampf zu provozieren.

8.3 Kampf der Giganten – die Statuswippe

> Neben den Statusgiganten gibt es noch die *Statuszwerge*, die sich in besonders niedrigen Statusbereichen wohlfühlen. Ihren Status zu erhöhen, ist daher sehr schwierig, weil sie sich dadurch schnell unwohl fühlen können. Die Herausforderung besteht darin, ihnen gegenüber nicht in einen zu hohen Hochstatus-Bereich zu kommen, der einem selbst unangenehm erscheint.

Statuszwerge tendieren dazu, schnell in Statuskämpfe zu geraten, wenn sie das Gefühl haben, dass der andere sie in ihrem Status senken möchte. Es kann dann schnell zu Vorwürfen oder einer Kränkung kommen. Denn das Senken ihres Status ist nur ihnen selbst vorbehalten. Im Umgang mit Statuszwergen bewegt man sich dadurch auf sehr dünnem Eis.

Im nächsten Beispiel wird wieder davon ausgegangen, dass Sie einen Wohlfühl-Statusbereich von 8 bis 12 haben. Die Assistenz in der Kanzlei ist ein Statuszwerg und hat daher einen Bereich von 2 bis 5. Es sind wiederum keine Statusstufen genannt, so dass Sie in die Klammern die von Ihnen antizipierten Statusstufen eintragen können.

Die Kanzlei

Sie rufen in einer Kanzlei an, da Sie dringend noch auf eine Rückmeldung warten. (__) Die Assistenz am Telefon meldet sich sehr höflich mit weicher und zarter Stimme und fragt, ob sie Ihnen helfen kann. (__) Sie sagen ihr, dass Sie noch auf eine Antwort zu einem Vorgang warten und beschreiben klar und sachlich, um was es geht. (__) Die Assistenz entschuldigt sich bei Ihnen und erklärt Ihnen, warum das untergegangen ist, aber keine Absicht wahr. (__) Sie beruhigen Sie, dass es nicht so schlimm sei, und sagen bestimmt, dass Ihnen wichtig wäre, die Antwort noch heute in Erfahrung zu bringen. (__) Die Assistenz entschuldigt sich nochmals und erklärt, dass sie Sie verstehen würde. Sie könne aber gerade im Ordner nichts finden. (__)

Sie sind leicht gereizt und schlagen vor, dass sie dann doch bitte einmal Ihren Vorgesetzten fragen solle. (__) Die Assistenz, ist über diesen Vorschlag mehr als überrascht und fühlt sich angegriffen. Sie antwortet, dass Sie das ja schon längst gemacht hätte, wenn gerade jemand erreichbar wäre, aber jetzt sei Mittagspause und daher niemand am Platz. (__) Sie sind kurz über die zickige Antwort überrascht und machen eine kleine Pause.

Dann antworten Sie ruhig und fragen, was denn ihrer Meinung nach der beste Weg wäre, um das Problem zu lösen? (__) Die Assistenz entschuldigt sich, dass Sie ja nichts dafür könne, dass die Chefs gerade nicht verfügbar wären.

(__) Sie sagen, dass es nicht ihre Schuld wäre und es Ihnen einfach nur wichtig sei, dass es heute noch klappt. Geduldig wiederholen Sie die Frage, was sie denn vorschlagen würde. (__) Die Assistenz antwortet, dass sie die Chefs sofort, wenn sie aus der Mittagspause kommen, nach den Unterlagen fragen werde und sich dann umgehend bei Ihnen melde – ob das in Ordnung wäre? (__) Sie bedanken sich und sagen, dass das ein toller Vorschlag wäre. (__) Sie entschuldigt sich nochmal bei Ihnen, dass jetzt alles so umständlich sei. (__) Sie bedanken sich erneut bei ihr und sagen ihr, dass Sie sich auf ihren Rückruf freuen. ◄

Dieser zähe Statuskampf ist typisch für Situationen mit Statuszwergen. Denn auf der einen Seite sind sie sehr bedürftig, um ihren Status immer wieder selbst zu senken, auf der anderen Seite erhoffen sie sich von der anderen Seite eine Erhöhung des Status, um die Statuswippe in Balance zu halten. Das Geheimnis im Umgang mit diesen destruktiven Tiefstatus-Menschen ist es, sich entweder auch auf eine ähnliche Tiefstatus-Ebene zu begeben, damit die Statuswippe möglichst ausgeglichen bleibt, oder den Statuszwerg erhöht, indem man ihn direkt durch höfliche Fragen in die Entscheidungs- und Lösungsfindung integriert. „Was schlagen Sie mir vor, was wir machen können? Wie könnten wir das Problem lösen?" Somit können Sie es schaffen, die Statuswippe einigermaßen stabil zu halten. Es wird Ihnen aber sehr wahrscheinlich abverlangen, dass Sie selbst in einen tieferen Status gehen müssen, als es Ihr Status-Wohlfühlbereich Ihnen eigentlich vorgibt.

Status und Geschlecht
Es kommt des Öfteren vor, dass gerade Frauen die Rolle von Statuszwergen und Männer die Rollen von Statusgiganten einnehmen, auch wenn das natürlich nicht unbedingt geschlechtsspezifisch ist. Den folgenden wahren Fall hat mir eine Teilnehmerin erzählt:

Das Autohaus als Männer-Domäne?

Eine Frau sah sich im Autohaus einer bestimmten Marke intensiv um, weil sie sich für ein Neufahrzeug interessierte. Sie schaute sich verschiedene Modelle an, studierte die Ausstattungslisten, setzte sich in die Fahrzeuge hinein und öffnete z. B. auch die Kofferraumtüren. Sie beschäftigte sich rund 15 Minuten lang intensiv mit einigen Autos. Obwohl vier Verkäufer anwesend waren und jeweils in ca. 20 Meter Entfernung in Sichtweite an ihren Tischen saßen und arbeiteten, sprach keiner von ihnen die Kaufinteressentin an.

Immer wieder suchte die Frau den Blickkontakt zu den Verkäufern, wurde jedoch von ihnen völlig ignoriert. Schließlich ging sie sogar deutlich auf die Tische mehrerer Verkäufer zu, doch niemand sprach sie an oder fragte, ob er

8.3 Kampf der Giganten – die Statuswippe

helfen oder sie beraten könne – im Gegenteil. Alle Verkäufer waren oder taten hochbeschäftigt, schauten intensiv auf ihre Monitore oder telefonierten. Sie taten so, als ob die Frau Luft wäre, obwohl sie durch ihr Verhalten bereits überdeutliche Signale eines ernsthaften Kaufinteresses und eines Beratungsbedarfs gesendet hatte.

Irritiert über das Verhalten der Verkäufer, verließ die Frau unverrichteter Dinge wieder das Autohaus, ohne mit irgendjemandem gesprochen zu haben oder von irgendwem beraten worden zu sein. Ihren Neuwagen kaufte sie schließlich woanders.

Erst nach einiger Zeit kam sie darauf, was hier geschehen war: In Autohäusern werden vielfach Männer bevorzugt und Frauen nicht ernst genommen. Männer haben – wie traditionell noch immer oft geglaubt wird – das Geld, kennen sich mit Technik aus und kaufen die Autos. Frauen sind bestenfalls „Beifahrerinnen" und haben ansonsten in Sachen Autokauf und Fahren nichts zu melden; dementsprechend werden sie von männlichen Verkäufern ignoriert. Männer gehen also in einen destruktiven Hochstatus, indem sie Frauen auf einen Tiefstatus setzen. Dass auch Frauen, wie im beschriebenen Beispiel, selbstständig sein und über den Kauf ihrer Fahrzeuge eigenständig entscheiden können, ist immernoch nicht überall angekommen. ◀

Noch heute gibt es „Männer-Domänen", in denen Männer als vermeintliche Experten wie selbstverständlich einen Hochstatus einnehmen und meinen, Frauen einen Tiefstatus zuweisen zu müssen. In den Autohäusern hat es sich in den letzten Jahren zum Glück gebessert. Viele Verkäufer haben Schulungen durchlaufen und gelernt, dass auch in Familien meistens Frauen die Entscheidungen treffen, welche Fahrzeuge gekauft werden, selbst wenn Männer die Technikexperten sind und manchmal, aber nicht immer, auch das Geld für den Kauf vorstrecken. Männliche Verkäufer haben gelernt, dass sie in Verkaufsgesprächen nicht nur Männer adressieren dürfen, sondern auch auf Frauen und ihre Bedürfnisse vor dem Kauf eingehen müssen.

Das Beispiel zeigt, dass es unbeabsichtigt zu Statuskämpfen zwischen Männern und Frauen kommen kann, wenn gewisse „Domänen" verteidigt werden sollen. Unabsichtlich wird dann manchmal Frauen die Rolle von Statuszwergen zugewiesen, während Männer als Statusgiganten einen destruktiven Hochstatus einnehmen.

Falls Sie, liebe Leserin, sich in der Vergangenheit hier und da als Statuszwerg gegenüber Männern gefühlt haben, möchte ich Sie hiermit ermutigen, diese Rolle nicht einfach zu akzeptieren. Auch Sie dürfen und können als Statusgigant auftreten. Speziell Männern möchte ich empfehlen, darauf zu achten, dass sie einen gegengeschlechtlichen Gesprächspartner nicht durch ihren eigenen Status ungewollt in die Enge treiben.

▶ **Tipp: Status ist Handlung** Der Status entsteht jeweils durch das, was Sie in einer Situation tun oder auch nicht tun. Jede Bewegung, jedes Wort, jeder Blick sendet ein Statussignal. Je stärker Sie sich dessen bewusst sind und je genauer Sie die unterschiedlichen Statustypen kennen und einschätzen können, desto eher können Sie die Statuswippe erfolgreich managen und zähe Statuskämpfe vermeiden.

Literatur

1. Eberts E, Ruhl S (2012) U-Bahn Geiger Joshua Bell: Der Tunnelblick im Alltagsstress. Impulsgeschichten (Ruhl Consulting AG) vom 04.03.2012. https://krankenhausberater.de/impuls/news/achtsamkeit-u-bahn-experiment-mit-star-geiger-joshua-bell/. Zugegriffen am 12.02.2022

Vom Tröten zum Flöten – Sprache, Stimme und Sprechen

9

„*Die Grenzen meiner Sprache, bedeuten die Grenzen meiner Welt.*" *(Ludwig Wittgenstein)*

▶ **Basic 8** Lassen Sie Ihre Stimme wirken und wenden Sie Ihre sprachlichen Fähigkeiten an.

9.1 Schall und Ton – wenn Sprache erklingt

9.1.1 Die Sprache

In der indigenen bolivianischen Sprache Tsimané gibt es nur die Farben Schwarz, Weiß und Rot und der Stamm der Himba in Namibia hat *keine* Bezeichnung für die Farbe Blau. Die fehlenden Bezeichnungen wirken sich direkt auf die Farbwahrnehmung aus. Bei Tests wurde festgestellt, dass viele Mitglieder der Himba die Farben Grün und Blau entweder gar nicht oder nur sehr schwer unterscheiden konnten.

Wenn wir also für etwas in unserer Sprache keine Worte haben, dann fällt es uns schwer, es überhaupt zu erkennen. Nur wer etwas kennt, kann es auch er-kennen. Ansonsten beherrschen die Grenzen der Sprache die Wahrnehmung der eigenen Welt.

Ergänzende Information Die elektronische Version dieses Kapitels enthält Zusatzmaterial, auf das über folgenden Link zugegriffen werden kann [https://doi.org/10.1007/978-3-658-37981-0_9]. Die Videos lassen sich durch Anklicken des DOI Links in der Legende einer entsprechenden Abbildung abspielen, oder indem Sie diesen Link mit der SN More Media App scannen.

© Springer Fachmedien Wiesbaden GmbH, ein Teil von Springer Nature 2022
B. Crisand, *Die Power der persönlichen Präsenz*,
https://doi.org/10.1007/978-3-658-37981-0_9

Sie glauben, dass das Ihnen nicht passieren kann? Dann nennen Sie doch spontan so viele Wörter, wie Sie kennen, die Sie mit *Schnee* in Verbindung bringen, z. B. Tiefschnee, Pulverschnee, Neuschnee, Pappschnee, Sulzschnee usw. Zählen Sie alle Wörter, die Sie finden, zusammen. Kommen Sie auf über 421 Begriffe?

Das klingt nach einer absurd hohen Zahl. So viele werden Sie vermutlich auch niemals brauchen. In der schottischen Sprache gibt es 421 Wörter für die unterschiedlichsten Schneearten, was auch darauf schließen lässt, dass Schnee dort viel alltäglicher ist als bei uns. Die Schotten können also Schneearten unterscheiden, von denen Sie vermutlich nicht einmal wussten, dass es sie überhaupt gibt. Genauso wie die Himba nicht wussten, dass es die Farbe Blau gibt.

> Sprache erschafft eine ganz eigene Perspektive auf Dinge. Man könnte auch sagen: *Sprache erschafft Realität*.

Die Macht der Sprache geht sogar noch weiter. In unseren Breitengraden wächst man mit der *aristotelischen Logik* auf. Das bedeutet: Weiß = Weiß und Schwarz = Schwarz. Für manche Menschen endet an dieser Stelle bereits das Weltbild. Andere wiederum wissen, dass es mehr gibt. Nicht alles ist Schwarz oder Weiß, sondern manchmal ist Weiß + Schwarz = Grau.

In Asien hingegen gilt die weitverbreitete *paradoxe Logik*, am besten erklärbar anhand der philosophischen Begriffe des Yin und Yang. Den meisten dürfte das Symbol (siehe nachfolgende Abbildung) bekannt sein. Bei diesem Symbol fließt eine schwarze Fläche in eine weiße hinein und umgekehrt, wobei beide Farben jeweils einen Punkt der anderen Farbe in sich enthalten. In dieser Logik ist Weiß ist zwar Weiß, es kann aber auch Schwarz enthalten. Schwarz ist zwar Schwarz, es kann aber auch Weiß enthalten (Abb. 9.1).

Abb. 9.1 Yin und Yang. (Clipart: OlivierLB/ openclipart.org, CC0 1.0)

Zur Sprache zählt die gesprochene und die geschriebene Sprache, außerdem Zeichen, Symbole, Verhaltensweisen und Gebärdensprache. Sprache ist also ein *komplexes System der Kommunikation*, das zur Repräsentation und Verarbeitung von Informationen dient. Wenn Sie diese Information steuern, dann steuern Sie auch Ihre Wirkung. Entscheidend ist nicht nur, *was* Sie sagen, sondern vor allem, *wie* Sie es sagen. Und das tun Sie nicht mit Worten allein, sondern vor allem mit Ihrer Stimme.

9.1.2 Die Stimme

Wenn Sie früher als Kind auf Klassenfahrt mit Ihren Eltern telefonierten, diese Sie fragten, wie es Ihnen geht, und Sie trotz aktueller Schwierigkeiten mit dem positivsten „Gut" antworteten, das Sie aus sich herausholen konnten, dann konnte es sein, dass Ihre Mutter sofort fragte: „Was ist los, mein Kind?"

Die Beziehung der Mutter zu ihrem Kind ist etwas Besonderes, und sie erkennt die Stimme ihres Kindes unter Tausenden. Die Stimme ist wie ein Fingerabdruck individuell und einzigartig. Sie hat ihr ganz eigenes Profil. Wenn man dieses Profil kennt, dann ist jede Veränderung schnell hörbar. Darin liegt die große Wirkkraft der Stimme: in der *Übermittlung von Emotionen*. Die Stimme ist gewissermaßen das Tor zur Seele.

Mit Worten lässt es sich einfach und schnell lügen. Es ist jedoch erheblich schwieriger, die Stimme zum glaubwürdigen Lügen einzusetzen, weil sie direkt mit den Emotionen verknüpft ist. Man erkennt selbst in fremden Sprachen anhand der Stimme, ob jemand z. B. aggressiv oder traurig ist, auch wenn man den Inhalt des Gesagten nicht versteht.

> Um die Glaubwürdigkeit in der Stimme zu erhöhen, muss es das Ziel sein, den *Körper und die Stimme in Einklang* zu bringen.

Abgesehen davon, dass man das normalerweise nicht lernt, gibt es die Herausforderung, dass viele Menschen ihre eigene Stimme nicht mögen. Sich selbst auf der Mailbox oder einer Videoaufnahme zu hören, ist für manche ein Schreckmoment. Sie wundern sich, dass sie sich so merkwürdig anhören.

Dafür gibt es physische aber auch psychologische Gründe. Ein physischer Grund ist die Schallweiterleitung. Die Stimme ist erzeugter und modulierter Schall. Wenn man sich beim Reden zuhört, dann wird die Stimme über zwei Wege gleichzeitig übertragen: über den Luftschall über die Ohren sowie über den Knochenschall über die Knochenleitung. Das bedeutet, dass der Schall bzw. die Vibrationen über die Schädelknochen zum Mittelohr weitergeleitet werden. Was dann im Innenohr ankommt, ist eine Kombination aus diesen beiden unterschiedlichen Schallquellen. Der Knochenschall hört sich tiefer und sonorer an als die Stimme, die über den Luftschall übertragen wird. Diese Gegebenheiten lassen die Stimme ruhiger, stärker, präsenter, souveräner und selbstsicherer wirken.

Ein psychologischer Grund liegt in der unterschiedlichen Dechiffrierung der eigenen Stimme aus der Selbst- und der Fremdwahrnehmungsperspektive. Sich selbst im Moment des Sprechens zu beobachten, aktiviert andere Gehirnareale, als wenn man sich eine Tonaufzeichnung anhört. Hierbei wird die Fremdwahrnehmung aktiviert. Wir nehmen dann in der Stimme die Nuancen, die Unsauberkeiten, den Druck, den Stress, die Unsicherheit wahr, die wir bei der Selbstbeobachtung, der Introspektion, nicht wahrnehmen. Das Bemerken dieser stimmlichen Faktoren kann den Sprecher verunsichern.

Was Sie vielleicht als unangenehm in Ihrer eigenen Stimme empfinden, sind Ihre Mitmenschen also gewöhnt und ihm tagtäglich ausgesetzt. Machen Sie sich also nichts daraus. Und wenn doch, dann finden Sie heraus, was genau Sie an Ihrer Stimme nicht mögen. Ist Ihnen die Stimmfarbe zu eng, zu nasal, zu piepsig, zu hauchig oder zu brüchig?

Erst wenn Sie wissen, was genau Sie stört, können Sie mit konkreten Sprechtechniken dagegen wirken. Diese werden in Abschn. 9.2 näher beleuchtet.

9.1.3 Das Sprechen

Als Sprechen bezeichnet man den Vorgang der Artikulation von Sprache. Das kann die Übermittlung eines Inhalts sein, die Selbstpräsentation eines Sprechers vor einer Zuhörerschaft oder das Sprechen als künstlerischer Ausdruck. Menschen, die professionell mit ihrer Stimme arbeiten, wie Redner, Sänger oder Schauspieler, haben sie oft ausgebildet und konkrete Sprechtechniken erlernt.

Hierbei ist zu beachten, dass jede Sprache ihre eigenen Regeln hat. Nur weil etwas in einer Sprache eine Wirkung erzielt, bedeutet das nicht notwendigerweise, dass die gleiche Wirkung auch in anderen Sprachen erzielt werden muss, vor allem was die Bereiche Intonation und Artikulation angeht. Hier sind in anderen Sprachen ganz andere Sprachmuster aktiv.

In Deutschland gelten die Regeln des Standarddeutschen (umgangssprachlich: Hochdeutsch). Die allermeisten haben sie ganz automatisch und unbewusst als Kleinkind gelernt und wenden sie tagtäglich einfach an, ohne sich darüber Gedanken zu machen. Wer in einem dialektalen Raum aufwächst, lernt natürlich zusätzlich die dort üblichen Regeln des Sprechens.

9.1 Schall und Ton – wenn Sprache erklingt

Übung: Sprachliche Fähigkeiten und Improvisationsgeschick trainieren

Wie sehr Sie die Regeln des Standarddeutsch intus haben, können Sie in folgender Übung überprüfen. Machen Sie sich einen Spaß daraus, folgende oder andere frei erfundene Fantasiewörter zu deklinieren: naugen, limbizieren, sibamoren, rambadeigen, tergern, dantzeln

Zum Beispiel:

- Ich nauge
- Du naugst
- Er/sie/es naugt
- Wir naugen
- Ihr naugt
- Sie naugen

Sie können damit auch ganze Sätze bilden und verwenden ganz automatisch die scheinbar richtige logische und grammatikalische Form.

Peter schaute in den Himmel und naugte. Es war ein schöner Sommertag und viele Menschen limbizierten am Strand. „Du sibamorst schon wieder!", schimpfte seine Frau. Er drehte ihr den Rücken zu. Er hatte keine Lust, sich ständig mit ihr zu rambadeigen. „Können wir nicht einen Urlaub mal ganz entspannt verbringen, anstatt dass du mich immer so antergerst?", grummelte er. Stefanie blickte von ihrem Buch auf und antwortete: „Ja okay, Schatz. Tut mir leid, ich wollte dich nicht so abdantzeln."

Wenn Sie Ihre sprachlichen Fähigkeiten erhöhen und Ihr Improvisationsgeschick erweitern möchten, dann erfinden Sie weitere Worte und erzählen Sie, wie der Urlaub von Stefanie und Peter weitergehen könnte. Fügen Sie in jeden Satz ein erfundenes Wort ein.

▶ **Tipp** Vertrauen Sie auf Ihre Grundfähigkeiten beim Sprechen. Je mehr Sie sich darüber Gedanken machen, dass Ihre Stimme komisch klingt oder dass Sie seltsam sprechen, desto unsicherer werden Sie, obwohl das den meisten Menschen vermutlich gar nicht auffällt.

Wenn Sie Ihre Sprache dennoch verbessern und besondere Eigenheiten bearbeiten möchten, dann können Sie das mit Hilfe der nachfolgend vorgestellten Sprechübungen tun.

Bei Fehlstellungen der Zunge oder der Zähne, bei starken Sprachfehlern oder anderen Sprechstörungen sollten Sie jedoch unbedingt medizinische Hilfe in Anspruch nehmen und einen Logopäden aufsuchen.

9.2 Sprechtechniken

Eines vorweg: Bei Sprechübungen sieht man immer „doof" aus. Wenn Sie sich also bei der Ausführung der folgenden Übungen lächerlich vorkommen oder dabei seltsame und peinliche Grimassen schneiden, dann machen Sie vermutlich schon Vieles richtig. Denn Sprechübungen sind dafür da, effektiv zu sein und nicht dafür, dass man dabei hübsch aussieht.

Fünf Bereiche bilden die Grundlagen des Sprechens und der Stimmbildung:

1. Atmung und Zwerchfell
2. Lockerung des Körpers und der Sprechmuskulatur
3. Resonanz und mittlere Sprechstimmlage
4. Klare Artikulation bis zur Geläufigkeit
5. Kraftstimme.

9.2.1 Atmung und Zwerchfell

Die Atmung ist die Grundlage des Sprechens. Pro Minute arbeiten wir bei normaler alltäglicher körperlicher Anstrengung durchschnittlich 15- bis 20-mal pro Minute, was wir aber in den meisten Fällen gar nicht wahrnehmen. Das bedeutet, dass die Grundlage des Sprechens von etwas abhängt, das Sie ca. 20-mal pro Minute machen, ohne sich dessen bewusst zu sein.

Übung

Um die Notwendigkeit der Luft für das Sprechen am eigenen Leib zu erleben, gibt es folgende kleine Übung. Versuchen Sie, jetzt auszuatmen und sämtliche Luft aus Ihren Lungen zu entlassen, und zwar bis kein Tröpfchen Luft mehr übrig ist. Selbst wenn Sie denken, es sei keine Luft mehr vorhanden, atmen Sie noch ein wenig mehr aus. Versuchen Sie dann, etwas zu sagen. Sie werden merken, es kommt kein Ton mehr aus Ihnen heraus.

Der Ton beim Sprechen entsteht, wenn ausgeatmete Luft aus den Lungen die Stimmlippen in Schwingungen versetzen. Ohne Luft entsteht keine Schwingung

9.2 Sprechtechniken

und ohne Schwingung kein Ton. Aus diesem Grund ist die Atmung die Basis des Sprechens, allerdings nicht jede Form der Atmung. Empfohlen wird die Tiefen-, Flanken- oder auch Bauchatmung, während die sogenannte Flachatmung nicht zu empfehlen ist. Die Flachatmung eignet sich nur, um die Stimme brüchig, traurig oder ängstlich wirken zu lassen; allerdings ist diese Zielwirkung in Ihrem Alltag vermutlich nicht ganz so relevant wie im Alltag eines Schauspielers.

Die Bauchatmung können Sie vor allem bei Babys beobachten. Wenn sie auf dem Rücken liegen, dann hebt sich bei jedem Atemzug der Bauch. Babys denken nicht bewusst daran. Denn dies ist die natürliche Atemform. Auf Grund von Stress, Anspannung, Fehlhaltungen im Stehen und im Sitzen verlernen sie viele. Egal ob bei Kampfsport, Yoga, Meditation oder der Schwangerschaftsgymnastik, überall findet sich die Bauchatmung wieder und spielt eine große Rolle.

Übung zur Bauchatmung

Um die Bauchatmung zu üben, stellen Sie sich am besten in den neutralen Stand. Legen Sie eine Hand auf den Bauch und atmen Sie langsam durch die Nase ein. Jetzt sollten sich nur Ihr Bauch und Ihre Hand bewegen, nicht aber die Schultern oder der Brustkorb. Wenn sich die Schultern oder der Brustkorb bewegen, dann ist Ihre Atmung sehr wahrscheinlich zu flach. Das bedeutet, dass Sie nur mit dem oberen Drittel Ihres Lungenvolumens atmen. Mit dem unteren Drittel jedoch nehmen Sie zwei Drittel des benötigten Sauerstoffs auf. Sie können sich alternativ auch nach vorne beugen, wie über eine Reling, und die beiden Handflächen jeweils in die Flanken legen. Diese sind links und rechts hinten am Rücken. Wenn Sie jetzt tief in die Flanken einatmen, dann werden Sie spüren, wie sich Ihre Hände bewegen. Bis dorthin sollten die Auswirkungen des Einatmens zu spüren und zu sehen sein. Was passiert dabei im Körper? Die Luft drückt das Zwerchfell – eine Muskel-Sehnenplatte und unser wichtigster Atemmuskel, welcher die Brust und die Bauchhöhle voneinander trennt – nach unten. Das Zwerchfell verdrängt wiederum die inneren Organe, die sich nach außen bewegen. Man kann sie dann bei einer korrekt durchgeführten Bauch- oder Flankenatmung erkennen.

Für ein bewusstes Benutzen und Einsetzen der Atmung ist das Zwerchfell unerlässlich. Es ist das Steuerrad und der Impulsgeber der Atmung. Es hilft, Impulse in der Sprache klar zu adressieren, und unterstützt maßgeblich bei einer klaren und direkten Sprechwirkung.

Man kann es am meisten spüren, wenn man lacht oder laut kurz ruft, z. B.: „Hey!" Dann spürt man ein Hüpfen im Bauchbereich. Beim Lachen hört man das

Abb. 9.2 Atemübung „Hänschen klein". (Foto + Video: Benedikt Crisand. Bitte verwenden Sie zum Abspielen dieses Videos die SN More Media-App und scannen Sie die folgende URL: (▶ https://doi.org/10.1007/000-7ak))

Hüpfen des Zwerchfells sogar. Um das Zwerchfell und somit auch Ihre Tiefenatmung zu aktivieren, gibt es verschiedene Übungen. Sie können sich entweder den Zeigefinger nach oben gestreckt vor das Gesicht halten und ihn wie eine Kerze versuchen, mit kleinen Luftstößen auf „f" auszupusten, oder sie benutzen die Konsonanten f, s, ch, sch, um den Rhythmus des Kinderlieds Hänschen Klein zu „pusten". Wie sich das anhören kann, sehen Sie in dem Video Abb. 9.2.

9.2.2 Lockerung

Es ist nicht nur der Mund, der zum Sprechapparat gehört, sondern im Prinzip der ganze Körper. Somit hat auch jede Bewegung eine Auswirkung auf das Sprechen. Wenn Sie sprechen, während Sie mit dem Fuß wackeln, dann wackelt auch Ihre Stimme. Wenn Sie im Schulterbereich vor lauter Stress sehr angespannt sind, dann wird auch Ihre Stimme fester oder gepresster klingen. Daher ist nach der Atmung die Lockerung des gesamten Sprechapparats der zweite Schritt in den Grundlagen des Sprechens.

Folgende Lockerungsübungen stellen nur eine kleine Auswahl an vielen verschiedenen Übungen dar. Sie dienen nicht nur als Sprechübungen, sondern auch, um Stress und Anspannung aus dem Körper zu entfernen, so dass sich verspannte Muskeln entspannen. Für alle Übungen wird empfohlen, sich bequeme Kleidung anzuziehen und im neutralen Stand zu stehen.

Ganzer Körper
Schütteln Sie Ihre Füße und Ihre Hände aus. Dann stellen Sie sich auf beide Füße und schütteln Sie sich wie ein Hund, der nass ist und trocken werden möchte, von der Schulterpartie abwärts.

Danach klopfen Sie sich mit den flachen Händen einmal am ganzen Körper ab. Beginnen Sie bei den Füßen und gehen Sie langsam die Beine nach oben. Nehmen Sie sich Zeit dafür. Das entspannt den ganzen Körper und fördert zudem die Durchblutung. Sie werden merken, danach ist Ihnen erheblich wärmer, und Sie spüren Ihren ganzen Körper.

Partielles Abklappen
Diese Übung lockert nicht nur den Körper, sondern dient auch gleichzeitig der Übung der sensiblen Selbstwahrnehmung, da man kleinteilig mit dem Körper arbeiten muss. Stellen Sie sich aufrecht hin und strecken Sie beide Arme nach oben. Sie haben jetzt Spannung im ganzen Körper. Es gibt sieben Stufen, bei denen Sie jeweils den Körper ab einem bestimmten Punkt abklappen bzw. das Körperteil loslassen.

Übung (Abb. 9.3)
Bei der ersten Stufe klappen Sie die Handgelenke ab. Ihre Finger sind jetzt ganz locker. Der Rest des Körpers bleibt angespannt. Im zweiten Schritt klappen Sie den Ellbogen ab. Nun sind auch Ihre Unterarme locker und der höchste Punkt Ihres Körpers ist der Ellenbogen. Im dritten Schritt klappen Sie ab den Schultern ab, und Ihre Arme baumeln nun neben dem Körper. Im vierten Schritt lassen Sie Ihren Kopf locker, so dass er nach vorne fällt. Allerdings fällt dabei nicht auch das Brustbein ein. Es wird erst im fünften Schritt abgeklappt. Im sechsten Schritt klappt die Hüfte ein, und Ihr kompletter Oberkörper ist locker und hängt vornüber. Im siebten und letzten Schritt klappen die Knie ein, so dass Sie komplett entspannt in der Hocke sind. Danach richten Sie sich langsam vom Lendenwirbelbereich wieder auf. Das heißt, Sie richten sich Wirbel für Wirbel gerade auf, während alles andere locker bleibt. Bis ganz zum Schluss der Scheitelpunkt des Kopfes wieder gerade ist.

Wenn Sie diese Übung zwei- bis dreimal durchführen, werden Sie eine Entspannung im Körper spüren.

Abb. 9.3 Partielles Abklappen (https://www.openclipart.org/detail/91279/al-hands-up; mit eigenen Darstellungsergänzungen)

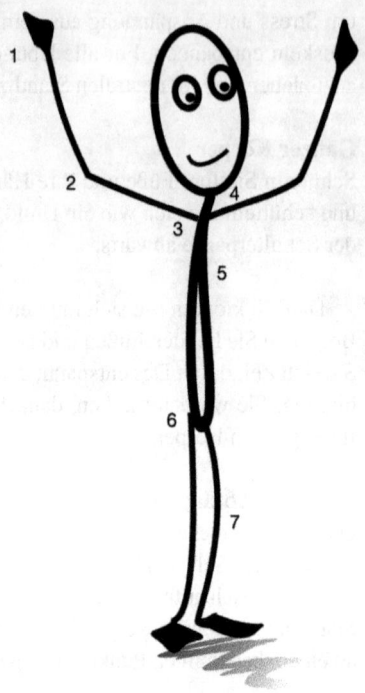

Brustkorb

Trommeln Sie wie ein Gorilla leicht bis mittelfest mit den geschlossenen Fäusten oder mit den flachen Handflächen den gesamten Brustkorb ab. Es sollen dabei keine Schmerzen entstehen.

Schultern

Übung: Lockerung der Schultern

Ziehen Sie Ihre Schultern gleichzeitig bis zu den Ohrläppchen nach oben und halten Sie die Spannung für fünf Sekunden. Danach lassen Sie Ihre Schultern vorsichtig mit einem tiefen Seufzer fallen und wiederholen das dreimal. Spüren Sie beim Fallenlassen, wie die Anspannung aus Ihren Schultern fließt. Beim vierten Hochziehen lassen Sie beide Schultern nach vorne kreisen. Es sollen sich nur die Schultern bewegen, nichts anderes. Auch der Kopf soll gerade bleiben. Wiederholen Sie das Kreisen fünfmal. Danach ziehen Sie die Schultern wieder nach oben in Richtung der Ohren und kreisen in die andere Richtung.

9.2 Sprechtechniken

Nachdem Sie auch in diese Richtung fünf Kreise getätigt haben, ziehen Sie die Schultern wieder hoch, lassen die linke Schulter nach vorne und die rechte nach hinten fallen, so dass beide Schultern sich in entgegengesetzte Richtungen drehen. Nach fünfmaligem Kreisen können Sie die jeweilige Schulter in die entgegengesetzte Richtung drehen. Diese Koordinationsübung hilft nicht nur der Lockerung der Schultern, sondern auch gleichzeitig, die beiden Gehirnhälften zu verbinden.

Kiefer und Kiefergelenk
Viele Menschen knirschen nachts mit den Zähnen und sind sehr fest im Kieferbereich. Dies ist oft ein Zeichen von großer Anspannung und einem stressigen Alltag. Um den Kiefer und das Kiefergelenk zu lockern, kann man den Kiefer in zwei Varianten ausschütteln.

Beim Lockern des Kiefers sollten Sie unbedingt vorsichtig sein. Achten Sie darauf, dass die Zähne nicht aufeinanderschlagen, oder die Zunge ungewollt zwischen Ihre Zähne gerät.

> **Übung: Lockerung des Kiefers**

Nehmen Sie Ihre beiden Hände und legen Sie Daumen und Zeigefinger beider Hände an Ihr Kinn, so dass die Zeigefinger unter Ihrer Unterlippe und die Daumen unter Ihrem Kinn sind. Greifen Sie jetzt locker zu, so dass Sie Ihren Kiefer gut in der Hand haben. Die beiden Zeigefinger bleiben dabei immer unter Ihren Lippen und die beiden Daumen die ganze Zeit unter Ihrem Kiefer. Jetzt wackeln Sie mit Ihrem Griff leicht an Ihrem Kiefer. Der Kiefer sollte sich dabei komplett von den Händen führen lassen können. Wenn sich der Kiefer nicht bewegt oder Sie das Gefühl haben, dass Sie ihn beim Auf- und Zumachen führen müssen, dann ist er extrem angespannt und die Lockerung des Kiefers umso wichtiger.

Eine weitere Möglichkeit ist es, die Muskeln am Kiefergelenk zu massieren. Dazu suchen Sie die Stelle links und rechts an ihren Wangen, an denen die Kiefergelenke sitzen. Nun massieren Sie hier sanft die möglicherweise sehr feste Muskulatur. Der Kiefer sollte locker und beweglich sein. Ein fester Kiefer und damit auch teilweise eine unverständliche Sprechweise ist z. B. bei dem berühmten Schauspieler Til Schweiger zu beobachten.

Zungenunterboden
Der Zungenunterboden befindet sich zwischen Kinn und Hals. Wenn Sie dort vorsichtig mit den Fingern hereindrücken, spüren Sie den Zungenmuskel. Diesen können Sie sanft massieren, um ihn zu lockern.

Zunge

> **Übung: Beweglichkeit der Zunge**

Die Zunge besteht aus acht verschiedenen Muskeln und wird nicht müde, egal wie viel Sie sprechen. Sie hatten daher vermutlich auch noch nie einen Zungenkater. Was der Zunge dennoch hilft, ist, sie beweglich und flexibel zu halten und wie gewöhnliche Muskeln zu dehnen. Das funktioniert z. B. mit dem sogenannten Pleulen: Sie öffnen wieder leicht Ihren Mund mit einem erstaunten „Ah", drücken Ihre Zungenspitze an die unteren Schneidezähne und belassen sie dort, während Sie den Rest der Zunge mit sanften Impulsen nach vorne aus dem Mund schieben. Der Mund soll sich nicht dabei öffnen, sondern die Zungenbewegung soll nur von der Zunge herrühren. So schaffen Sie eine angenehme und lockernde Zungendehnung.

Wahlweise können Sie auch die Zunge rollen oder falten. Dies ist allerdings genetische Veranlagung und kann nicht jeder. Wichtig ist, dass die Zunge flexibel, locker und beweglich bleibt.

Im entspannten Zustand liegt die Zunge nicht etwa flach im Mund auf dem Zungenboden, sondern berührt mit dem vordersten Drittel den Gaumen kurz vor den Schneidezähnen und liegt mit der Zungenspitze an den Schneidezähnen an.

Lippen

Je unsicherer jemand ist, desto fester und verspannter ist und wirkt der Lippenbereich. Eine gute Lockerungsübung ist das Lippenflattern. Sie haben das höchstwahrscheinlich als Kind öfter gemacht: Sie schließen die Lippen und atmen dann so aus, dass die Lippen anfangen zu schwingen und sich selbst so lange in Bewegung halten, wie Luft ausgestoßen wird.

Sie können alternativ auch die Wangen ausstreichen, um die Lippen zu lockern. Sie öffnen wieder locker den Mund mit einem erstaunten „Ah". Dabei streichen Sie mit den flachen Händen vom Kieferknochen in Richtung der Lippen.

9.2.3 Resonanz und mittlere Sprechstimmlage

Wenn Sie nun komplett gelockert sind, ist es wichtig, dass Sie die Stimme in den Körper bekommen, so dass der ganze Körper sie transportiert und dadurch ein Volumen in der Stimme erzeugt wird. Wer viel telefoniert, weiß, wie bedeutend und wirkkräftig eine angenehme, wohltemperierte stimmliche Präsenz sein kann.

Denn vor allem am Telefon hat man nichts anderes zur Verfügung als die Stimme. Aber auch in Realpräsenz hat ein angenehmer Stimmklang in Situationen wie Meetings eine souveräne und selbstsichere Wirkung.

Um nicht zu hart oder zu weich zu klingen und um die Stimme dennoch mit einer starken Resonanz einzusetzen, muss sie von allen Räumen im Körper optimal genutzt werden können, so dass diese „Resonanzräume" mitschwingen. Sie können sich das vorstellen wie bei einer kleinen Piccoloflöte. Diese klingt sehr hoch, dünn und piepsig, während ein viel größeres Fagott einen warmen und weichen Klang hat. Eine Trompete hingegen, bei der es auch keinen besonders großen Resonanzkörper gibt und Luft durch ein enges Mundstück gepresst wird, klingt eher eng, quäkig und trötend. Das Ziel für ein sicheres stimmliches Auftreten ist, die Resonanzräume im eigenen Körper zu nutzen, um vom „Tröten zum Flöten" zu kommen.

Sie können bei vielen der Lockerungsübungen, wie z. B. beim Lippenflattern, beim Abklopfen des Brustkorbs oder beim Körperschütteln die Stimme einfach mitlaufen lassen. Immer wenn die Stimme durch kleine Erschütterungen und Lockerungen mithüpft, ist das ein gutes Zeichen dafür, dass sie die Resonanzräume erreicht. Sie können auch beim Summen das Vibrieren im Brustkorb mit Ihrer Hand erspüren und das Kribbeln in Ihren Lippen wahrnehmen.

Die Kopfsteinpflaster-Übung

Eine amüsante Übung, bei der man darauf achten sollte, dass andere einen nicht unbedingt beobachten, ist die Kopfsteinpflaster-Übung. Dabei stellen Sie sich vor, Sie sitzen in einem ganz alten wackeligen Trabi. Ihre Hände haben Sie vor sich und halten ein imaginäres Lenkrad mit beiden Händen fest. Während Sie sich vorstellen, dass Sie mit einem Trabi ohne Stoßdämpfer über Kopfsteinpflaster holpern, schüttelt es Sie komplett durch. Dabei öffnen Sie leicht den Mund, mit einem erstaunten „Ah!" und lassen die Stimme laufen. Sie werden merken, dass Sie ganz lustige wackelige „Aaah"-Geräusche machen. Damit wackeln Sie Ihre Stimme Stück für Stück in die Resonanzräume hinein.

Die *mittlere Sprechstimmlage*, auch *Indifferenzlage* genannt, ist eine Stimmlage, die Ihrer Stimme einen sehr angenehmen und wohlklingenden Charakter gibt. Wenn Menschen zu unterspannt sprechen, dann liegt die Stimme meistens unterhalb der Indifferenzlage. Sie hört sich knödelig, brüchig oder sehr hauchig an. Wenn eine Stimme hauptsächlich oberhalb der Indifferenzlage ist, dann ist sie meistens sehr eng, fest, kippend und schrill. Damit die Dynamik in der Stimme erhalten bleibt, sollte die Indifferenzlage als Basis dienen, von der aus man die Stimme in tiefere oder höhere Regionen führt.

> **Übung: Die persönliche Sprechstimmlage finden**
>
> Ihre persönliche mittlere Sprechstimmlage können Sie mit einer einfachen Übung schnell aktivieren. Sie stellen sich in den neutralen Stand oder setzen sich in die neutrale Sitzposition. Dann stellen Sie sich vor, Sie telefonieren mit jemandem, der Sie leicht nervt und der kontinuierlich spricht. Sie antworten mit folgenden Begrifflichkeiten: „Hmhm", „jaja", „soso", „aha". Das soll weder mit viel Druck noch ganz leise sein. Von der Lautstärke her ist es so, als würden Sie mit sich selbst sprechen. Diese Begriffe wiederholen Sie mehrmals hintereinander für ungefähr eine halbe Minute. Die Stimmlage, die Sie nun haben, wird innerhalb der Indifferenzlage sein und kann als Basis für das weitere Sprechen genutzt werden. Wenn ich am Telefon oder bei einem Vortrag das Gefühl habe, meine Stimme rutscht hoch und wird fest und eng, dann versuche ich, innerhalb des Gespräches oder des Vortrages eine Frage zu stellen, um dann während der Antwort mit „Hmhm" und „Aha" zu kaschieren, dass ich meine Stimme in die mittlere Sprechstimmlage herunterhole. Durch etwas Übung schaffen Sie es mit der Zeit auch, immer schneller diese Stimmlage zu erreichen.

Sie können die Stimme auch in die Indifferenzlage bringen, indem Sie sich vorstellen, dass jemand Ihr Lieblingsgericht gekocht oder gebacken hat. Sie führen Ihre Stimme von einer tieferen Stimmlage mit einem langgezogenen „mmmmmh" zu einer höheren Stimmlage und wieder zurück. Dies wiederholen Sie mehrere Male hintereinander. Wenn Sie dabei die Hand auf Ihren Brustkorb legen, spüren Sie auch die Vibrationen.

Sie können diese Übungen wunderbar und ganz einfach vor einem Vortrag, einem wichtigen Meeting oder auch kurz bevor Sie den Telefonhörer abnehmen, durchführen, um Ihre Stimme schnell und einfach in eine sehr angenehme und resonante Präsenz zu bringen.

9.2.4 Klare Artikulation bis zur Geläufigkeit

Die Zunge ist das Hauptwerkzeug für die Artikulation. Haben Sie schon mal versucht, ohne Zunge zu sprechen? Probieren Sie es aus. Legen Sie Ihre Zunge auf den Mundboden und versuchen Sie, sie dort zu behalten, nicht zu bewegen und gleichzeitig zu sagen: *„Heute ist aber wirklich schönes Wetter."* Die Zunge darf sich dabei absolut keinen Zentimeter bewegen. Sie werden feststellen, dass dabei nur ein Lautebrei herauskommt. Die Zunge bildet sämtliche Konsonanten außer „m". Auch bei den Vokalen und Umlauten unterstützt die Zunge stark. Sie verformt

9.2 Sprechtechniken

sich, legt sich an die Zähne oder berührt den Gaumen oder die Rachenwand mit ihren unterschiedlichen Zungenbereichen. Achten Sie beim ersten Wort „heute" darauf, wann die Zunge nach vorne oben schnellt, ein leichter Druck aufgebaut wird, der dann explosiv gelöst wird. Das „t" entsteht. Ohne die Zunge wäre dieser Konsonant nicht formbar. Jetzt können Sie sich sicherlich vorstellen, wie furchtbar es im Mittelalter gewesen sein muss, wenn Menschen zur Strafe die Zunge herausgeschnitten wurde. Ohne die Fähigkeit, sich schriftlich auszudrücken, war man damals hilflos und konnte nicht mit seinen Mitmenschen kommunizieren.

Es gibt auf dem YouTube-Kanal der Max-Planck-Gesellschaft ein sehr sehenswertes Video, das einen Echtzeit-MRT-Film zeigt, bei dem live die Bewegungen im Mund- und Rachenraum beim Sprechen aufgenommen wurden. Hier gewinnen Sie einen sehr guten Eindruck, welche Aktivitäten in Ihrem Mund beim Sprechen vor sich gehen (https://youtu.be/6dAEE7FYQfc oder „Echtzeit-MRT-Film" als Stichwort bei YouTube eingeben).

Bei der Artikulation geht es in erster Linie um die Phonetik, also das Wissen über die Lautbildung mit Hilfe der Sprechorgane. Je genauer Sie wissen, wie welche Laute gebildet werden, desto klarer können Sie mit Ihrer Sprache wirken.

Beispielsweise gibt es in der standarddeutschen Aussprache besondere Ausspracheregelungen. Diese sind manchmal mit dem Schriftbild nicht in Einklang zu bringen. Nehmen wir als Beispiel die Wortendung „ig". In den südlichen Gegenden Deutschlands wird „ig" am Ende eines Wortes wie „ik" ausgesprochen, im Kölner Raum wie „isch". Allerdings müsste es korrekterweise wie „ich" ausgesprochen werden. Es heißt demnach also: „zwanzich" und nicht „zwanzik" oder „zwanzisch". Um sich eine klarere und deutlichere Aussprache anzueignen, können Sie lernen, die einzelnen Laute erst einmal über langsames und bewusstes Sprechen klarer auszusprechen. Der Unterschied zwischen der Lautbildung von „sch" und „ch" ist sehr groß. Sie müssen daher sehr aktiv werden und mit Ihren Mundwerkzeugen klar artikulieren.

Bekannte Zungenbrecher sind eine schöne Übung, die Sprache klarer zu bekommen. Den berühmten Korken beim Sprechen zwischen die Zähne zu stecken, hilft, die Lippenaktivität zu stärken.

Übung: Zungenbrecher I

„Dies ist ein österreichisch-chinesischer Chirurg."
„Auf dem Tischchen steht ein Täschchen und ein Tässchen. In dem Täschchen steckt ein russisch-chinesisch-tschechisches Streichholzschächtelchen."
„Guten Tag, ich hätte gerne eine Kirschmilchschnitte, eine tschechische Stretchjeans und ein Streichholzschächtelchen mit russisch-chinesischer Aufschrift."

Eine weitere Übung betrifft „st", „t" und „z", die zwar in der Nähe voneinander gebildet werden, und dadurch hin und wieder schwierig auseinanderzuhalten sind.

Übung: Zungenbrecher II

„Authentizität trennt die Tätigkeit titulierter Authentizitätsträgertitel."
„Wenn der Benz bremst, brennt das Benz-Bremslicht."
„Rechts stinkts, links zerfließts, oben zischts spritzend und unten spritzts zischend."

Weitere Übungen orientieren sich an der Vokalreihe. Sie kann ergänzt werden durch Umlaute und Diphthonge. Letztere sind Doppellaute aus zwei verschiedenen Vokalen.

Die Vokalreihe

o – u – a – e – i – ö – ü – ä – eu – ei (*gesprochen: ae*) – au (gesprochen: ao)

Hierbei nehmen Sie z. B. folgende Wortfolge, um die Artikulation zu trainieren:
„Pfo – Kwo – Schwo – Tzwo"
Damit es Ihnen nicht langweilig wird, sprechen Sie danach den gleichen Satz, aber ersetzen die Vokale durch den nächsten Vokal in der Vokalreihe:
„Pfu – Kwu – Schwu – Tzwu"
Das setzen Sie quer durch die komplette Vokalreihe fort. Die nächste Wortabfolge wird mit „a", dann mit „e" usw. gebildet.
Das gleiche können Sie mit dem Wort „Sokt" machen. Auch hier werden nacheinander die Vokale der Vokalreihe eingesetzt. So entsteht folgende Wortreihe:
„Sokt – Sukt – Sakt – Sekt – Sikt – Sökt – Sükt – Säkt – Seugt – Seikt – Saukt"
Hierbei können Sie auch das Greifen der Wortanfänge besonders gut trainieren. Sehen Sie das stimmhafte „s" als eine Art Sprungbrett, um das Wort zu beginnen. Die Reibelaute „s", „w" und „j" wie auch die Plosivlaute „d" und „g" eignen sich sehr gut dafür. Daher auch folgende Wortreihe:
„Wob – Dob – Gob – Sob"
Sie können bei jedem Wort eine greifende Handbewegung machen, um den Effekt körpersprachlich zu unterstützen.
Wenn Sie eine klare Artikulation in der Aussprache haben, dann können Sie im nächsten Schritt in die sogenannte Geläufigkeit kommen. Das bedeutet, dass Sie sich schnell, leicht und immer verständlich ausdrücken können, ohne Kraft aufzuwenden, sich zu versprechen, zu verhaspeln, zu nuscheln oder generell unverständlich zu reden.
Folgende zwei Sprechübungen sind dafür gut geeignet.

9.2 Sprechtechniken

> **Übung: Artikulation bis zur Geläufigkeit**

„Der dumme Dicke dort drüben am Dorfteich, wo der dreckige Torf treibt, werden nur gekehrte Dächer gekehrt."

Die nächste Übung funktioniert so, dass der erste Buchstabe immer durch den nächsten Buchstaben des Wortes ersetzt wird.

Apotheke

A-potheke – P-potheke – O-potheke – T-potheke – H-potheke – E-potheke – K-potheke – E-potheke

Ein paar dieser Artikulations- und Geläufigkeitsübungen können Sie sich im Video Abb. 9.4 auch anschauen.

9.2.5 Kraftstimme

Als fünften Bereich gibt es noch die Kraftstimme. Diese wird im Alltag eher selten benutzt, außer Sie müssen vor vielen Menschen, in lauten Umgebungen oder in großen Räumen ohne Mikrofon sprechen. Dann ist der Einsatz der Kraftstimme sehr wichtig, um Power in Ihrer Stimme zu haben und sie gleichzeitig nachhaltig zu schonen.

Abb. 9.4 Sprech- und Artikulationsübungen. (Foto + Video: Benedikt Crisand. Bitte verwenden Sie zum Abspielen dieses Videos die SN More Media-App und scannen Sie die folgende URL: (▶ https://doi.org/10.1007/000-7aj))

Hierbei spielt das Zwerchfell eine herausragende Rolle, denn die Sprechimpulse müssen beim lauten Sprechen erst recht aus dem Körperzentrum kommen. Oft wird der Fehler gemacht, mit zu viel Druck aus dem Hals zu sprechen, so dass die Stimmlippen im Inneren des Kehlkopfes übermäßig gereizt werden, was sich in Heiserkeit und einer „belegten Stimme" ausdrückt. Bei zu häufigem falschen Stimmeinsatz schädigt man die Stimmlippen auf Dauer, und es kann im schlimmsten Fall zu Knötchenbildungen kommen.

Bei der Kraftstimme ist das Öffnen der Resonanzräume im Körper sehr wichtig, damit die Stimme fließen kann. Der Impuls des Zwerchfells, das Öffnen von Brustkorb, Hals und Mundraumbereich verringert die Druckauswirkungen auf die Stimmlippen. Der ganze Körper sollte dabei benutzt werden. Man stellt sich, vor die Worte kämen aus dem Bauch heraus und wanderten über den Brustkorb und den Hals aus dem Mund. Mit dieser bildlichen Vorstellung öffnen sich die Resonanzräume im Körper. Als Übung dienen auch hier wieder Wörter mit Reibelauten, die man hintereinander setzt und dabei immer lauter wird.

Sprechübung

Die letzte Silbe wird „losgelassen" und nicht festgehalten.
„Eieieieieiei"
Hier werden die „Ws" als sprachliches Sprungbrett benutzt.
„Wer hat das gesagt?"
„Wo warst du?"
„Wer mit wem?"
„Was? Wieso? Warum?"

Ohne Punkt und Komma? – Rhetorische Besonderheiten beim Sprechen

10

▶ **Basic 8** Lassen Sie Ihre Stimme wirken und wenden Sie Ihre sprachlichen Fähigkeiten an.

10.1 Die rhetorische Pause

Es gibt sehr viele rhetorische Besonderheiten, die eine große Wirkung haben. Eine der bekanntesten und wichtigsten ist das rhetorische Stilmittel der Pause. Genau wie man beim Schreiben, wenn man ein neues Thema mit einem neuen Absatz beginnt, so ist es auch beim Sprechen üblich, Pausen zu machen. Wenn sie bewusst eingesetzt werden, spricht man in der Regel von rhetorischen Pausen.

Viele Menschen, mit denen ich gearbeitet habe, denken, dass sie in Gesprächen, bei Meetings oder Präsentationen einfach nur mehr Pausen machen müssten, um ihre sprachliche Präsenz zu steigern. Allerdings kann man nicht alle Pausen über einen Kamm scheren.

Pausen sind nicht gleich Pausen. Es gibt mehrere unterschiedliche Arten von Pausen, die jeweils ganz verschiedene Wirkungen erzielen können. Zum Beispiel

Ergänzende Information Die elektronische Version dieses Kapitels enthält Zusatzmaterial, auf das über folgenden Link zugegriffen werden kann [https://doi.org/10.1007/978-3-658-37981-0_10]. Die Videos lassen sich durch Anklicken des DOI Links in der Legende einer entsprechenden Abbildung abspielen, oder indem Sie diesen Link mit der SN More Media App scannen.

kann man aus dramaturgischen Gründen gleich zu Beginn eine Pause machen, eine sogenannte „Startpause". Durch das Schweigen werden Spannung und Neugier erzeugt und dadurch eine allgemeine Aufmerksamkeit gewonnen.

Grundsätzlich können Pausen helfen, intelligenter zu wirken – nicht nur, weil die Wichtigkeit des Gesagten steigt, sondern auch weil man die Worte durch die gewonnene Zeit eher wählen kann.

> Eine Pause muss nicht nach jedem Satz eingefügt werden. Es hilft, wie im Schriftbild auch, sie nach gedanklichen Absätzen einzufügen. Pausen geben dem Gesagten eine hörbare Gliederung. Das macht es dem Zuhörer einfacher zu folgen.

Es gilt wieder die gleiche Wirkregel, die ich schon zu Beginn des Buches erläutert habe: Es gibt auch hier keine guten oder schlechten, keine richtigen oder falschen Pausen. Es kommt nur darauf an, welche Wirkung erzielt werden soll.

Leere Pausen
Die leere Pause ist unmotiviert und wird ohne innere Haltung eingelegt. Meistens wird die leere Pause schematisch eingelegt, weil gelernt wurde, dass mehr Pausen vorteilhaft sind. Leere Pausen können dazu beitragen, den roten Faden innerhalb eines Vortrages oder eines Gesprächs zu verlieren. Sie sorgen eher für Verwirrung als für Unterstützung des Gesagten, da die Zuhörenden nicht verstehen können, was die Pause bedeutet. Ist die gewünschte Wirkung, gedankenverloren zu wirken, damit das Gegenüber verwirrt ist und die Aufmerksamkeit verliert, dann ist diese Pause nützlich.

Gefüllte Pausen
Eine gefüllte Pause zeichnet sich dadurch aus, dass die Spannung vom Redenden gehalten wird, dass weitergedacht wird, eine innere Haltung darunter liegt und auch unterschiedliche Subtexte aktiv sind. Die Pause ist gefüllt, weil weiterhin ein Ziel besteht, welches erreicht werden will. Es ist nicht einfach nur eine Unterbrechung, sondern es sind weitere Vorgänge aktiv, die dem roten Faden des Gesagten dienlich sind. Die gefüllte Pause hat dadurch den großen Vorteil, dass sie sowohl beim Redenden als auch bei den Zuhörenden in drei Richtungen gleichzeitig wirkt: nämlich in Richtung Vergangenheit, Gegenwart und Zukunft.

10.1 Die rhetorische Pause

Vergangenheit Für den Redenden wie auch für die Zuhörenden gilt, dass mit der gefüllten Pause ein kurzer Moment entsteht, indem man das bisher Gesagte als Sinneinheit zusammenfasst und prüft, ob es verständlich war. Es bietet daher eine kurze und wichtige Selbstreflexionsphase. Zudem erhöht es die Bedeutung des soeben Gesagten und verlängert die getroffene Aussage.

Gegenwart Gefüllte Pausen helfen dem Redenden, im Augenblick Zeit und Raum zum Denken und zum Nachdenken zu haben, um Stimmung und Signale des Publikums aufzunehmen und zu verarbeiten. Auch unterstützt die gefüllte Pause, dass die aktuelle Wirkung verinnerlicht und überprüft werden kann. Das zuvor Gesagte kann man im Kopf Revue passieren lassen. Den Zuhörenden hilft es, die momentane Wirkung zu verinnerlichen, eine Spannung aufzubauen und sich kurz zu erholen, um weiter konzentriert zuhören zu können.

Zukunft Dem Redenden hilft die Pause zu überlegen, was und wie der oder sie als nächstes inhaltlich und emotional weitersprechen möchte. Zudem wird die Bedeutung des Satzes, der nach einer Pause folgt, durch sie angehoben. Gleichzeitig werden die Neugier und das Interesse der Zuhörenden massiv erhöht.

Viele Menschen vermeiden Pausen, weil sie das Gefühl einer längeren unangenehmen Leere haben. Sätze werden normalerweise innerhalb von Sekundenbruchteilen gefunden. Gerade aber, weil die Neuronen in solch einem Moment dauerfeuern, kommen einem selbst Pausen erheblich länger vor, als sie auf das Gegenüber bzw. das Publikum wirken. Eine normale und gesunde Pause von 2 bis 3 Sekunden wirkt so schnell, als ob sie 5 bis 10 Sekunden gedauert hätte.

Denkpausen

Sie kennen sicherlich die Situation, dass Sie den Faden verloren haben oder eine Zuschauerfrage aus dem Konzept gebracht hat. Sie müssen sich dann in einer Denkpause neu sortieren, neu orientieren und wieder neue Energie sammeln, um fortzufahren. Eine Denkpause müsste von ihrem Sinn her nicht aktiv vom Redenden mit Körpersprache gefüllt werden. Allerdings passiert das auf Grund der entstehenden Unsicherheit meistens besonders intensiv. Denn in solchen Situationen sind Selbstzweifel, Unsicherheit, Schuld und Angst schnell präsent.

Bei solchen Denkpausen bricht meist auch der Kontakt zu den Zuhörenden oder dem Publikum kurz ab. Die Konzentration wird in diesem Moment zum Nachdenken gebraucht, so dass kognitiv keine Kapazität mehr vorhanden ist, um noch mit dem Publikum zu interagieren.

Kettenpause
Eine Kettenpause sind mehrere sehr kurze Pausen zwischen einzelnen Wörtern hintereinander. Im wirkkräftigsten Fall sind sie jeweils auch gefüllte Pausen. Hier ist der Effekt allerdings etwas geringer, da die Zeit der Pause erheblich kürzer ist und somit die Spannung nicht unbedingt aktiv gehalten werden muss. Die Kettenpause erhöht die Signifikanz des Gesagten. Sehr häufig wird sie zum Ende eines Satzes in einer Dreierformation verwendet, wie im folgenden Beispiel (das Zeichen „^" steht für die kurze Pause): *„Ich möchte Ihnen an dieser Stelle sagen, dass Ihre Arbeit ^ sehr ^ professionell ^ umgesetzt wurde."*

Die Kettenpause ist ein recht einfach umzusetzendes Werkzeug. Sie lassen zwischen den von Ihnen als wichtig identifizierten Wörtern einfach kurze zeitliche Abstände. Das wirkt sofort prägnanter und erhöht die Bedeutung des Gesagten. Diese Pausen entfalten ihre Wirkung auch ungefüllt. Wenn sie jedoch zusätzlich noch gefüllt sind, dann multipliziert das ihre Wirkung.

Stille
Eine Stille wird im alltäglichen Umgang nur sehr selten benutzt, da sie oft, aber zu Unrecht, als unangenehm empfunden wird. Sie ist eine Form der Nachdenkzeit. Sie dient dazu, alles Gesagte einfach Revue passieren zu lassen und den eigenen Assoziationen zu folgen. Diese Stille kennt man aus Situationen am Familientisch, mit der Partnerin oder dem Partner. Die Momente der Stille können durchaus auch unangenehm lang werden. In der Psychotherapie jedoch ist die Methodik der Stille von größerer Bedeutung, da hier genug Raum und Zeit für den Patienten oder Klienten gelassen werden soll, den eigenen Gedanken folgen zu können, um auf diesem Wege zu neuen (Selbst-) Erkenntnissen zu gelangen.

Eine Stille einzusetzen in einem Meeting, auf einer Veranstaltung oder während einer Präsentation erfordert sehr viel Vorbereitung, eine starke persönliche Präsenz und ein klares Ziel, warum die Stille gerade wichtig ist und welchen Mehrwert dieses Stilmittel in die Situation hineinbringt.

10.2 Auf Punkt sprechen

Als Sie als Kind lesen lernten, hat man Ihnen möglicherweise gesagt, dass man bei einem Komma und einem Fragezeichen die Stimme hebt, bei einem Ausrufezeichen und einem Punkt hingegen senkt. Dieses Muster wird häufig auch im späteren Alter weiterhin beim Sprechen benutzt. Beides ist nicht unbedingt sinnvoll.

10.2 Auf Punkt sprechen

- Bei einem Komma sollte man die Stimme weder heben noch senken, sondern eine ganz kleine Pause einlegen, in der man die Spannung bzw. die Ebene der Stimme hält, weil der Satz noch nicht zu Ende ist. Wenn es inhaltlich sinnvoll ist, kann auch über ein Komma hinweg gesprochen werden.
- Am Satzende spricht man auf Punkt. Das heißt, man senkt die Stimme, um den Zuhörenden das Ende des Satzes bzw. des Gedankenzusammenhangs kenntlich zu machen, und legt am Satzende eine ganz kleine Pause ein. Es ist allerdings auch möglich über Punkte hinweg zu sprechen, wenn die zu sendende Botschaft dadurch klarer oder prägnanter wird.

Sie können auch Fragen auf Punkt sprechen. Manchmal wirken Fragen dadurch sogar erheblich stärker, klarer und direkter.

> Auf Punkt zu sprechen bedeutet, mit der Stimme in die sogenannte *Lösungstiefe* zu gehen. Die Lösungstiefe ist etwas tiefer als die mittlere Sprechstimmlage (Indifferenzlage). Ein Vorteil des Sprechens auf Punkt ist, dass es für den Zuhörenden die Wichtigkeit des Gesagten erhöht. Es gibt somit der Sache mehr Gewicht.

Das muss nicht unbedingt nach jedem einzelnen Satz geschehen, aber vor allem am Ende einer Sinneinheit hat es eine sehr souveräne Wirkung und macht dem Zuhörenden den Zusammenhang der Kernbotschaft des Absatzes klar.

Wenn man mehrere Fakten zusammenfassen möchte, weil diese inhaltlich zusammengehören, kann man nach jedem Faktum auch die Stimme heben. Mit der Stimme nach oben zu gehen oder sie auf der gleichen Ebene zu halten, nennt man *Kadenz*. Die Stimme bleibt häufig dann oben, wenn eine Aufzählung genannt wird oder wenn es noch viel Inhaltliches zu sagen ist. Andere Gründe für eine steigende oder schwebende Kadenz können auch sein, dass man nicht von anderen unterbrochen werden möchte oder Angst hat, etwas Wichtiges zu vergessen, wenn man die Sinneinheit vorzeitig abschließt.

Das Problem, das bei einer häufigen Folge von steigenden oder schwebenden Kadenzen entsteht, ist, dass die Zuhörenden große Schwierigkeiten haben, die Botschaften des Gesagten zu verstehen und der vortragenden Person zu folgen. Zudem wirkt es eher unsicher, gelangweilt oder sogar weniger fundiert.

Egal ob Sie die Stimme heben oder senken, wichtig ist vor allem, welche innere Haltung darunterliegt und welche Botschaft mit dem Gesagten gesendet werden soll. Sie werden merken, dass die gesendete Botschaft oft eine andere ist als die, die bei der zuhörenden Person ankommt.

> **Übung**
>
> Lesen Sie folgenden Satz einmal laut vor:
>
> „Seit ich davon erfahren habe, dass du deinen Job gekündigt hast, frage ich mich am laufenden Band: Warum hast du das gemacht? Ich verstehe es einfach nicht. Wirklich nicht!"

Jetzt lesen Sie den Satz noch einmal anders laut vor. Verbinden Sie die Halbsätze jeweils miteinander, in dem Sie die Kommata überlesen. Bleiben Sie mit der Stimme nach dem Doppelpunkt in einer mittleren Stimmhöhe und sprechen die Frage nach unten hin ab. Sie werden merken, dass es gleich eine ganz andere Wirkung hat.

Über das Video/Audio Abb. 10.1 können Sie sich unterschiedliche von mir eingesprochene Varianten anhören.

Zu Beginn, wenn man „auf Punkt sprechen" übt, hört sich das oft sehr mechanisch und unnatürlich an. Es ergibt sich schnell ein monotoner Singsang, auch weil danach oft eine kleine Pause gemacht wird. Nur weil man auf Punkt spricht, heißt das aber nicht, dass man danach nicht weitersprechen darf, Manche sind ganz eingeschüchtert und lassen danach eine unnatürliche leere Pause.

Abb. 10.1 Hörbeispiele Intonation „auf Punkt". (Clipart: eady/openclipart.org. Originally uploaded for OCAL 0.18 by Nathan Eady. CC0 1.0. VideoAudio: Benedikt Crisand. Bitte verwenden Sie zum Abspielen dieses Videos/Audios die SN More Media-App und scannen Sie die folgende URL: (▶ https://doi.org/10.1007/000-7am))

10.2 Auf Punkt sprechen

Satzenden nicht wegsprechen
Bei vielen Politikern, Rednern oder Vortragenden ist zu beobachten, dass sie immer wieder am Ende eines Satzes leiser werden, die letzten Worte etwas vernuscheln und von der Tonlage und der Lautstärke her abfallen. Dies ist ein unbewusstes Wegsprechen der Sätze. Sie wirken dadurch nicht in letzter Konsequenz klar und konkret bei dem, was sie sagen. Oft ist das den Rednern nicht bewusst. Den Satz am Ende wegzusprechen kann sehr viele unterschiedliche Wirkweisen haben. Einmal kann es so wirken, als ob der Rest des Satzes nicht wichtig sei. Es kann aber auch so wirken, als ob man unsicher ist, sich unwohl fühlt, sich etwas geniert oder sogar nicht wirklich komplett hundertprozentig hinter dem steht, was man sagt. Es kann auch die Wirkung haben, dass man gar nicht will, dass der andere das Gesagte versteht, oder dass man schnell über den Inhalt huscht, weil man gedanklich eigentlich schon wieder beim nächsten Punkt ist. Der Gedanke wird dabei nicht bis zum Schluss gedacht, sondern man befindet sich gedanklich schon beim Inhalt des nächsten Satzes.

Sie sehen also, dass das Wegsprechen eines Satzendes viele unerwünschte Wirkungen haben kann, die der eigenen Präsenz und der souveränen Wirkung nicht dienlich sind. Sich vorzunehmen, auf Punkt zu sprechen, hilft, dass das Satzende nicht weggesprochen wird.

Übung: Auf Punkt sprechen

Lesen Sie folgenden Text laut vor: Falls es Ihnen schwerfällt, auf Punkt zu sprechen, dann achten Sie darauf, dass Sie bei dem folgenden Zeichen ` mit der Stimmlage am höchsten Punkt des Satzes sind. Beim Üben kann es hilfreich sein, mit der Stimme kurz davor nochmals nach oben zu gehen.
Sprechen Sie danach den Rest des Satzes (oder Halbsatzes) auf Punkt und nehmen Sie wahr, dass hierbei eine völlig neue, sehr direkte und souveräne stimmliche Präsenz entsteht.

„Sehr geehrte Damen ` und Herren,
Ich bin überwältigt über die Motivation, die mir von Ihnen ` entgegengebracht wird. Jeder Einzelne von Ihnen arbeitet seit vielen Monaten ` unerbittlich und ohne Pause. Wenn Sie gebraucht wurden, ´ dann waren Sie da. Wenn Sie Fragen hatten, dann haben Sie gefragt, und wenn wir auch nicht mehr weiter wussten, ` dann haben wir gemeinsam versucht voranzukommen. Daher spreche ich Ihnen an dieser Stelle meinen allergrößten Respekt aus ` und hoffe auf eine weitere gute Zusammenarbeit. Vielen Dank."

Spannungs- und Lösungsprozess

Es dient der souveränen Wirkung, wenn beim Sprechen die Spannung gehalten wird und die Botschaft, die gesendet werden soll, bis zum Schluss, bis zum letzten Wort, bis zum letzten Laut gesendet wird. Erst dann sollte der Lösungsprozess einsetzen. Oft beginnt der Lösungsprozess zu früh, weil man denkt, dass die Botschaft bereits gesendet wurde. Daher werden die Energie und die Spannung für das Senden eines Satzes nicht mehr bis zum Schluss aufgewendet. Wenn der Lösungsprozess allerdings zu früh einsetzt, wird der Satz dadurch in der Regel weggesprochen und verliert sofort an Kraft und Wirkung.

Für eine besonders selbstsichere und souveräne Wirkweise wird die Spannung über das Satzende hinaus gehalten. Im Schauspielerjargon wird das „die Tür offenhalten und dranbleiben" genannt. Das bedeutet, dass ich etwas sage und die Spannung weiter halte, nicht nur stimmlich, sondern auch körpersprachlich. Dadurch bekommt das Gesagte eine besonders intensive und starke Präsenz.

Die Regel „Ein Gedanke – ein Satz"

Um auf Punkt zu sprechen, kann es helfen, sich an diese Regel zu halten. Dies bedeutet, dass Sie versuchen, pro Gedankeneinheit nur einen Satz zu sagen und diesen zu beenden. Für den nächsten Gedanken beginnen Sie dann den nächsten Satz. Somit konzentrieren Sie sich auf eine kurze, klare und verständliche Botschaft pro Satz, anstelle sich nach fünf Nebensätzen nicht mehr daran erinnern zu können, was Sie eigentlich hauptsächlich sagen wollten. Zudem ist es auch kognitiv hoch anstrengend, einen Satz grammatikalisch korrekt zu beenden, je mehr Nebensätze Sie bilden und je länger der Satz dauert.

Übung: In kurzen Sätzen erzählen

Erzählen Sie Ihren gestrigen Tagesablauf oder wo Sie im letzten Urlaub waren und verwenden Sie höchstens einen Nebensatz. Bleiben Sie klar, kurz und direkt in der Erzählung, so dass pro Satz nur ein inhaltlicher Punkt angesprochen wird. Wenn Sie einen Nebensatz bilden, dann sollte dieser den Hauptsatz unterstützen oder inhaltlich ergänzen.

Erzählen Sie dann in einem zweiten Anlauf die gleiche Geschichte erneut. Ändern Sie nun aber jeweils die Satzlänge. Machen Sie längere Sätze und dann wieder kürzere. Achten Sie darauf, wie sich der Inhalt des Gesagten, die Botschaften innerhalb der Geschichte und Ihre Wirkung verändern.

Sie werden merken, dass das Einsetzen von auf Punkt gesprochenen Sätzen eine große Klarheit und Direktheit schafft und dass Sie als wirkende Person dabei auch souverän herüberkommen.

10.3 Ein „Ähm" kommt selten allein – sprachlichen Eigenheiten begegnen

In einem meiner Trainings „Positive Rhetorik für Piloten" gab es einen Teilnehmer, der im Schnitt 24-mal pro Minute „ähm" sagte. Er war sich dessen nicht bewusst. Als er es merkte, versuchte er natürlich sofort, es komplett zu vermeiden. Allerdings passierte Folgendes: Jedes Mal, wenn er eigentlich „ähm" gesagt hätte, fand eine Ersatzhandlung statt. Er fing an, nach unten zu schauen oder zu schlucken. Er schluckte als *Ersatzgeste*, im wahrsten Sinne des Wortes, jedes Mal das „Ähm" herunter. Das Ganze machte ihn verrückt, weil er nicht mehr wusste, was er tun sollte. Kennen Sie jemanden, der sehr oft „ähm" sagt, oder gehören Sie sogar selber dazu?

Das Ähm-Syndrom – der Tick mit unterschiedlicher Wirkung
Es gibt viele unterschiedliche Formen und Arten von Verzögerungslauten. Alle haben eine unterschiedliche Wirkung auf das Gegenüber und das besonders Spannende daran ist, dass die Art und Weise, wie das „Ähm" eingesetzt wird, sehr viel über die sprechende Person aussagt. Man kann es daher sehr gut als Analyse-Tool verwenden.

Das kurze „Ähm"
Das kurze „Äh" oder „Ähm" gibt es am Anfang oder in der Mitte eines Satzes. Am Ende eines Satzes kommt es so gut wie nie vor. Das kurze „Äh" oder „Ähm" wirkt unsicher, chaotisch, durcheinander, verwirrt, den Faden verlierend und unorganisiert.

Beispiel: *„Äh ... Wir sind dann ... äh ... in den ... also, äh ... Wald gegangen und haben dann dort ein ... äh ... Feuer gemacht."*
Verzögerungslaute können allerdings auch bewusst eingesetzt werden, dann wirken sie spielerisch, verlegen, charmant und flirtend.
Beispiel: *„Wie ich dich finde? Ähm ... ganz süß ..."*

Das lange „Ähm"
Das lange „Äh" oder „Ähm" wird meistens mit einem „m" am Ende verwendet, da es dadurch besonders einfach langgezogen werden kann. Es kommt nur selten am Ende eines Satzes vor. Das lange „Ähm" ist vertontes Denken, eine Versprachlichung von Subtexten wie: „Bitte unterbrich mich nicht, ich habe was Wichtiges zu sagen.", „Warte, ich komme gleich noch darauf.", „Moment, ich will noch auf

etwas anderes hinaus.". Die sprechende Person gewinnt mit dem langen „Ähm" Zeit, damit sie ihre Gedanken sammeln kann und nicht dabei unterbrochen wird.

Experimente von Martin Corley haben gezeigt, dass sich Zuhörer besser an Inhalte von politischen Reden erinnern konnten, wenn mehr längere „Ähs" und „Ähms" benutzt wurden. Zudem wurden die Reden der Politiker als wichtiger wahrgenommen. Die Verzögerungslaute gibt es in beinahe allen Sprachen.

Das lange „Ähm" kann auch als Strategie, als eine Art Verzögerungstaktik dienlich sein, wenn man Zeit zum Denken braucht oder etwas umformulieren möchte oder auch wenn man sich spontan entscheidet etwas anderes zu sagen als ursprünglich geplant.

Das lange „Ähm" hilft am Satzanfang oder in der Mitte des Satzes, nach Worten zu suchen, denn wenn man etwas sagen will, dann stehen die ersten paar Worte vielleicht fest, aber der Rest Satzes noch nicht.

Beispiel: *„Ähm ... gestern Morgen hatte ich sehr viele Geburtstagsnachrichten auf meinem ... ähm ... Smartphone, es waren bestimmt ... ähm ... 20 Stück."*

Das Ketten-„Ähm"
Die bisherigen „Ähs" und „Ähms" kommen einzeln vor. Es gibt sie allerdings auch mehrfach hintereinander als sogenannte Ketten-„Ähms". Diese sind oft zu beobachten, wenn jemand unter hohem inneren oder äußerlichem Druck steht. Diese Ketten-Ähms sind meistens eher kürzer und wirken gehetzt, als ob derjenige unter Zeitnot steht, oder glaubt sich erklären zu müssen. Das Ketten-Ähm kommt auch vor, wenn man sich gerade angestrengt an ein Wort oder eine Sache zu erinnern versucht, die einem entfallen ist.

Beispiel: *„Das ist ein ... äh ... äh ... äh, wie sagt man noch, ein äh ... äh ... eine trigonomische Funktion."*

Das „Und ähm"
Ein Klassiker und mit am häufigsten verwendet wird „und ähm". In den meisten Fällen tritt das „Und ähm" auf, wenn die Stimme nach dem vorherigen Satz oben geblieben ist. Dann stellt sich bei der sprechenden Person ein gewisser Druck ein, weitersprechen zu müssen, obwohl die zu sendende Botschaft eigentlich schon beendet ist. Die Pause, die danach entsteht, führt zu Unsicherheit und wird mit „und ähm" gefüllt. In der Regel kommt danach ein Satz, der inhaltlich nicht direkt mit dem vorherigen verknüpft ist. Es werden inhaltlich zwei Themen miteinander verbunden, die eigentlich nichts miteinander zu tun haben. Das „Und ähm" dient als eine Art Bindemittel zwischen zwei Sätzen. Da die unterschiedlichen Inhalte

damit zusammengeklebt werden, führt das schnell zu Bandwurmsätzen. Redet die sprechende Person nur selten oder fast gar nicht auf Punkt, gönnt sie den Zuhörenden keine Pause, dann wird es für sie selbst und die Zuhörenden oft zu einer anstrengenden Sache.

Das „Und ähm" tritt auch auf, wenn die sprechende Person keine Lücke lassen will, damit sie nicht unterbrochen wird.
Beispiel: *„Heute morgen bin ich aufgestanden ... und ähm ... dann bin ich nach Berlin gefahren ... und ähm ... dort habe ich dann das Brandenburger Tor besichtigt ... und ähm ..."*
Besondere Kombinationen gibt es noch in Form von: „ähm und aber" sowie „aber ähm also". Hier werden neue Gedankenimpulse gesendet.

Das Schmier-„Ähm"
Die herein- oder herausgeschmierten „Ähs" oder „Ähms" stehen nicht für sich alleine, sondern werden an den Beginn oder das Ende eines Wortes gehängt. Man schleicht sich in das Wort mit einem „Ähm" hinein oder heraus. Das „Ähm" oder „äh" wird mit der ersten oder letzten Silbe des Wortes verknüpft und ist dadurch weniger auffällig. Eine ähnliche Taktik wird von Sängern und Sängerinnen benutzt, die vor dem Ton ein ganz kurzes „Mmh" singen. Damit gehen sie sicher, dass sie den richtigen Ton treffen werden. Sie probieren den Ton kurz an, bevor sie ihn singen. Es handelt sich hier um den Bruchteil einer Sekunde und ist oft nur für das geübte Ohr hörbar. Das Schmier-Ähm wird oft benutzt, wenn sprachliche, stimmliche oder inhaltliche Unsicherheiten vorhanden sind oder Zeit gewonnen werden soll.

Beispiel: *„Und wir sind dann ... ähin den Zoo gefahrenäh ... und haben einen Ausflug gemacht."*

Lösungsmöglichkeiten
Es gibt sehr viele Möglichkeiten, den unterschiedlichen „Ähms" zu begegnen. Wie immer ist es vor allem wichtig, zuerst herauszufinden, warum man gerade diese eine „Ähm"-Form benutzt. Nicht empfehlenswert ist es, einfach zu versuchen, das Ähm zu vermeiden oder zu eliminieren. Denn hier wird automatisch eine Ersatzgestik oder -mimik übernommen. Häufige ersatzbildende Elemente sind Schlucken, Räuspern, Pressen der Lippen, längeres Einatmen, Hochziehen der Augenbrauen, das Lecken der Lippen und vieles mehr.

> **Beispiel**
>
> Wie sehr ersatzbildende Elemente nach hinten losgehen können, zeigt ein sehr bekanntes Beispiel des ehemaligen Bundestrainers der deutschen Nationalmannschaft. Hier sollte eine Verhaltensweise einfach eliminiert werden. Auf dem Bildmaterial der Europameisterschaft 2016 ist zu sehen, wie sich Jogi Löw, während er von der Seitenlinie coacht, mit den Händen vorne in die Hose greift und anschließend an seinen Fingern riecht. Letzteres ist eine klassische Beruhigungsgeste. Viel spannender ist jedoch, wieso ihm so etwas vor laufender Kamera und einem Millionenpublikum passiert ist. Der Hintergrund ist der, dass Jogi Löw zu der damaligen Zeit Raucher war. Der DFB wollte dieses Bild nicht veröffentlicht haben, da er befürchtete, dass es einen schlechten Eindruck macht. Jogi Löw durfte also im Stadion nicht mehr rauchen. Die Verhaltensweise wurde eliminiert. Das Problem ist, dass bei eliminierten Verhaltensweisen oft automatisch eine Ersatzgestik auftaucht. Denn auch wenn das Symptom verschwunden ist, muss die Ursache nicht behoben sein. Und die Ursache war bei Jogi Löw verständlicherweise großer Stress und Nervosität. Seit diesem Vorfall übrigens durfte Jogi Löw in der Öffentlichkeit nicht mehr rauchen. ◄

Eine Ersatzgestik oder -mimik zu suchen oder unbewusst entstehen zu lassen, ist demnach nicht unbedingt empfehlenswert. Möglich ist es aber, einen Ersatz durch generische Floskeln zu bilden, wie sie auch oft bei Politikern zu hören sind, z. B.: „Wissen Sie …", „Meiner Meinung nach …" „Ich finde, dass …". Außerdem können Sie in folgenden fünf Schritten vorgehen, um wirksam Verzögerungslaute zu vermeiden:

1. **Klare Botschaften vermitteln wollen und diese mit klaren inneren Haltungen senden.** Je unklarer die Botschaft und je unklarer die innere Haltung, desto häufiger der „Ähm"-Gebrauch.
2. **Fokus auf Inhalt und Zuhörer richten.** Je stärker der Fokus auf das Gesagte gerichtet ist, desto strukturierter und präziser kann es adressiert werden. Kurze „Ähs" und „Ähms" werden somit überflüssig.
3. **Gefüllte Sprechpausen nutzen und Sprechgeschwindigkeit verlangsamen.** Jeder Sekundenbruchteil hilft, dass das Denken unter weniger Druck arbeiten muss. Durch gefüllte Pausen wird Zeit gewonnen zum Nachdenken, ohne sich durch Verzögerungslaute unter Druck zu setzen. Gleichzeitig bleiben die Zuhörenden durch gefüllte Pausen interessiert und gespannt.
4. **Kurze Sätze bilden und diese auf Punkt sprechen.** Kurze Sätze helfen, den Überblick im Voraus und im Nachhinein zu bewahren. Zudem wird das Arbeits-

gedächtnis weniger belastet. Die Sätze vermehrt auf Punkt zu sprechen hilft zusätzlich dabei, gefüllte Pausen zu provozieren und die Übersichtlichkeit über das Gesagte bei der sprechenden Person wie auch bei den Zuhörenden zu fördern.
5. **Einfach denken und einfache Formulierungen nutzen.** Oft werden viel zu viele Informationen gleichzeitig übermittelt. Auch besteht oft der Druck, besonders intellektuelle Formulierungen zu finden und zu nutzen. Einfache Formulierungen helfen, die kognitive Belastung für beide Seiten zu verringern, um somit mehr Kapazitäten für die ersten vier Schritte zu gewährleisten. Schon Arthur Schopenhauer sagte: „Man gebrauche gewöhnliche Worte und sage ungewöhnliche Dinge" – nicht umgekehrt.

Übung

Nehmen Sie sich beim Telefonieren oder in Gesprächssituationen auf, um sich danach selbst anzuhören und zu analysieren. Überprüfen Sie die Klarheit Ihrer Botschaften, Ihren „Ähm"-Einsatz, die Länge Ihrer Sätze und das Sprechen auf Punkt. Identifizieren Sie Ihre damit verbundene Zielwirkung, passen Sie diese gegebenenfalls bei Ihrem nächsten Gespräch an und wiederholen Sie die Übung.

Monotones Sprechen
Monoton zu sprechen kann langweilig, uninteressiert, uninspiriert und unmotiviert wirken. Eine Stimme wird dann als monoton wahrgenommen, wenn sich die Stimmmelodie in jedem Satz über längere Zeit nicht verändert, als ob alles eine aneinandergereihte Aufzählung von Dingen wäre, ohne Höhe- oder Tiefpunkte. Ein Beispiel für monotones Sprechen ist Karl Lauterbach, der SPD-Gesundheitsexperte und Bundesgesundheitsminister.

Auch kann monotones Sprechen entstehen, wenn die Absicht besteht, dynamisch zu sprechen, man aber schon dynamisch spricht, der Subtext also „gewollt dynamisch" ist. Dadurch wirkt es schnell aufgesetzt und unglaubwürdig. Viele Menschen wünschen sich mehr Dynamik in ihrer Stimme und versuchen, durch beliebiges Betonen von Wörtern der Monotonie zu entfliehen. Die gewünschte Dynamik entsteht jedoch durch die innere Haltung und die Absicht dahinter.

▶ **Tipp** Prüfen Sie Ihr Motiv, Ihr Interesse und vor allem Ihr Ziel. Je stärker Sie eine innere Beteiligung am Thema haben und nicht versuchen, etwas zu „wollen", desto rascher verschwindet die Monotonie aus der Stimme.

Betonungen

Betonungen verändern die Aussage eines Satzes und geben den Sätzen eine dynamische und abwechslungsreiche Wirkung. Viele machen sich daher Gedanken darüber, welche Wörter sie betonen möchten. Das ist allerdings ein Ansatz, der wieder nur dazu führt, dass man versucht, gewollt eine Wirkung zu erzielen, ohne die Ursache in Betracht zu ziehen. Die wichtigste Frage, die Sie sich stellen sollten, *bevor* Sie überlegen, was Sie betonen wollen, ist: Was wollen Sie mit der Aussage erreichen. Was ist ihr Ziel?

Beispiel

Stellen Sie sich vor, Sie sind beim Bäcker und als nächstes an der Reihe. Sie sind mit einem guten Freund dort. Sie sagen folgenden Satz: *„Ich hätte gerne dieses Brötchen."*

Wenn Sie die Betonung auf das *Ich* legen, dann geht es darum, was *Sie* wollen und nicht Ihr guter Freund. Wenn die Betonung auf *dieses* liegt, dann meinen Sie ein ganz bestimmtes Brötchen. Wenn *Brötchen* von Ihnen besonders betont wird, dann meinen Sie nicht die Zimtschnecke oder den Käsekuchen in der Auslage, sondern Sie möchten klar die Sorte der Backwaren benennen, um die es Ihnen konkret geht.

Wenn Sie nun noch mehrere Wörter in einem Satz kurz hintereinander betonen, dann hat der Bäckerei-Mitarbeiter das Gefühl, Sie hielten ihn für dumm oder glauben, dass er der deutschen Sprache nicht mächtig wäre. Zu viele Betonungen zerstören den Sinn. Betont wird, was Ihnen oder für das Gegenüber wichtig ist. Betont wird, weil eine ganz spezifische Information transportiert werden soll. ◄

Wenn man sich *vorher* überlegt, was man aussagen möchte, kommt die Betonung automatisch zustande und wirkt zugleich auch natürlich und glaubwürdig.

Schnelles Sprechen

Der schlechteste Rat, den Sie jemandem geben können, der Ihrer Meinung nach zu schnell spricht, ist dieser Person zu sagen: „Sprich doch einfach mal langsamer." Das hat genau die gleiche Wirkung, als wenn Sie einer wütenden und verägerten Person sagen: „Regen Sie sich doch nicht so auf!" Genauso wie beim „Ähm" kommt es auf die Art und Weise des Schnellsprechens und den Grund an, warum jemand zu schnell spricht.

Ein Blick auf die *Kommunikationshistorie* eines Menschen kann helfen, die Ursache bei rhetorischen Eigenheiten herauszufinden, um zu sehen, welche die beste

10.3 Ein „Ähm" kommt selten allein – sprachlichen Eigenheiten begegnen

Methode ist, um dem zu begegnen. Eine Führungskraft in einem Training hatte die Herausforderung, dass sie sehr schnell redete, sehr kurze abgehackte Sätze sprach und ihre eigenen Sätze auch schnell selbst unterbrach. Es war eine besondere mit kurzen Pausen und „Ähs" durchsetzte Sprechweise. Gemeinsam fanden wir heraus, dass er einen größeren dominanten Bruder hatte, der schon immer die ganze Aufmerksamkeit auf sich zog. Um im Kampf nach Aufmerksamkeit bei seinen Eltern auch einen Anteil zu bekommen, gewöhnte er sich an, schnell in die „Lücken" hineinzusprechen, die ihm sein Bruder ließ.

Es gibt Schnellsprecher, die ohne Punkt und Komma und scheinbar ohne Luft zu holen Bandwurmsätze bilden. Diese sind manchmal chaotisch, sehr assoziativ gebildet und teils sogar ohne Struktur. Oft findet man hier auch das Phänomen, dass die Stimme oben bleibt und sich nicht absenkt, um auf Punkt zu sprechen. Andere wiederum sprechen auch sehr schnell, verwenden aber in sich abgeschlossene und teilweise sogar auf Punkt gesprochene Sätze. Andere wiederum beginnen den Satz sehr schnell und werden dann gegen Ende des Satzes langsamer.

Die möglichen Gründe für schnelles Sprechen sind vielfältig:

- Zeitdruck
- Angst, dass Zwischenfragen gestellt werden, die man nicht beantworten kann
- Unangenehme Pausen, die entstehen könnten, sollen vermieden werden
- Der Vortrag oder das Erzählen soll schnell zu Ende sein
- Bedürfnis nach Kontrolle, da eine klare inhaltliche Struktur im Kopf besteht, die nicht durcheinandergeraten soll
- Irrglaube, dass die eigene Unsicherheit nicht bemerkt wird, je schneller man spricht
- Unsicherheit, weil das Gefühl vorherrscht, dass das Gegenüber es noch nicht richtig verstanden hat; hier wird auch oft Inhalt wiederholt
- Schuld, nicht gut genug vorbereitet zu sein
- Angst etwas zu vergessen
- Unwohlsein, wenn zu viel Aufmerksamkeit auf der eigenen Person liegt. Wenn schnell gesprochen wird, dann liegt der Fokus mehr auf dem Gesagten als auf der Person, weil das Gegenüber beschäftigt ist, den Inhalt nachzuvollziehen
- Die Gedanken sind schnell und treiben den Mund als Sprechwerkzeug vor sich her
- Schwierigkeit beim Priorisieren, somit müssen alle Informationen transportiert werden, und es findet keine Auswahl statt.

Sie merken schon, wie vielfältig die Gründe für schnelles Sprechen sein können. Oft ist den Schnellsprechern nicht bewusst, welche Schwierigkeiten damit einhergehen: Die Zuhörenden kommen nicht mehr mit und es gibt einen Information-Overload. Somit verliert der Gesprächspartner entweder die Lust oder die Geduld und hört nicht mehr zu, was den Sprechenden dann wiederum unter noch mehr Druck setzt. Oder der Gesprächspartner hat Verständnisschwierigkeiten und fragt umso öfter nach. Es ist vor allem die extrem hohe kognitive Leistung, die von der schnell sprechenden Person erbracht werden muss, inhaltlich, physikalisch aber auch grammatikalisch und strukturell. Dadurch bringt man sich schnell selbst in Not oder setzt sich unter Druck, weil man irgendwann nicht mehr weiß, wie der Anfang aber auch das Ziel des Satzes war. Zu guter Letzt führt sehr schnelles Sprechen unweigerlich auch zu mehr Versprechern oder zu unverständlicherer Artikulation.

Andererseits kann die Erhöhung der Geschwindigkeit beim Sprechen aber auch ein beabsichtigtes Wirkwerkzeug sein, wie es z.B. Kabarettisten oder Schauspieler anwenden. Die zeitweise erhöhte Sprechgeschwindigkeit ahmt beispielsweise den schnellen Rhythmus eines bestimmten Geschehens erzählend nach, indem sie ausdrückt, wie sich die Ereignisse überschlagen haben; oder sie soll starke Emotionen bzw. eine innere Aufgebrachtheit über eine Sache glaubhaft transportieren. Das funktioniert natürlich nur, wenn der Sprechende nach ein bis zwei Minuten wieder sein Sprechtempo auf ein normales Maß reduziert. Die Wirkung entsteht also durch die bewusste Abwechslung zwischen normaler und erhöhter Sprechgeschwindigkeit.

Sprachliche Eigenheiten
Jeder Mensch hat sprachliche Eigenheiten, die der Stimme und der Sprache eine bestimmte Farbe verleihen, etwas Einzigartiges und jederzeit Wiedererkennbares. Das kann ein besonderer Stimmsitz sein, ein oder mehrere Sprachfehler oder eine Stimmmelodie, die stark vom Standarddeutschen abweicht. Unterschiedliche Eigenheiten haben auch unterschiedliche Wirkungen auf das Umfeld.

Im Folgenden sind die häufigsten sieben sprachlichen Eigenheiten und ihre Wirkungen beschrieben. Achten Sie darauf, ob, und wenn ja welche dieser Eigenheiten bei Ihnen oder bei Menschen in Ihrem Umfeld vorkommen. Da Stimm- und Sprechübungen sehr individuell an die jeweilige Person angepasst werden sollten, empfiehlt es sich, einen Logopäden aufzusuchen oder an einem Stimm- und Sprechcoaching teilzunehmen.

Sprechen mit zu viel Luft
Beim hauchigen Sprechen wird mehr Luft durch die Stimmlippen geführt, als für deren Schwingung notwendig ist. Dadurch trägt die Stimme nicht so weit im

Raum. Sie verliert über die Distanz schnell an Kraft. Die Wirkung einer hauchigen Stimme ist daher oft kraftlos, unsicher oder zurückhaltend. Es kann bei einem eher tieferen Stimmtimbre allerdings auch erotisch, lüstern oder sinnlich wirken.

Es empfiehlt sich hier, durch Sprechübungen die Luftmenge beim Sprechen und der Stimmführung zu reduzieren. Dann klingt die Stimme wieder voller und dadurch auch selbstsicherer.

Sprechen mit zu viel Druck
Zu viel Druck in der Stimme entsteht häufig durch zu viel Stress und Druck im Allgemeinen. Die Muskulatur ist fester als gewöhnlich, und auch die Stimmlippen sind nicht so flexibel und locker, wie sie sein sollten. Diese Festigkeit reizt den Sprechapparat und kann ihn auf Dauer schädigen. Zuviel Druck in der Stimme wirkt gestresst, fest, unflexibel und unentspannt.

Durch Lockerungsübungen des gesamten Sprechapparats ist es möglich, die Verspannung in den unterschiedlichen Körperteilen zu lösen um somit den überflüssigen Druck aus der Stimme herauszunehmen.

Knödeln
Beim sogenannten Knödeln sitzt der Stimmsitz zu weit hinten im Hals. Zudem wird der Halsraum eng und zu gemacht. Meistens rutscht dabei der hintere Zungenteil nach hinten. Somit entsteht in diesem Bereich erheblich weniger Stimmresonanz, da der Raum nicht optimal genutzt werden kann. Das Knödeln wirkt oft eher zurückhaltend, einfach, ungebildet und energielos.

Durch Sprechübungen zum Aktivieren der Zunge und zum Weiten des Hals-Rachenraumes kann die Resonanz stark erhöht und auch eine souveräne Stimmwirkung hergestellt werden.

Stimme bricht
Die Stimme bricht oft, wenn das Feintuning der Muskeln fehlt und in höheren Stimmlagen gesprochen wird. Die Stimmführung ist dann nicht geschmeidig und geradlinig, sondern gerät durch Wackler und Brüche ins Wanken. Es ist ein Zeichen dafür, dass die Stimmlippen (im Inneren des Kehlkopfes) untrainiert sind und mit dem Druck, der auf sie ausgeübt wird, nicht umgehen können. Daher geraten sie immer wieder außer Kontrolle. Eine Stimme, die oft bricht, wirkt gestresst, unsicher und kindlich, Letzteres vor allem deswegen, weil es im Teenageralter bei Jungen durch das unterschiedlich schnelle Wachsen der Stimmlippen in der Phase

des Stimmbruchs zu diesem Phänomen kommt, ohne dass die Betroffenen etwas dagegen unternehmen können.

Durch verschiedene Stimmführungs- und Stimmbildungsübungen ist es möglich, das Brechen der Stimme zu verringern oder gar zu neutralisieren.

Stimmfarbe
Die Stimme kann auch zu eng sein, meistens in Verbindung mit einer erhöhten nasalen Sprechweise. Eine Enge in der Stimme ist immer ein Hinweis darauf, dass die Resonanzräume nicht genutzt oder eben geschlossen werden.

Es gibt im Deutschen nur drei Nasallaute: „m", „n" und „ng". Diese werden dadurch gebildet, dass der Luftstrom nur durch die Nase gelenkt wird. Das Gaumensegel, welches normalerweise beim Sprechen den Luftzugang zur Nase verschließt, bleibt dabei offen. Wenn dieses Gaumensegel allerdings zu inaktiv oder untrainiert ist, dann wird die Luft beim normalen Sprechvorgang vermehrt auch über die Nase geleitet und die nasale Stimmfarbe tritt auch bei anderen Lauten zum Vorschein.

Ein nasaler Stimmklang wirkt in der Regel eher weicher, unsicherer oder engstirniger. Um eine selbstbewusstere Stimmwirkung zu erlangen, sollte es in erster Linie darum gehen, das Gaumensegel zu aktivieren, damit der Zugang zur Nase bei allen Nicht-Nasallauten verschlossen ist.

Umgang mit Dialekten
Aktuell werden ungefähr 6000 Sprachen auf der ganzen Welt gesprochen. Dialekte sind dabei nicht mitgezählt. Dialekte oder Mundarten als lokale oder regionale Sprachvarianten haben eine ganz eigene Prägung und auch Wirkung. Oft wirkt der heimische Dialekt bodenständig, vertraut und heimatverbunden. Menschen, die aus einem anderen dialektalen Raum kommen, haben mitunter sogar dialektbezogene negative Vorurteile oder mögen bestimmte Dialekte nicht. Daher kann ein Dialekt einerseits nahbar, bodenständig und sympathisch, andererseits auch simpel, dilettantisch oder einfältig wirken.

Um den eigenen Wirk-Werkzeugkasten zu erweitern, ist es ratsam, sowohl das Standarddeutsch als auch einen Dialekt zu beherrschen. Man darf nicht den Einfluss übersehen, den ein Dialekt auf einen selbst und auf andere haben kann. Im Sprachkreis, in dem man aufgewachsen ist, erfährt man eine höhere Selbstwirksamkeit, fühlt sich dadurch selbstsicherer und steht mehr mit sich in Kontakt.

10.3 Ein „Ähm" kommt selten allein – sprachlichen Eigenheiten begegnen

Es will genau überlegt sein, wie man in einer Rede bzw. einem Vortrag den Dialekt einsetzen und was man mit ihm ausdrücken will. Beispielsweise kann man erzählerisch unterschiedliche Sprecher kenntlich machen. Man kann aber auch durch den Dialekt indirekt und humorvoll auf bestimmte Eigenheiten hinweisen, die man Menschen nachsagt, die den betreffenden Dialekt sprechen. Auch hier entsteht die Wirkung durch die bewusste Abwechslung von Dialekt und Standarddeutsch.

Kontaktvergewisserung

Beispiel

Als ich im Taxi zum Flughafen in Zürich fuhr, sagte der Taxifahrer zu mir: „Es ist aber mehr los als gewöhnlich, oder?" Ich zuckte mit den Schultern und sagte, dass ich die Strecke nicht kenne und daher nichts dazu sagen könne. Er erwiderte: „Also normalerweise ist auf dieser Straße nicht so viel Verkehr, oder?" Ich schaute ihn an und wiederholte nochmals, dass ich mich hier verkehrstechnisch nicht auskenne. Er sagte: „Ja, also, üblich ist das hier nicht, oder?" In diesem Moment wollte ich ihm gerade ins Gesicht springen, als ich merkte, dass ich ihm Unrecht getan hatte. Im schweizerischen Sprachraum ist das „Oder?" am Ende eines Satzes eine sehr bekannte Form der Kontaktvergewisserung, die sogenannte *rückbestätigende Kontaktvergewisserung*. ◂

Sie kennen sicherlich auch Menschen, die nach beinahe jeden Satz mit einem fragenden „Ja?", „Nicht?" oder „Ne?" beenden. Diese Form der Kontaktvergewisserung richtet sich nach außen. In den meisten Fällen wird dabei allerdings keine direkte inhaltliche Antwort erwartet, sondern immer wieder eine kurze Verbindung zum Gegenüber hergestellt.

Die *selbstbestätigende Kontaktvergewisserung* richtet sich nach innen und besteht oft aus Worten wie „genau", „ja", „okay" oder „gut". Diese werden allerdings nicht fragend, sondern aussagend, also mit der Stimme nach unten geführt. Dieses Wort schließt den Inhalt des Satzes ab, häufig auch dann, wenn der Satz nicht zu Ende geführt wurde, eine Rückbestätigung des Gegenübers fehlt oder man mit der Stimme oben geblieben ist und sich dadurch ein eigenes Ende des Satzes baut. Es hilft, Struktur zu bewahren und Inhalte voneinander abzugrenzen.

Je häufiger diese Kontaktvergewisserungen sind, desto eher fallen sie dem Gegenüber auf und werden als störend, nervig oder ablenkend wahrgenommen. Sie müssen nicht unbedingt verbal sein, sondern können auch nonverbal, wie zum Beispiel durch Kopfnicken oder Blinzeln, stattfinden.

Spieglein, Spieglein – Wer bin ich und wenn ja, wie viele? 11

▶ **Basic 9** Meistern Sie mit den vier Wirkweisen Rang, Status, Power und Selbstwert komplexe Situationen mit unterschiedlichen Menschen-Typen.

11.1 Ich & Ich – Selbstbild und Fremdbild

Jeder Mensch nimmt verschiedene Rollen im Alltag ein, die jeweils von der Situation, dem Gegenüber und der eigenen Verfassung abhängen. All diese unterschiedlichen Rollen sind ein Teil von einem selbst, denn man kann ja nie jemand anderes. Oft haben wir allerdings Schwierigkeiten, uns mit den unterschiedlichen Rollen, die wir spielen, zu identifizieren. Nach einem bestimmten Verhalten, das wir uns nicht erklären können oder wollen, heißt es dann: „Da war ich ganz außer mir" oder „Das bin eigentlich nicht ich".

Diese Annahme ist jedoch ein Trugschluss und eine Abwehrhaltung der Psyche, um sich nicht einzugestehen, dass auch diese Anteile im Inneren vorhanden sind. Eine Abwehrhaltung lässt erkennen, dass wir unser Selbstbild nicht ehrlich genug sehen, sondern verzerrt.

> Das **Selbstbild** ist die Vorstellung der eigenen Person: so wie man gerne wäre, ein Ideal oder ein Wunschbild des eigenen Ichs. Das **Fremdbild** hingegen ist das Bild, das sich andere von einem machen und das durch deren Fremdwahrnehmung und möglicherweise auch durch die Bewertungen anderer zustande kommt.

Das Ich umfasst alle unterschiedlichen Rollen zugleich, und doch ist keine Rolle allein das wahre Ich. Das Ich setzt sich aus vielen Facetten und Rollen im Alltag zusammen. Morgens ist man z. B. ein Elternteil, der sich um die Kinder kümmert, auf dem Weg zur Arbeit ist man der aggressive Autofahrende, am Arbeitsplatz die dominante Führungskraft, beim Kunden der unterhaltsame und spendable Auftraggeber, und abends auf der Party der eloquente Gesprächspartner.

Selbst innerhalb dieser einzelnen Rollen gibt es wieder verschiedenste *Subrollen*, die man jeden Tag ausfüllt und die je nach Situation, Gegenüber und eigener Verfassung variieren. Nehmen wir das Beispiel einer Führungskraft im Unternehmen. Auch diese Rolle ist nicht in sich konsistent. Man ist z. B. in manchen Situationen ein Coach, in anderen Situationen wiederum ein Antreiber, ein Visionär oder ein Macher. Sich all dieser unterschiedlichen Rollen und Subrollen immer gleichzeitig bewusst zu sein, ist eine enorme Herausforderung, da die Situationen permanent im Wandel sind. Mit der sich ständig verändernden Situation befindet sich auch die eigene Rolle in einem stetigen Wandel. Insoweit kann man sagen: Das eigene Leben ist wie ein Bühnenstück, in dem man alle Rollen selbst spielt.

Hinzu kommt, dass viele Menschen versuchen, unausgesprochene Erwartungen zu erfüllen, von denen sie glauben, dass andere sie haben. Oder sie haben hohe Erwartungen an sich selbst, weil sie denken, den Menschen um sich herum ein bestimmtes Bild von sich vermitteln zu müssen. Dadurch kann man in einen ständigen Konflikt mit sich geraten.

Verkompliziert wird das Ganze dadurch, dass es *blinde Flecken* gibt. Das heißt, Fremde nehmen an uns Dinge wahr, die wir selbst an uns nicht wahrnehmen oder übersehen. Genauso gibt es Dinge, die man nur selbst über sich weiß, andere aber nicht wissen können, sollen oder dürfen: die privaten Geheimnisse.

Eine Abbildung, die das Ganze sehr anschaulich illustriert, ist das *Johari-Fenster*, entwickelt 1955 von Joseph Luft und Harry Ingham [1]. Es zeigt den Unterschied zwischen bewussten und unbewussten Persönlichkeits- und Verhaltensmerkmalen, die man selbst oder die andere an einem wahrnehmen (Abb. 11.1).

11.1 Ich & Ich – Selbstbild und Fremdbild

	Anderen unbekannt	Anderen bekannt
Mir bekannt	**Mein Geheimnis**	**Öffentlich**
Mir unbekannt	**Unentdeckt**	**Blinder Fleck**

Abb. 11.1 Das Johari-Fenster von Joseph Luft und Harry Ingham (1955) (eigene Darstellung)

Im Spannungsfeld zwischen der öffentlichen Rolle sowie dem blinden Fleck und dem Geheimnis bewegen sich das Selbstbild und das Fremdbild. Da situativ permanent ein Wandel stattfindet, ist das Rollenerleben sehr volatil. Sowohl das Selbst- als auch das Fremdbild verändert sich je nach Situation. Bekannte und seit Jahren eingeübte Rollenmuster helfen einem dabei, in neuen Situationen schnell eine vertraute und somit stabile Rolle einzunehmen. Falls diese Rolle allerdings bereits von jemand anderem eingenommen wird, kann es zu einem inneren oder offen ausbrechenden Konflikt kommen.

Nehmen wir als Beispiel jemanden, der es gewohnt ist, im Mittelpunkt zu stehen, Witze zu machen und mit dieser lustigen Art die anderen Menschen zum Lachen zu bringen. Wenn diese Person nun in eine Situation kommt, in der die Rolle bereits jemand anderes übernommen hat, der im Mittelpunkt steht, weil er sehr extrovertiert und unterhaltsam ist, dann gibt es drei Hauptszenarien, um die eigene Rolle zu klären:

1. **Rückzug**: Die Person wird sich zurückziehen und mit ihrem Selbstbild hadern. Sie wird sich hinterfragen, unwohl fühlen und an ihrem Selbstwert zweifeln. Sie wird sich fragen, ob sie noch lustig genug, verrückt genug oder interessant genug ist.
2. **Verbrüderung**: Die Person wird sich mit derjenigen verbrüdern, die ihre Rolle eingenommen hat, um sie zumindest ein Stück weit wie üblich zu besetzen und dem bisherigen, gewohnten und bekannten Rollenbild gerecht zu werden. So schafft sie es auch wieder, ein wenig ins Rampenlicht zu kommen, selbst wenn sie es mit jemand anderem teilen muss.

3. **Angriff**: Die Person wird sich gegen die andere richten, die „ihre" Rolle besetzt hält. Dies kann in einem offenen oder auch einem versteckten Konflikt ausgetragen werden. Sie wird z. B. offen Kritik äußern oder aber im Hintergrund über die Person lästern: „Muss man sich so in den Vordergrund spielen? Das ist ja peinlich!"

> Wer das ständige Wechselspiel im Spannungsfeld zwischen Selbst- und Fremdbild so annimmt, wie es ist, und akzeptiert, dass niemand nur eine einzige Rolle im Leben innehat, der kann sich selbst gegenüber mit mehr Offenheit und Ehrlichkeit begegnen. Diese Ehrlichkeit ermöglicht es, jede Rolle mit erheblich mehr Selbstbewusstsein und einem viel höheren Wirkungsgrad auszufüllen.

11.2 Die fantastischen Vier – Grundelemente der Wirkweisen

Durch die unterschiedlichsten Wirkweisen der Mimik, Gestik, Körpersprache, Stimme und Sprache kann man auf Situationen und Personen jederzeit flexibel einwirken. Dadurch kann man häufig eine direkte Reaktion hervorrufen. Man bewegt sich hierbei allerdings nur auf der *Mikroebene*, also auf der Ebene mehr oder weniger einzeln und situativ handelnder Akteure, ohne dabei die *Makroebene* zu berücksichtigen. Sobald man mit mehreren Individuen und Kleingruppen zu tun hat, spielen gesellschaftliche, systemische Faktoren wie auch soziale Prozesse eine große Rolle, und man bewegt sich auf der Makroebene. Das folgende Beispiel zeigt, wie die Wirkungszusammenhänge auf der Makroebene (Organisation) die Mikroebene (die Einzelnen) beeinflusst; es dient im weiteren Verlauf als Grundlage zur Erklärung.

Die Präsentation

Das Marketing-Team, bestehend aus der Teamleiterin Eva und den Mitarbeitenden Martin und Sandra, wartet darauf, dass der Abteilungsleiter Franz zum Meeting dazukommt. Als Franz den Raum betritt, verstummen Eva, Martin und Sandra.

Franz sagt: „Schönen guten Morgen allerseits. Ich bin da. Es kann losgehen." Er setzt sich auf den Stuhl in der Mitte des Raumes, von dem aus er einen guten Überblick über den Raum und auf die Leinwand hat.

11.2 Die fantastischen Vier – Grundelemente der Wirkweisen

Sandra öffnet die Präsentation auf dem Laptop, aber auf der Leinwand erscheint kein Bild. Nervös tippt sie auf der Tastatur herum und versucht herauszufinden, woran es liegt. „Vorhin hat noch alles funktioniert, ich bin einfach zu doof für die Technik" sagt sie, sichtlich unter Stress. Eva schüttelt missgünstig den Kopf und atmet langsam und laut hörbar aus, während sie auf ihr Smartphone schaut. Sandra schaut verunsichert zu ihr auf. Da kommt Martin auf Sandra zu und sagt mit ruhiger Stimme: „Keine Sorge, Sandra. Ich bin mir zwar nicht ganz sicher, aber es kann sein, dass du vielleicht nur die Verbindung resetten musst? Ähm ... das passiert manchmal, wenn die Berechtigung abgelaufen ist." Gesagt, getan. Das Bild erscheint. Sandra nickt Martin dankend zu. Er lächelt sie an und setzt sich schnell wieder hin.

Alles funktioniert, und Sandra hält die Kurzpräsentation. Sie beobachtet, wie Eva während der Präsentation immer wieder zu Franz schaut, um seinen Blick zu erhaschen und zu erfahren, wie er darüber denkt. Franz ist allerdings voll und ganz auf die Präsentation fokussiert. Sandra hat sich sehr gut vorbereitet und schafft es mit ihrer analytischen und lockeren Art, die Inhalte stark und überzeugend zu präsentieren.

Nach der Präsentation bedankt sich Franz für die sehr gelungene Präsentation: „Das war wirklich sehr übersichtlich und ein wichtiger Impuls. Ich werde dem Management-Board Bescheid geben. Stellen Sie sich darauf ein, dass Sie morgen im Medienraum die Präsentation nochmals vor allen halten dürfen."

Mit schnellen großen Schritten verlässt er den Raum. Eva huscht mit einem vernuschelten „Ciao" hastig aus dem Meeting-Raum. Martin guckt ihr kopfschüttelnd und verständnislos hinterher, während er langsam zu Sandra tritt. „War echt super! Hat sich gelohnt, deine ganze Vorbereitung. Und Franz schien ja auch sehr begeistert zu sein." Sandra guckt von ihrem Laptop auf: „Ja, oh Gott, und ich soll das morgen vor dem oberen Management präsentieren ... was mach ich dann, wenn wieder technische Probleme auftreten und du mir nicht helfen kannst?" Martin schaut sie an und sagt: „Du würdest sie zwar auch ohne Präsentation überzeugen, aber wir können uns nach Feierabend kurz im Medienraum treffen, dann zeige ich dir nochmals, wie dort die Technik funktioniert." „Klingt gut, danke dir. Das weiß ich sehr zu schätzen", erwidert Sandra. „Ach, das ist schon okay, du hast mir ja auch oft genug geholfen. Bis später dann." ◄

Anhand dieses Beispiels wird nun im weiteren Verlauf aufgezeigt, welchen gegenseitigen Einfluss die vier Grundelemente der Wirkweisen, nach Prof. Barbara Tint und Simon Routarinne, aufeinander haben.

> Diese vier Grundelemente sind **Rang**, **Status**, **Power** und der **Selbstwert**. Sie haben, aus der Makroperspektive betrachtet, durchgehend einen Einfluss auf die Wirkweisen der Personen und deren Zusammenspiel innerhalb der Situation.

11.2.1 Der Rang

Im obigen Beispiel gibt es bei den vier anwesenden Personen drei unterschiedliche Ränge: Den höchsten Rang hat Franz als abteilungsleitende Führungskraft, den zweithöchsten hat Eva als Teamleiterin inne. Sandra und Martin teilen sich den niedrigsten Rang. Allein dadurch ergeben sich innerhalb der Situation gewisse dynamische Vorgänge.

> Der Rang bezeichnet die hierarchische Position innerhalb einer Organisation, der Familie oder der Gesellschaft. Es gibt hohe und niedrigere Ränge. Innerhalb eines Unternehmens könnte eine Rangliste wie folgt von oben nach unten aussehen: Gesellschafter, Geschäftsführende, Abteilungsleitende, Angestellte, Auszubildende.

Der Rang innerhalb einer Gesellschaft ist, je nach Gesellschaftsform und Kultur, ganz unterschiedlich. Er bezeichnet das Ansehen, dass z. B. eine gewisse Berufsgruppe innerhalb einer Gesellschaft hat. Dieses Ansehen kann sich aber im Laufe der Zeit ändern. So standen laut der Allensbacher Berufsprestige-Skala im Jahr 2001 die Berufsgruppe des Pfarrers und der Geistlichen direkt hinter der Berufsgruppe Ärzte auf dem zweiten Platz. Im Jahr 2013, genau 12 Jahre später, war die Berufsgruppe der Pfarrer und der Geistlichen auf den sechsten Platz abgerutscht. Die Berufsgruppe der Ärzte befand sich allerdings weiterhin auf Platz 1.

Folgende ungeschriebene Grundregeln gelten, wenn Menschen mit unterschiedlichen oder gleichen Rängen aufeinander treffen, und zwar unabhängig davon, ob das innerhalb einer Organisation, einer Familie oder einer Gesellschaft geschieht.

1. Gleich und Gleich gesellt sich gern
In der Regel gesellen sich meist gleichrangige Menschen zueinander und finden sich schnell sympathisch. Sie neigen dazu, sich eher für hochrangige Personen zu interessieren, weil sie sich von ihnen einen Vorteil erhoffen, um im Rang zu stei-

gen. Für Hochrangige ist es häufig unangenehm oder uninteressant, sich mit erheblich niedrigeren Rängen abzugeben.

So sitzen bei einer Firmenveranstaltung häufig die Abteilungsleiter beieinander und ebenso die Auszubildenden. Sie würden sich eher nicht an den Tisch des Managements setzen. Genauso wollen bei einer Familienfeier die Kinder am Kindertisch sitzen, wo sie sich wohler fühlen, als wenn sie den ganzen Abend nur still neben den Erwachsenen sitzen müssten.

Um im Unternehmen die Karriereleiter zu erklimmen, ist es von größerem Interesse, die Vorgesetzten kennenzulernen, anstatt sich nur mit den Auszubildenden auf der gleichen Ebene zu unterhalten.

2. Langsam hoch steigen und schnell tief fallen

Schnelles Aufsteigen im Rang ist zwar durchaus möglich, allerdings ist es meistens eher ein langsamer Prozess. Einen großen Sprung im Rang nach oben zu machen, ist schwierig und braucht viel Durchhaltevermögen. Im Rang zu fallen hingegen geht sehr schnell.

Ein angesehener Arzt, der z. B. auf Grund von Alkoholsucht und daraus resultierenden schwerwiegenden oder gar tödlichen Fehlern suspendiert wird und im schlimmsten Fall ins Gefängnis kommt, fällt als Gefängnisinsasse, gesellschaftlich gesehen, sofort sehr weit nach unten im Rang. Innerhalb der sozialen Struktur im Gefängnis ist ein ehemaliger Arzt jedoch eher höher im Rang angesehen. Die Ranghöhe kommt also immer auf die soziale Umgebungsstruktur an, in der man sich befindet.

3. Rang geht mit Macht einher

Mit einem höheren Rang geht häufig auch Macht, Einfluss oder ein höheres Einkommen einher. Wenn der Rang hingegen wegfällt, kommt gleichzeitig auch die damit einhergehende Macht abhanden. Ein Politiker, der abgewählt wird, hat automatisch wieder die gleichen „reduzierten" Befugnisse, Pflichten und Rechte wie vor der Wahl in das Amt und muss gewisse „Privilegien" abgeben.

Im obigen Beispiel der Präsentation können Sie sehen, dass Sandra und Martin als Personen gleichen Ranges zueinander halten. Für Eva erscheint Sandra eher als eine „Gefahr", weil ihre Ränge nah beieinander liegen und Sandra durch gute Leistung ihren Rang gefährden könnte. Dadurch hält sie Abstand zu Sandra. Sie orientiert sich zum höheren Rang, zu Franz, hin. Der Abteilungsleiter Franz ist die Person mit dem höchsten Rang. Er kann auf Grund seines Rangs entscheiden, ob die Präsentation zukünftig vor anderen ranghohen Managern gezeigt werden wird oder nicht. Da er die Präsentation für gut befindet, bekommt Sandra die Möglichkeit, sie vor sehr hochrangigen Personen zu wiederholen. Somit hat sie die Chance, durch gute Leistung und solide Arbeit aufzusteigen.

11.2.2 Der Status

Der Status bezeichnet das, was man aktiv tut (vgl. Kap. 8). Den Status kann man anhand der Körpersprache, des Verhaltens, des Handelns, der Stimme sowie der Sprechweise erkennen. Alles Sicht-, Hör- und Fühlbare innerhalb des individuellen interaktiven Ausdrucks ist darin eingeschlossen. Man befindet sich gegenüber anderen Personen im Raum im Hoch- oder Tiefstatus. Es ist theoretisch auch möglich, dass zwei Personen denselben Status innerhalb einer Situation haben. Dies ist jedoch eher ungewöhnlich, da der Status sehr volatil und ständig in Bewegung ist.

> Es gibt keinen neutralen Status, da man nicht *nicht* wirken kann. Wichtig: Der Status ist unabhängig vom sozialen Status und dem gesellschaftlichen oder organisatorischen Rang, den man hat.

Da es sich in dem oben genannten Beispiel um einen Text handelt, ist es schwer zu erkennen, wer innerhalb dieser Situation welchen Status hat, weil man dafür sehen und hören müsste, was wer genau tut. Wenn man live in der Situation mit dabei wäre und alle Personen genau beobachten könnte, wäre es erheblich präziser einzuordnen. Hier an dieser Stelle wird von einem gewissen Statusverhalten der Personen ausgegangen.

Franz „nimmt" sich in unserem Beispiel den Raum, tritt mit einer klaren, konkreten und direkten Ansage dominant auf und setzt sich in die Mitte des Raumes. Dadurch zeigt er einen hohen Status. Sandra hingegen wird nervös, unsicher und schnell in ihren Bewegungen. Dadurch ist sie zu Beginn in einem niedrigen Status. Durch die aufbauenden Gesten von Martin und ihre Stärke beim Präsentieren schafft sie es, ihren Status leicht zu erhöhen. Dieser Statuswechsel innerhalb der Präsentation bringt den Status von Eva ins Wanken, bei der erkennbar ist, dass sie wahrscheinlich auf Grund von Neid auf Sandra Angst um ihre Position hat. Wenn sie sich des Neidgefühls bewusst wäre, könnte sie in der Situation souveräner bleiben und mehr Power zeigen. Stattdessen sucht Eva nach Bestätigung von der Person mit dem höchsten Status: Franz. Da sie diese Bestätigung von ihm nicht bekommt, wird ihr Status immer kleiner, bis sie hastig huschend und nuschelnd den Raum verlässt.

11.2 Die fantastischen Vier – Grundelemente der Wirkweisen

Eine Statuswippe ist vor allem bei Martin und Sandra zu sehen. Martin versucht, Sandra in ihrem Status immer wieder zu heben, indem er ihr höflich und vorsichtig hilft. Er versucht, sie technisch und „moralisch" zu unterstützen. Sandra versucht, Martin durch ihren Dank und ihr Lächeln wieder in seinem Status zu heben, während sie den ihrigen dabei senkt. Im Moment der Hilfsbereitschaft hat Martin einen konstruktiven Tiefstatus, während Eva, die eingesunken und genervt auf ihr Handy schaut, eher einen destruktiven Hochstatus ausübt. Gegen Ende hat Martin allerdings einen höheren Status als Eva, obwohl er ihr im Rang unterlegen ist.

> Jemand mit einem hohen Rang muss also nicht zwangsläufig auch einen hohen Status haben. Oft gibt es zwischen Rang und Status einen Zusammenhang, aber es kann auch jemand einen hohen Rang haben und gleichzeitig situativ einen niedrigen Status ausüben. Das eine bedingt nicht notwendigerweise das andere, schließt sich gleichzeitig aber auch nicht aus.

Da sich Eva nicht um Sandra kümmert, definiert sie ihren Status auch dadurch, dass sie etwas *nicht* tut. Durch ein souveränes Auftreten und eine erfolgreiche Hilfeleistung hätte sie ihren höheren Status durchaus stärken und ihrem Rang als Teamleiterin gerecht werden können.

Es gibt vier unterschiedliche Möglichkeiten, den eigenen Status und alle damit verbundenen Wirkmechanismen (wie z. B. in den Tabellen in Abschn. 8.2 sowie in Abb. 8.2 übersichtlich dargestellt) auf konstruktive oder destruktive Weise zu nutzen, um sich oder die andere Person im Status zu erhöhen oder zu erniedrigen.

1. Man kann sich selbst im Status erhöhen (= konstruktiv).
2. Man kann die andere Person im Status erhöhen (= konstruktiv).
3. Man kann sich selbst im Status senken (= destruktiv).
4. Man kann die andere Person im Status senken (= destruktiv).

Bei dem oben genannten Beispiel von Eva, Martin, Sandra und Franz kann jede dieser Personen einem der Felder zugeordnet werden (siehe Abb. 8.2).

- Feld oben rechts (konstruktiver Hochstatus): Franz befindet sich klar im Hochstatus. Seine Absicht scheint freundlich zu sein.
- Feld unten rechts (destruktiver Hochstatus): Eva ist Sandra eher abwertend gegenüber, sie befindet sich im Hochstatus und zeigt eher destruktives Verhalten.

- Feld unten links (destruktiver Tiefstatus): Sandra befindet sich im Tiefstatus und ist sich selbst eher destruktiv gegenüber.
- Feld oben links (konstruktiver Tiefstatus): Martin begibt sich Sandra gegenüber in den freundlichen, wohlwollenden und somit konstruktiven Tiefstatus.

Lesen Sie die Geschichte mit diesem Wissen und den nun gewonnenen Erkenntnissen noch einmal und versuchen Sie, sowohl den jeweiligen Status der Personen zu analysieren und einzuschätzen als auch die Statuswechsel innerhalb der Situationen zu erkennen.

Übung: Moby Dick

Weisen Sie in dieser Aufgabe folgende Wirkweise der jeweils passenden Antwort zu:

1. Hebt den anderen hervor, konstruktiv
2. Setzt den anderen herab, destruktiv
3. Sich selbst herabsetzen, destruktiv
4. Sich selbst erhebend, konstruktiv

Aussage A: *„Ich habe Moby Dick gelesen."*
    Antwort B1: *„Ich auch. Ich habe es auf Französisch gelesen."*
    Antwort B2: *„Wirklich? Dabei haben Sie doch schon so viel mit Ihrer Arbeit zu tun."*
    Antwort B3: *„Wirklich? Ich habe kein einziges Wort verstanden."*
    Antwort B4: *„Sie haben das gelesen? Haha ... ist das nicht ein Buch für Kinder?"*
    Lösung: (1. – B2/2. – B4/3. – B3/4. – B1)

Als Trainer und Coach bemerke ich oft, dass es viele destruktiv dominante Führungskräfte gibt, die unbedingt lernen müssten, mit Status-Niedrigeren anders umzugehen. Das fällt ihnen in der Regel besonders schwer. Was sie verkennen ist, dass sich mit einem destruktiv dominanten Führungsstil die Distanz zwischen der Führungskraft und den Mitarbeitenden auf Dauer vergrößert. Nicht umsonst gibt es die ungeschriebene Regel, dass Mitarbeitende dem Chef kündigen und nicht dem Unternehmen.

    Denn vor allem die Mitarbeitenden nehmen destruktives Statusverhalten von Vorgesetzten als belastend wahr, worauf die Führungskraft selbst meist nur mit Unverständnis reagiert, falls sie es überhaupt bemerkt. Für Mitarbeitende macht es einen großen Unterschied, ob es ihre bewusste Entscheidung ist, den eigenen Status zu senken, oder ob sie wegen des hohen Status der Führungskraft und durch die Statuswippe mehr oder weniger dazu gezwungen sind.

Der Mangel an Führungskompetenz im eigenen Statusverhalten gilt allerdings nicht nur für dominant destruktive Führungskräfte, sondern auch zum Teil für dominant konstruktive Führungskräfte. Es muss gar nicht immer Kritik sein, die den anderen in einen handlungsunfähigen Zustand bringt, sondern es kann auch sein, dass eine Führungskraft mit überschwänglichem Lob oder motiviert gemeinter Ansage die Mitarbeitenden verunsichert. Wenn ein hoher Status auf einen niedrigeren trifft, ist die Situation für die niedriger Stehenden stressiger, so dass allein dadurch schneller Fehler entstehen. „Don't scare the other people stupid" – „erschrecke die anderen nicht dumm". Diesen Rat möchte ich dominanten Führungskräften gerne mitgeben.

> Den eigenen Status bewusst einzusetzen ist somit ein starkes Tool für Führungskräfte, die Mitarbeitenden leichter und besser führen wollen. Es kann aber auch im vertrieblichen Kontext oder im Umgang mit KollegInnen in verschiedenen Situationen Anwendung finden.

Status ist ein sehr dynamisches und agiles Grundelement der Wirkweise. Der Status ist zudem jederzeit steuerbar durch den gezielten Einsatz von Körper, Stimme und Sprache. Der Status ist eines der stärksten Elemente, mit dem jeder eine Situation positiv beeinflussen kann, während das Grundelement des Rangs gegeben und situativ in der Regel nicht veränderbar ist.

11.2.3 Die Power

Die Power ergibt sich aus gewissen Fähigkeiten, Fertigkeiten und Talenten, die man sich im Laufe des Lebens angeeignet hat und die zum Teil auch angeboren oder durch die Erziehung erworben sein können. Abb. 11.2 zeigt die drei Dimensionen der persönlichen Power:

- Ist eine Power individuell oder strukturell geprägt?
- Ist die Power von außen sichtbar oder unsichtbar?
- Ist es eine hochklassige oder eine niedrigklassige Power?

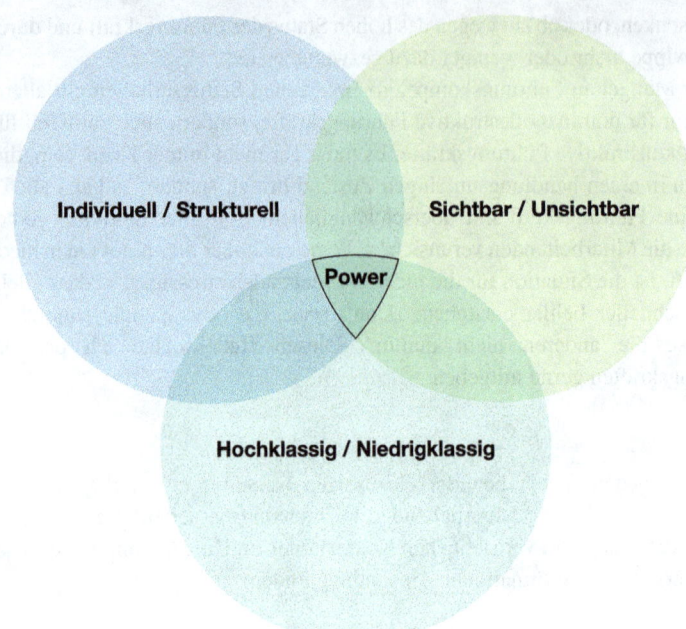

Abb. 11.2 Die drei Dimensionen der persönlichen Power (eigene Darstellung)

11.3. Individuelle und strukturelle Power

Erarbeitete oder erlernte Fertigkeiten, wie z. B. Wissen, Bildung und Mut, sowie angeborene Fähigkeiten, wie gewisse Talente oder körperliche Attraktivität, gehören zu den sogenannten *individuellen* Einflussfaktoren. Diese haben mit dem Individuum selbst zu tun.

Individuelle Einflussfaktoren – Beispiele

- Attraktivität
- Wissen
- Bildung
- Kommunikation
- Netzwerke
- Charisma
- Charme
- Mut
- Geld

11.2 Die fantastischen Vier – Grundelemente der Wirkweisen

- Selbstwert
- Humor
- Intelligenz
- Sicherheitsgefühl
- Entscheidungen treffen können
- Talente
- ... ◄

Im Unterschied zu den individuellen Einflussfaktoren sind die strukturellen maßgeblich von außen geprägt. Diese sind in der Regel gar nicht oder nur sehr schwer änderbar, meistens, weil die Faktoren von Geburt an bereits bestimmt sind oder man in gewisse Umstände hineingeboren wurde. Um zwischen einer individuellen Einflussquelle und einer strukturellen zu unterscheiden, kann man sich die Kontrollfrage *„Kann ich das (leicht) ändern?"* stellen.

Beispiel: Ich kann mich weiterbilden und mein Netzwerk vergrößern. Ich kann daran arbeiten, es zu verändern und zu verbessern. Darauf habe ich persönlich einen maßgeblichen Einfluss. Aber ich kann meinen Geburtsort und die kulturelle Prägung, die ich dadurch beim Aufwachsen erfahren habe, nicht mehr ändern und habe darauf auch keinen Einfluss.

Strukturelle Einflussfaktoren – Beispiele

- Geschlecht
- Nationalität
- Volkszugehörigkeit
- Kulturelle Prägung
- Gesundheit
- Geographie-Privileg
- Religion
- Alter
- Muttersprache
- ... ◄

Es gibt zwei ungeschriebene Gesetze, die mit den individuellen und strukturellen Einflussfaktoren einhergehen.

1. Die strukturelle Power wirkt sich auf die individuelle aus.
Je nachdem, in welchem Land und in welcher Region man geboren wurde, hat man andere Möglichkeiten, die individuelle Power zu entfalten. Zum Beispiel hat je-

mand, der in einer Favela in Recife, Brasilien aufwächst, sicherlich nicht die gleichen Möglichkeiten zu netzwerken, wie jemand, der in Beverly Hills, Los Angeles, in den USA oder in Frankfurt am Main aufwächst.

2. Die strukturelle Power ist ortsabhängig.
Fast jeder Mensch hat Orte, an denen er strukturelle Macht ausüben kann, was in Wörtern wie „Heimvorteil" oder „Hausmacht" zum Ausdruck kommt. Zum Beispiel kennt man in seinem Heimatort viele Menschen, spricht den Dialekt und kennt sich geografisch gut aus. Man weiß, wie die Leute ticken, und ist „eine(r) von ihnen". In einer fremden Stadt muss man sich eine solche Struktur erst lang erarbeiten und kann nicht einfach auf diese strukturelle Macht zurückgreifen.

Sichtbare und unsichtbare Power
Die genannten Einflussfaktoren können zudem in sichtbare und unsichtbare Faktoren unterteilt werden, je nachdem ob sie jeweils nach außen hin erkennbar sind. Manche Faktoren können individuell sichtbar oder unsichtbar gemacht werden. Dazu gehören zum Beispiel Reichtum oder Religion. Diese kann ich, durch gewisse Embleme oder Schmuckstücke, bei Bedarf, bewusst nach außen hin sichtbar machen, oder im unsichtbaren Bereich lassen. Es gibt aber auch Faktoren, die nicht oder nur sehr schwer sichtbar gemacht werden können, wie die Gesundheit, oder nur schwer unsichtbar gemacht werden können, wie das Geschlecht.

Es ist situativ ganz unterschiedlich, ob es hilfreich ist, ein Power-Merkmal sichtbar oder unsichtbar werden zu lassen. Im oben genannten Beispiel „Die Präsentation" macht Sandra ihre Fähigkeit, analytisch locker und überzeugend zu sein, während ihres Vortrages sichtbar, um sich damit einen Vorteil zu verschaffen. Sie gewinnt dadurch an Ansehen und Wertschätzung bei ihrem Vorgesetzten und kann ihre Inhalte höherrangigen Menschen präsentieren. Auch Franz zeigt seine strukturelle Power, indem er ihr aufzeigt, welche Schritte sie als nächstes gehen und was er für sie möglich machen kann und wird. Martin hingegen versucht, seine Power, das Wissen über technische Zusammenhänge, eher zu verstecken und unsichtbar zu halten, damit er Sandra nicht den Rang abläuft oder sie im Status ungewollt erniedrigt.

Wenn Menschen das Gefühl haben, dass ihre sichtbare Power gering ist, meinen sie häufig, ihre unsichtbare Power sichtbar machen zu müssen. Das kann unter anderem auch durch eine Art der Überkompensation geschehen. Ein Beispiel dafür wäre es, seinen Reichtum zur Schau zu stellen, etwa durch viel teuren Schmuck oder extravagante Autos.

11.2 Die fantastischen Vier – Grundelemente der Wirkweisen

Hochklassige und niedrigklassige Power
Die Power jeder der einzelnen Einflussfaktoren kann zudem noch in zwei weitere Arten klassifiziert werden: in eine hoch- und eine niedrigklassige. Dies bedeutet, dass je nach Situation die Power unterschiedliche Privilegien, Vorteile oder andere vorhersagbare Verhaltensweisen mit sich bringt.

Zum Beispiel wird „Attraktivität" in der Regel als eine hochklassige Power eingeordnet. Ein attraktives Aussehen wird Vorteile haben, weil Menschen diese Person als intelligenter, geselliger und ehrlicher einschätzen. Es ist wahrscheinlicher, dass der oder die Betreffende in ihren Fähigkeiten eher überschätzt wird.

„Hässlichkeit" wird hingegen als eine niedrigklassige Power eingeordnet. Es ist wahrscheinlicher, dass diese Person als ungepflegter wahrgenommen wird, dass sie dadurch weniger im Rampenlicht steht, aber auch, dass sie in ihren Fähigkeiten unterschätzt wird.

Jede Art von Power hat ihre eigenen Vorteile. Auch eine strukturell niedrigklassige Power kann, in gewissen ausgewählten Situationen, Privilegien mit sich bringen. So bekommt jemand im Rollstuhl einen Sitz in der ersten Reihe oder hat Anrecht auf einen Parkplatz in einer begehrten Innenstadtlage. Allerdings sind bei niedrigklassiger Power meist mehr Hürden und Nachteile zu überwinden, so dass diese die wenigen Vorteile, die damit einhergehen, die Nachteile nicht aufwiegen.

Auch hier fühlt man sich in der Regel mit Menschen am wohlsten, die einem gleich sind. Viele versuchen, sich von Menschen mit niedrigklassiger Power fernzuhalten und orientieren sich an Menschen mit hochklassiger Power.

Unbewusste Voreingenommenheit
Bleibt die Klassifizierung in hoch- und niedrigklassige Einflussfaktoren unbewusst, so kann dies zu einer Voreingenommenheit führen. Das bedeutet, dass wir in einer bestimmten Weise gegenüber Menschen mit bestimmten Power-Merkmalen handeln, und zwar so, dass wir die Menschen jeweils unter- oder überschätzen oder falsch bzw. verzerrt wahrnehmen.

Wer selbst nicht von niedrigklassigen Einflussfaktoren betroffen ist, ist sich der damit einhergehenden strukturellen Probleme oft nicht bewusst. Je weniger Power man hat, desto mehr erkennt man das damit verbundene strukturelle Privileg, und je mehr Power man hat, desto weniger erkennt man das strukturelle Privileg.

Nicht nur in Deutschland gehen immer mehr Unternehmen dazu über, auf Bewerbungen keine Bilder mehr zuzulassen. In manchen Unternehmen werden sogar die Namen ausgeblendet, damit die Recruiter sich nicht von unbewussten Vorurteilen leiten lassen, die durch strukturelle Einflussfaktoren entstehen. Denn ein

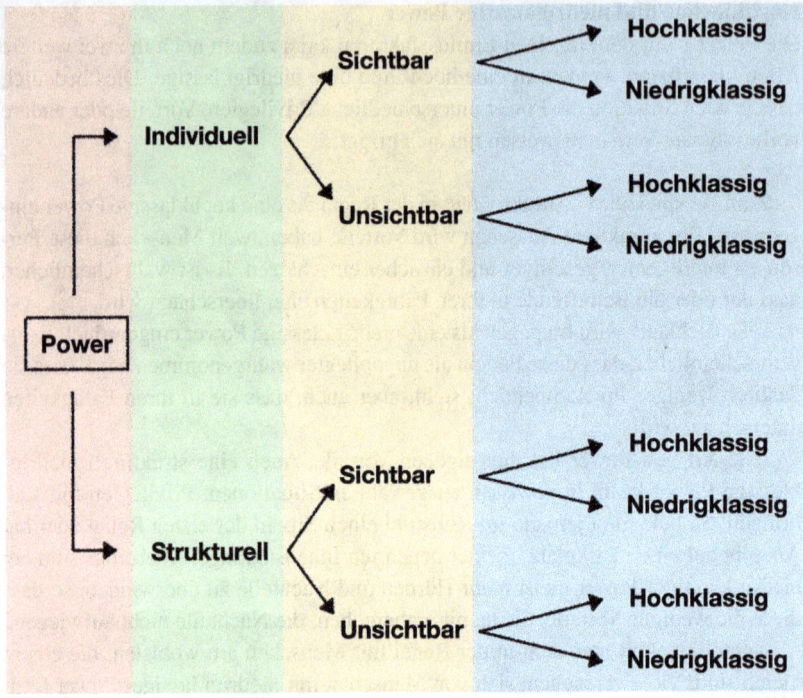

Abb. 11.3 Der Power-Entscheidungsbaum (eigene Darstellung)

„Stefan Schmidt" hatte in Deutschland in der Vergangenheit größere Chancen, einen Arbeitsplatz zu bekommen, als eine „Aysha Tajir", und zwar einfach nur auf Grund der Power des Namens und des äußeren mitteleuropäischen Erscheinungsbildes. Ohne Bild und Namen kann der Fokus allein auf die individuellen Einflussfaktoren gelegt werden, ohne dass man sich negativ beeinflussen lässt.

Die Abb. 11.3 des Power-Entscheidungsbaumes hilft Ihnen, Ihre persönliche Power strukturiert zu elaborieren. Das Bewusstwerden der eigenen Power ist ein weiteres Werkzeug, das Sie für Ihre Wirkung jederzeit benutzen können. Zudem ist die Differenzierung Ihrer Power-Merkmale wichtig, um zu wissen, ob und in welchen Situationen es Ihnen die Vorteile bringt, die Sie sich erhoffen.

> **Übung: Ihre Power-Merkmale**
>
> Machen Sie sich Ihre Power-Merkmale im Alltag unbedingt bewusst. Legen Sie sich z. B. mit Hilfe der oben genannten individuellen und strukturellen Einflussfaktoren eine Liste Ihrer persönlichen Power-Merkmale an, die Sie in ver-

schiedenen Situationen beruflich und privat einsetzen. Finden Sie im nächsten Schritt heraus, ob diese sichtbar oder unsichtbar sind und ob Sie diese zukünftig sichtbar oder unsichtbar machen wollen. Klassifizieren Sie anschließend nach hoch- und niedrigklassigen Merkmalen. Auf diese Weise erhalten Sie die Quintessenz Ihrer ganz persönlichen Power.

Erkennen Sie die Vorteile, die Sie aus Ihren strukturellen und individuellen Merkmalen ziehen können, auch aus denjenigen, die aus niedrigklassigen Merkmalen erwachsen können. In welchen Situationen könnte es für Sie von Vorteil sein, bestimmte Power-Merkmale deutlicher nach vorne zu bringen oder eher verschwinden zu lassen?

11.2.4 Der Selbstwert

Das Selbstwertgefühl beschreibt, wie man sich innerhalb einer Situation fühlt: Fühlt man sich gesehen, wertgeschätzt und respektiert, so hat man ein höheres Selbstwertgefühl. Es variiert allerdings von Situation zu Situation.

Viele Menschen versuchen, diese Volatilität gering zu halten, da sie ihre Gefühle kontrollieren möchten. Der Wunsch nach Kontrolle schützt jedoch nicht vor ihrer natürlichen tiefen Sehnsucht nach Anerkennung und dem Verlangen nach Wertschätzung. Manche Menschen können sich z. T. selbst die Wertschätzung geben, die sie brauchen, die meisten allerdings ziehen das Selbstwertgefühl aus dem Verhalten der Mitmenschen ihnen gegenüber. Somit ist das bewusste oder unbewusste Erhöhen und Senken des Selbstwertes des anderen ein essenzieller und situationsverändernder Baustein im alltäglichen Wirken.

> Das Selbstwertgefühl hat einen großen Einfluss auf das Statusverhalten: Je wohler ich mich fühle, desto eher steigt auch mein Status. Je unwohler ich mich fühle, desto eher sinkt der Status. Diese beiden Grundelemente sind daher eng miteinander verknüpft. Grundsätzlich kann man sagen: Je höher die eigene Selbstwirksamkeitserwartung ist – also das Vertrauen in sich selbst, herausfordernde Situationen zu meistern –, desto stabiler ist auch das situative Selbstwertgefühl.

Im Unternehmenskontext hat der Umgang mit psychologischer Sicherheit, z. B. bei der Mitarbeiterkommunikation oder der Fehlerkultur, einen großen Einfluss auf das situative Selbstwertgefühl der Mitarbeitenden. Wenn man sich in einem Meeting nicht traut, ein bestimmtes Thema anzusprechen, weil man Angst davor hat, dass die KollegInnen oder die Führungskraft negativ reagiert, dann wird das Umfeld nicht als psychologisch sicher eingeschätzt. Das führt zu einem verringerten Selbstwertgefühl innerhalb dieser Situation. Organisationsstrukturen wie auch individuelle Verhaltensweisen haben also einen Einfluss auf das situative Empfinden der Menschen innerhalb dieser Organisation.

In dem oben genannten Beispiel „Die Präsentation" lässt Franz gleich zu Beginn des Meetings durch sein sehr dominantes Auftreten im Raum das Selbstwertgefühl von Sandra sinken. Am Ende versucht Franz, durch das intensive Lob zwar, Sandras Selbstwertgefühl zu steigern, erreicht aber das Gegenteil. Er verunsichert sie dadurch viel mehr, als dass er ihr hilft. Auch Eva verringert durch ihre geringschätzende Gestik und Mimik das Selbstwertgefühl von Sandra. Lediglich Martin schafft es, das Selbstwertgefühl von Sandra immer wieder etwas zu steigern. Martin agiert nach dem Prinzip des Improvisationstheaters: „Let your partner shine."

Die KollegenInnen gut aussehen zu lassen, ist ein wichtiges Grundprinzip, auch für psychologisch sicheres Arbeiten. Das scheint zwar im ersten Moment nur dem anderen zu dienen, aber natürlich kommt es letzten Endes auch dem eigenen Ansehen zugute.

Blumen des Erfolgs

Als ich bei einer Veranstaltung als Moderator auf einem Event eines großen Technik-Konzerns eine Führungskraft auf die Bühne holte und ihr für den Erfolg im vergangenen Jahr dankte, sagte sie: *„Die Blumen des Erfolgs gehören in viele Vasen. Denn dass das überhaupt so möglich war, ist vor allem der grandiosen Leistung meines Teams zu verdanken."*

Die Führungskraft zeigte auf ihr Team, applaudierte und verneigte sich. Durch diese sehr wertschätzende Geste schien sich die Führungskraft zwar im ersten Moment selbst kleiner zu machen, aber sie machte dadurch ihr Team größer. Damit erhöhte sie das Selbstwertgefühl der Mitarbeitenden – und gleichzeitig auch ihr eigenes, denn sie erfuhr gerade dadurch selbst viel Anerkennung und Wertschätzung von den KollegInnen und dem Team. Kleine Geste, große Wirkung – genauso wie Booker T. Washington bereits im Jahr 1836 sagte: „Wenn du dich selbst erhöhen willst, dann erhöhe andere." ◄

Das Selbstwertgefühl ist nicht direkt sichtbar. Auf Grund von gewissen Gefühlsregungen oder von Statusverhalten kann es sein, dass man von außen auf Umwegen auf das Selbstwertgefühl anderer schließen kann. Aber selbst den Betroffenen ist es nicht immer möglich, genau zu sagen, wie hoch oder wie niedrig ihr

11.2 Die fantastischen Vier – Grundelemente der Wirkweisen

Selbstwertgefühl gerade ist. Dies ist vor allem dann besonders schwierig, wenn ihre Selbstwahrnehmung nicht trainiert ist, weil sie sie nie erlernt haben oder sie nicht ausgeprägt genug ist, um kleine Veränderungen zu spüren. Auch ist es durchaus möglich, dass es sich jemand durch eine zu starke emotionale Kontrolle nicht erlaubt, Gefühle zuzulassen. Das bedeutet aber nicht, dass die Gefühle nicht vorhanden sind. Sie werden nur unterdrückt, was auf Dauer großen psychischen Schaden anrichten kann. Viele Menschen möchten oder können die Gefühle aus strategischen oder kulturellen Gründen nicht zeigen.

Folgende Gesetzmäßigkeiten gelten im Umgang mit dem Selbstwertgefühl und den Mitmenschen:

1. Absicht ist nicht immer Wirkung

Die Absicht, das Selbstwertgefühl des anderen zu beeinflussen, ist oft ganz anders als die tatsächliche Wirkung auf das Gegenüber. Zum Beispiel können viele Menschen mit offensivem Lob nicht umgehen; es geht an ihnen vorbei, oder es verringert ihr Selbstwertgefühl, anstatt es zu erhöhen. Daher sollte der Absender nicht nur die Absicht, sondern auch immer die finale Wirkung beim Empfänger bedenken.

2. Selbsterfüllende Prophezeiung

Menschen mit geringem Selbstwertgefühl antizipieren oft negative Gefühle und erwarten das Schlimmste. Nur durch einen sehr vorsichtigen Umgang können andere deren Selbstwertgefühl erhöhen und die selbsterfüllende Prophezeiung abwenden.

Menschen mit geringem Selbstwertgefühl merken oft nicht, dass sie mit ihrem destruktiven Verhalten auch den Selbstwert der anderen um sie herum in Mitleidenschaft ziehen. In der Folge senken solche Menschen, deren Selbstwertgefühl Schaden erlitten hat, den Verursacher wiederum in seinem Selbstwert. Das bestätigt die Person mit geringem Selbstwertgefühl in ihrer negativen Annahme, und der Kreislauf beginnt erneut. Es funktioniert allerdings auch umgekehrt in positiver Hinsicht, wie das Beispiel „Blumen des Erfolgs" zeigt.

3. Hohe Stabilität der Selbstwertgefühlsmuster

Es ist schwer, die eigenen Selbstwertgefühlsmuster zu durchbrechen. Menschen mit geringem Selbstwertgefühl warten zwar darauf, dass die anderen sie in ihrem Selbstwert erhöhen, aber sie tun es nicht selbst und bleiben über lange Phasen hin passiv. Manche benötigen das Gefühl, andere zu erniedrigen oder zu erhöhen, um dadurch ihr Selbstgefühl zu steigern. Muster dieser Art bleiben über lange Zeit stabil, weil sie wie selbsterfüllende Prophezeiungen wirken.

4. Selbstwertgefühl ist fragil und volatil

Das Selbstwertgefühl kann innerhalb kürzester Zeit z. B. mit einem Spruch oder einer Geste massiv gesenkt werden. Auch kann es bei einem Lob oder bei Zuneigung ebenso schnell wieder steigen. Allerdings bedarf es oft mehr Zeit und Energieaufwand, sich innerhalb einer Situation wohl, geborgen oder wertgeschätzt zu fühlen, als jemanden in kürzester Zeit zu irritieren und abzuwerten. Langfristig gesehen benötigt das Selbstwertgefühl viel Zeit, um sich zu stabilisieren und um die Volatilität auf einem geringen Niveau zu halten.

5. Enge Beziehung bedeutet große Abhängigkeit

Das eigene Selbstwertgefühl steht immer auch in einer gewissen Abhängigkeit zu demjenigen des Gegenübers. Je enger die Beziehung zweier Menschen zueinander ist, desto stärker sind die gegenseitige Beeinflussung und der Effekt auf das Selbstwertgefühl des anderen.

Voraussetzung hierfür ist die Fähigkeit zu Empathie und Einfühlungsvermögen. Je distanzierter die Beziehung zueinander ist, desto geringer ist die gegenseitige Beeinflussung. Sind zudem weder Empathie noch Einfühlungsvermögen vorhanden, wie es z. B. bei sehr stark narzisstischen Persönlichkeiten der Fall sein kann, dann ist das eigene Selbstwertgefühl von der Beziehung entkoppelt und kann völlig unabhängig vom Selbstwertgefühl des anderen endlos steigen.

> **Übung: Das innere Selbstwertgefühl – ein Messinstrument zum Ausprobieren**
>
> Wenn Sie innerhalb einer Situation Ihr Selbstwertgefühl für sich selbst spürbar machen möchten, dann stellen Sie sich vor, dass Sie Ihre Hand ganz nach oben nehmen, wenn Sie ein sehr hohes Selbstwertgefühl haben. Je niedriger Sie es empfinden, desto tiefer senken Sie Ihre Hand. Die Skala reicht so hoch hinaus, wie Sie sich mit der Hand strecken können, und so tief, wie Sie mit der Hand in Richtung Boden kommen.
>
> Bevor Sie in ein Gespräch hineingehen, dann imaginieren Sie, wo sich Ihre Hand nun gerade befinden würde, wenn Sie es dem Gegenüber visualisieren müssten, und achten Sie darauf, welche Verhaltensweisen durch das aktuelle Selbstwertgefühl bei Ihnen entstehen.
>
> Wenn Sie z. B. Ihre beste Freundin nach langer Zeit wiedersehen und Sie sich sehr darauf freuen, sich herzlichst begrüßen und umarmen und sie Sie fragt, wie es Ihnen geht, dann wird die Hand das Selbstwertgefühl sehr weit oben anzeigen. Erzählt Ihre Freundin im Verlauf des Gespräches jedoch nur von sich, stellt nie eine Rückfrage und interessiert sich nicht für das, was Sie erzählen, dann wird Ihre Hand und somit auch Ihr Selbstwertgefühl Stück für Stück tiefer sinken.

11.2 Die fantastischen Vier – Grundelemente der Wirkweisen

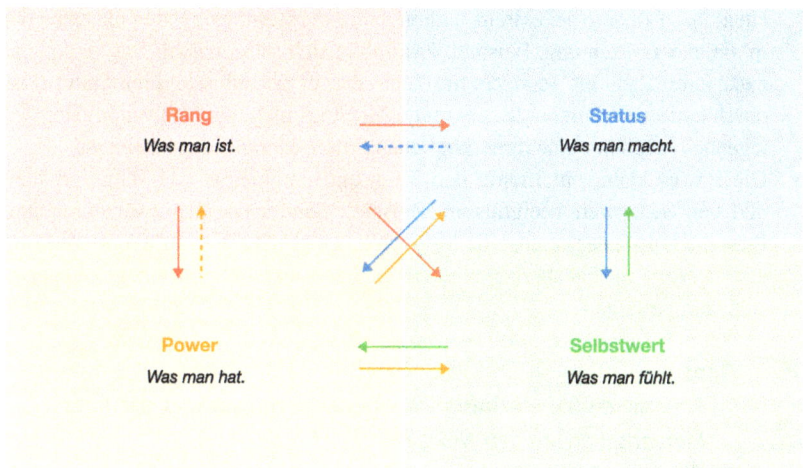

Abb. 11.4 Die vier Grundelemente der persönlichen Wirkweise (eigene Darstellung)

Sie können also die imaginäre Hand als Messinstrument und Wirkwerkzeug benutzen, um vor Ihrem inneren Auge nach jeder verbalen, gestischen oder mimischen Aussage Ihres Gegenübers zu spüren, ob und wenn ja, in welche Richtung sich Ihr Selbstwertgefühl in diesem Moment gerade verändert hat. Dies erlaubt Ihnen eine viel differenzierte Selbstwahrnehmung. Es zeigt Ihnen die Auswirkungen auf Ihr Statusverhalten und auf Ihre persönliche Power.

In Abb. 11.4 sehen Sie die vier Grundelemente in einer einfachen Übersicht. Die Pfeile geben an, welche Grundelemente Einfluss auf die anderen ausüben.

- Der **Rang** kann einen Einfluss auf den Status, auf das Selbstwertgefühl wie auch auf die Power einer Person haben. Beispiel: Sandra hat als Mitarbeiterin den niedrigsten Rang, fühlte sich unwohl und war zumindest zu Beginn unsicher, was ihre Power anging.
- Der **Status** hat Einfluss auf den Selbstwert und auf die Power. Auf den Rang hat der Status nicht unmittelbar einen Einfluss, kann sich aber langfristig darauf auswirken. Beispiel: Sandra hatte zu Beginn einen niedrigen Status, der auch ihr Selbstwertgefühl negativ beeinflusste. Durch den Tiefstatus konnte sie ihre Power zu Beginn des Meetings nicht optimal nutzen.
- Der **Selbstwert** kann den Rang nicht beeinflussen, hat jedoch Einfluss auf Status und Power. Denn das Selbstwertgefühl kann diese stärken oder auch schwä-

chen, insbesondere bei extrem starken Selbstwertausprägungen in die eine oder in die andere Richtung. Beispiel: Eva fühlte sich sehr unwohl. Das veränderte zwar ihren Rang als Teamleiterin nicht, aber es beeinflusste ihren Status. Dadurch hatte sie während des gesamten Meetings nicht die Motivation oder Gelegenheit, auch nur eine ihrer möglichen Power-Merkmale anzuwenden.
- Die **Power** kann mittelfristig den Rang und unmittelbar das Statusverhalten und den Selbstwert beeinflussen. Beispiel: Sandra hat sich zwar durch ihre Präsentationspower potenzielle Möglichkeiten geschaffen, in Zukunft im Rang aufzusteigen. Sie hat aber vor allem ihren Status und ihr Selbstwertgefühl gegen Ende hin gesteigert.

▶ **Tipps**
1. Analysieren Sie zukünftig Ihr eigenes Verhalten und das Ihrer Mitmenschen mit den Wirkelementen.
2. Gestalten Sie zukünftige Situationen selbstsicherer und selbstbewusster, indem Sie die Wirkelemente erkennen und individuell einsetzen.

11.3 Der Umgang mit herausfordernden Typen

Unter all den vielen Wirktypen gibt es drei eher unangenehme, die besonders verbreitet sind und denen man häufig begegnet. Diese können leicht mit speziell auf sie zugeschnittenen Wirkstrategien in ihre Schranken verwiesen werden. Der souveräne Umgang mit diesen herausfordernden Typen oder „Charakteren" ist ein wichtiger Schritt zur Power der persönlichen Präsenz. Nachfolgend erhalten Sie Hinweise, wie Sie dem „Tuchfühler", dem „Alleinunterhalter" und dem „Bestimmer" selbstbewusst begegnen, ohne sich klein zu machen und an Selbstwert oder Status zu verlieren.

11.3.1 Der Tuchfühler

Der Tuchfühler kommt, wie der Name schon sagt, grundsätzlich körperlich zu nah. Das kann aus Gründen erotischer Anziehung geschehen, aber auch einfach, weil jemand ein anderes Distanzgefühl hat. Jeder Versuch, gegenüber dem Tuchfühler auf Distanz zu gehen, ist hier von Vornherein zum Scheitern verurteilt. Ein Zurückweichen wird von ihm sogar eher als Einladung verstanden, noch ein Stückchen näher zu rücken. Außerdem ist ein unendliches Zurückweichen auch nicht mög-

11.3 Der Umgang mit herausfordernden Typen

lich, und Sie werden im wahrsten Sinne des Wortes in die Ecke gedrängt. Auch ein genervter oder gar angewiderter Gesichtsausdruck ist kontraproduktiv, da der Tuchfühler ihn gar nicht bemerkt oder er sogar vom ihm als Aufforderung verstanden wird, die Distanz noch stärker zu verringern.

Diesen intimen körperlichen Vorstoß in Ihre Privatsphäre müssen Sie aber keinesfalls akzeptieren. Der Tuchfühler kann gezähmt werden, indem Sie z. B. Ihre persönliche Präsenz stärken. Durch simple Hochstatusgesten, die den eigenen Raum definieren, können Sie ihm die Grenzen aufzeigen. Benutzen Sie Ihre Arme beim Sprechen und nehmen Sie mit diesen Ihren Raum ein. Sie können den Tuchfühler auch durchaus sanft mit geöffneter Hand zur Seite schieben. Wichtig dabei ist, dass Sie einen sicheren Stand haben, also mindestens im neutralen Stand stehen. Wichtig ist auch, dass Sie Tiefstatus-Gesten einstellen, da diese vom anderen entweder gar nicht bewusst wahrgenommen oder sogar bewusst ignoriert werden. Es kann sogar sein, dass diese verstärkend auf ihn wirken.

Wenn Sie sich das nicht wortlos trauen sollten, können Sie es natürlich auch rhetorisch mit dem folgenden oder einem ähnlich formulierten Satz begleiten: „Lassen Sie uns bitte in diesem Abstand miteinander sprechen. Danke." Das können Sie jederzeit machen, ohne dabei Ihre freundliche und offene Art einzustellen. Sie werden sehen, das wirkt wahre Wunder. Der eine oder andere Leser wird sich jetzt vielleicht denken: „Das kann ich doch nicht machen, wie kommt das denn an?". Seien Sie sicher, es wirkt selbstbestimmt, souverän, sicher, für sich einstehend und klar. Ob der Tuchfühler damit klarkommt oder nicht, ist irrelevant, denn Sie haben das Recht, sich gegen solche Übergriffe zu wehren. Die Einstellung „lieber fühle *ich* mich unwohl, als dass der *andere* sich unwohl fühlt" ist keine erfolgreiche innere Haltung, um sich für ein souveränes Auftreten vorzubereiten. Im Gegenteil, vermutlich haben ihm zu selten und zu wenige Menschen klar die Grenzen aufgezeigt.

Wenn vom Gegenüber bei der Tuchfühlung eine sexuelle Absicht durchscheint, dann sollten Sie die Grenzen, vor allem die körperlichen, frühzeitig klar und entsprechend benennen. Wollen Sie dabei selbstbewusst und bestimmt wirken, so vergegenwärtigen Sie sich die Wirkmechanismen, die mit einem konstruktiven Hochstatus einhergehen. Dieser Status garantiert Ihnen zudem, dass Sie mit dem Tuchfühler auch weiterhin in einem professionellen Kontext arbeiten können.

11.3.2 Der Alleinunterhalter

Alleinunterhalter sind Typen, die ohne Punkt und Komma reden können und bei denen man manchmal das Gefühl hat, sie sprechen sogar beim Einatmen. Andere haben es schwer, eine Lücke zu finden, um auch einmal zu Wort zu kommen. Die Redeanteile sind sehr ungleich und zu Gunsten des Alleinunterhalters verteilt, der am meisten und am längsten spricht. Das kann bei einem kleinen Plausch an der Straßenecke oder im Verkaufsgespräch mit einem Kunden sein, egal ob telefonisch, im digitalen Setting oder in Präsenz vor Ort. Wie schafft man es grundsätzlich, beim Alleinunterhalter zu Wort zu kommen? Wie findet man zudem den schnellsten und besten Abschluss?

Beim Alleinunterhalter können Sie tief in die Präsenz-Trickkiste greifen. Sie können eine Unterbrechung bewusst provozieren. Das kann natürlich ein vorgetäuschtes Telefonat oder ein Kollege sein, der Sie auf ein verstecktes Zeichen hin ruft. Sie können auch biologische Faktoren dafür heranziehen, die immer für eine kurze Pause sorgen.

Niesen oder husten Sie heftig, und nutzen Sie diese Unterbrechung dazu, um sich direkt im Anschluss daran dafür zu entschuldigen und das Gespräch in die von Ihnen gewünschte Richtung zu lenken. Wichtig dabei ist, dass das Niesen oder Husten glaubwürdig erscheint. Der Ursprungsimpuls kommt sowohl beim Niesen als auch beim Husten vom Zwerchfell aus. Achten Sie beim Husten darauf, dass der Impuls stark genug ist, damit er glaubwürdig bleibt. Beim Niesen bedarf es etwas mehr Vorbereitungszeit, da vorher das kurze Kitzeln oder Kribbeln in der Nase noch vorbereitet werden muss. Daher empfiehlt es sich, zu Beginn kurz die Nase rümpfen oder mit dem Finger daran zu reiben, weil es vermeintlich juckt. Atmen Sie leicht, flach und stoßweise durch den Mund ein. Heben Sie dabei das Kinn etwas nach oben und gehen Sie mit dem Kopf leicht nach hinten, dann schnell mit einem Huster ausatmen und direkt im Anschluss daran mit einem „tschiu" enden. Das „iu" mit dem Einsatz der Stimme am Ende kann, aber muss nicht folgen. Entscheiden Sie sich dafür oder dagegen, je nachdem wie Sie sonst für gewöhnlich niesen. Wichtig ist auch, dass Sie sich dabei etwas zur Seite drehen und in die Armbeuge niesen. Denn für gewöhnlich will man ja dem anderen nicht direkt ins Gesicht niesen.

Wenn Sie nicht gerade der geborene Schauspieler sind oder Sie sich mit solchen Lösungen nicht wohlfühlen, dann können Sie auch andere, weitaus charmantere und leichter umzusetzende Techniken benutzen. Denn vor allem in Pandemie-Zeiten ist ein Husten oder Niesen nicht unbedingt ein positiv konnotiertes Signal für das Gegenüber.

Die charmanteste Variante ist, einen Gesprächspunkt des Gegenübers mit einem klaren und positiven Impuls aufzugreifen, um sich dadurch wieder zurück ins Spiel zu bringen und Präsenz zu zeigen. Nach nur wenigen Worten zu dessen Thema können Sie mit einem Brückensatz dem Gespräch die nötige Wendung geben und so den weiteren Gesprächsverlauf steuern. Diese Technik bedeutet aber, dass wir das Gegenüber unterbrechen müssen. Das fällt vielen Menschen sehr schwer.

11.3 Der Umgang mit herausfordernden Typen

Mut zum Unterbrechen ist daher eine Grundvoraussetzung für den Umgang mit Alleinunterhaltern. Viele haben in ihrer Erziehung gelernt, dass man andere nicht unterbricht. Das ist auch grundsätzlich sehr wertschätzend, respektvoll und ehrenwert, allerdings gilt es nicht für Alleinunterhalter. Schließlich ist das Dauerreden auch eine Form der Übergriffigkeit gegenüber dem Gesprächspartner, der als Dauerzuhörer „benutzt" wird, ohne etwas beitragen zu können.

Bedenken Sie: Alleinunterhalter sind es *gewohnt*, unterbrochen zu werden. So zynisch das klingen mag, so wichtig ist es, dass Sie diesen Fakt mit berücksichtigen. Alleinunterhalter reden nicht nur mit Ihnen so viel, sondern sie tun das ständig und mit jedem. Daher werden Sie nicht die erste und einzige Person sein, die ihn unterbricht. Ein weiterer wichtiger Punkt ist, dass Alleinunterhalter es gar nicht schlimm finden, wenn sie unterbrochen werden. Erstens weil sie es ja nicht anders kennen und zweitens, weil sie denken: *„Wenn es für den anderen genug ist, dann wird er mich schon unterbrechen."*

Die Gründe, warum Menschen so viel reden, sind ganz unterschiedlich. Es kann z. B. sein, dass sie Stille nicht gut ertragen können oder dass sie ein starkes Mitteilungsbedürfnis haben. Es ist auch möglich, dass sie nur auf sich fokussiert sind oder einfach die Mitmenschen unterhalten wollen, weil sie sich interessant machen wollen. In allen Fällen jedoch wird eine Unterbrechung nicht als respektlos oder gar als persönlicher Angriff wahrgenommen, sondern als notwendiges rhetorisches Stilmittel, um mit ihnen zu kommunizieren. Haben Sie daher Mut, Alleinunterhalter zu unterbrechen!

Gehen Sie beim Unterbrechen folgendermaßen vor:

1. Geben Sie zuerst einen starken **verbalen positiven Impuls,** der Interesse oder Wertschätzung zeigt.
2. Greifen Sie dann den **Inhalt des gerade Gesagten** kurz auf, indem sie es z. B. aufwerten.
3. Bilden Sie jetzt einen **Brückensatz,** der Sie zu Ihrem Thema führt, das Sie nun anbringen oder worauf Sie hinleiten möchten.
4. Sprechen Sie das Thema an und **bleiben Sie dabei.** Machen Sie keine Pause, sondern reden Sie in einem durch, so dass Sie dem Alleinunterhalter keine Möglichkeit geben, wieder einzuhaken. Enden Sie erst wieder mit dem Abschluss des Gesprächs oder mit einer konkreten und zielführenden Gegenfrage.
5. Akzeptieren Sie, dass für einen kurzen Moment lang **parallel gesprochen** wird. Wenn der Anfangsimpuls nicht stark genug war oder der Alleinunterhalter gerade noch etwas zu Ende erzählen will, kann es durchaus sein, dass Sie eine Zeitlang gleichzeitig sprechen. Halten Sie das aus, bleiben Sie in Ihrer wohlwollenden Haltung und halten Sie durch.

> **Situation: Charmantes Unterbrechen**

Stellen Sie sich vor, Sie sind alleine mit einem Mitarbeitenden in einem Meeting-Raum. Das Meeting ist beendet, alle Themen sind geklärt und Sie wollen nach Hause. Der Alleinunterhalter lässt Sie aber noch nicht gehen und redet an einem Stück über Gott und die Welt. Die Zahlen hinter den Sätzen nehmen Bezug auf die oben beschriebene Reihenfolge des Vorgehens.

Alleinunterhalter: *„Und wissen Sie, da war ich dann wieder mal mit meinen Kindern unterwegs und musste vorher noch die ganze Reise organisieren, das war schon wieder ..."*

Sie: *„Das glaub ich sofort! (1) Solch eine Organisation ist wirklich eine Herausforderung, und das auch noch zusätzlich im normalen Alltagsstress (2). Genau das habe ich heute auch noch vor, ich muss noch nach Hause und habe dort einiges herumliegen, was unbedingt erledigt werden muss (3). Daher danke Ihnen nochmal für das Meeting und das Gespräch – ich finde, wir sind zu einigen interessanten Punkten gekommen, und damit ich jetzt auch pünktlich nach Hause komme, verabschiede ich mich hiermit und wünsche Ihnen noch einen schönen und entspannten Feierabend. Bis morgen (4)."* ◄

11.3.3 Der Bestimmer

Der Bestimmer ist ein Typus, der häufig permanent im destruktiven Hochstatus zu Hause ist. Er sagt allen und jedem, wo es lang geht und was gemacht werden muss. Das geschieht in einer Absolutheit, die scheinbar keine Widerrede oder andere Meinungen zulässt. Wirktechnisch setzt er alles auf eine Karte. Er ist es gewohnt, dass die Menschen um ihn herum ihm selten oder gar nicht widersprechen und sich auf Grund der Statuswippe meistens automatisch in den destruktiven Tiefstatus begeben.

Um hier ein souveränes Auftreten zu gewährleisten, benötigt es die innere Haltung der *Selbstverständlichkeit*. Das bedeutet, dass Sie Ihre Meinung zu einem Thema ganz unprätentiös verteidigen und dafür einstehen. Denn der Bestimmer braucht klare Ansagen und klare Grenzen. Dabei kann es von großer Hilfe sein, wenn man ihm gleichzeitig das eigene Verhalten spiegelt, um ihm zu zeigen, wie es herüberkommt. Man denkt im ersten Moment vielleicht, dass das den Bestimmer anstachelt und wütender machen würde. Die Erfahrung hat aber gezeigt, dass dem nicht so ist. Das würde nur dann passieren, wenn man ihm seinen Status streitig macht. Solange man sich aber auf der gleichen Statusebene austauscht, wird sein Status nicht angegriffen.

Der Bestimmer ist im Alltag umgeben von Menschen, die keine Widerworte geben. Daher ist er bewusst oder unbewusst auf der Suche nach ebenbürtigen Mitmenschen. Er will und soll mit ihnen einen ebenbürtigen souveränen Gesprächspartner bekommen, der sich seiner Wirkung klar bewusst ist. Wenn der Bestimmer keinen Ebenbürtigen findet, hat er weiterhin das Gefühl, im Recht zu sein, und wird alles dafür tun, dass seine Meinung die vorherrschende bleibt.

In meinen Trainings haben mir viele Teilnehmer beschrieben, wie sie bei diesen Bestimmer-Typen mit höflich dominanter Rhetorik dagegengehalten haben. Sie haben auch mal verbal auf den Tisch gehauen und eine klare Ansage gemacht. Alle erzählten mir, dass sich die Beziehung zum Kollegen oder zum Kunden seit dieser „Aussprache" massiv gebessert hat. Teilweise sind diese Menschen sogar zu den besten Stammkunden geworden.

> **Umgang mit besonderen Typen**
> 1. Machen Sie **Tuchfühlern** verbal und nonverbal klar, wo Ihre räumlichen Grenzen sind und wie diese konkret aussehen.
> 2. Haben Sie Mut, dem **Alleinunterhalter** das Gespräch durch cleveres Unterbrechen aus der Hand zu nehmen oder die Gesprächsführung wieder zu übernehmen.
> 3. Stehen Sie für Ihre Meinung und Ihre innere Haltung auch gegenüber von **Bestimmern** ein, ohne dass Sie sich selbst über ihren Status stellen.

Literatur

1. Eremit B, Weber K (2016) Individuelle Persönlichkeitsentwicklung: Growing by Transformation. Springer Gabler, Wiesbaden

Und Action! – Die persönliche Wirkung im Raum erleben

12

▶ **Basic 10** Setzen Sie Ihre Wirkung im Raum ein.

Erinnern Sie sich noch an die drei Wirkfelder Ich – Raum – Personen (vgl. Abschn. 2.2)? Das Wirkungsfeld, das bisher noch nicht besprochen wurde, ist der Raum. In diesem Kapitel geht es darum, wie sich Ihre persönliche Wirkung im Raum entfalten kann und welche Wirkweisen dabei gelten. Außerdem erfahren Sie, wie Sie sich den Raum und die Raumgestaltung für Ihre Wirkpräsenz zunutze machen können.

12.1 Die persönliche Präsenz im Raum

Sobald man in einem Raum steht, sitzt oder geht, befindet man sich in einer Beziehung zu diesem Raum, egal ob das gewollt ist oder nicht. Sie kennen das sicherlich: Wenn Sie mit Freunden in ein Restaurant gehen, gibt es immer jemanden, der ungern mit dem Rücken zur Tür sitzen möchte. Viele Menschen haben gerne eine Wand im Rücken und können so über den ganzen Raum blicken. Vermutlich liegt

---

Ergänzende Information Die elektronische Version dieses Kapitels enthält Zusatzmaterial, auf das über folgenden Link zugegriffen werden kann [https://doi.org/10.1007/978-3-658-37981-0_12]. Die Videos lassen sich durch Anklicken des DOI Links in der Legende einer entsprechenden Abbildung abspielen, oder indem Sie diesen Link mit der SN More Media App scannen.

das daran, dass wir noch von früher so programmiert sind, um damit Fluchtwege oder mögliche Angriffsmöglichkeiten im Blick zu haben.

Der Raum hat eine starke Wirkung auf das Verhalten und das Gefühl. Die Wirkung geht aber auch in die andere Richtung. Denn die Position einer Person im Raum verändert ihn und seine Wirkung gleich mit. Je nach Person und je nach Raum kann das unterschiedlich sein. Wie die individuelle persönliche Präsenz im Raum ganz genau ist, liegt aber nicht nur an der Person selbst, sondern auch am Raum. Wie groß ist er, wie ist er gestaltet, wohin sind zum Beispiel die Stühle ausgerichtet oder wo sind die Lichtquellen?

▶ **Tipp** Die Fragen, die man sich hier stellen sollte, sind: Wie ist mein Verhalten im und zum Raum? Was macht der Raum mit mir? Schüchtert er mich ein, fühle ich mich wohl, habe ich einen guten Überblick? Wie und wo stehe ich im Raum? Wo befinde ich mich im Verhältnis zu welchen Gegenständen, Möbelstücken oder anderem Interieur? Sind diese groß oder klein? Wohin ist mein Blick gerichtet? In welche Richtung sind mein Kopf und mein Oberkörper gewandt? Ist die Blickachse zu den potenziellen Zuhörern frei? Werde ich von anderen Personen gut gesehen und möchte ich das?

Wenn man gut gesehen werden möchte, muss man Präsenz zeigen. Dies kann man einmal durch das Statusverhalten, aber auch durch den Ort im Raum, an den man sich begibt.

Wenn man sich hinter Möbelstücken oder nahe an Wände, Säulen oder andere Gegenstände im Raum stellt, dann schafft man damit einen gewissen Schutz, genauso wie bei der im Rücken befindlichen Wand. Man schafft mit einem Möbelstück auch eine Distanz zwischen sich und jemand anderem, wenn man sich z. B. hinter einen Stehtisch stellt. Dieser kann dann als eine Art Schutz dienen, hinter dem man sich verstecken kann, oder aber der Stehtisch kann als Stütze und Energiespar-Element genutzt werden.

12.2 Die 90-Grad-Präsenz-Regel

Sie kennen das von einem Konzert oder einem Theaterbesuch: Wenn Sie zu weit vorne am Rand sitzen, dann lässt die Sicht auf den oder die Künstler nach. Genauso verhält es sich, wenn Sie in der Mitte und weit am Rand sitzen. Es kommt natürlich

12.2 Die 90-Grad-Präsenz-Regel

auch darauf an, *wie* die Künstler auf der Bühne agieren. Im besten Fall versuchen sie, alle Zuschauerplätze zu bespielen.

▶ **Tipp** Die größtmögliche Präsenz im Raum hat man dann, wenn sich die relevanten Personen innerhalb des eigenen 90-Grad-Präsenzwinkels befinden (siehe Abb. 12.1). Diesen kann man sich verbildlichen, indem man die Hände in einem 90-Grad-Winkel vor dem Solarplexus des eigenen Oberkörpers zusammenführt, so dass die Fingerspitzen nach vorne zeigen und die Finger die Schenkel eines rechtwinkligen Dreiecks bilden. Dreht man sich mit dem Oberkörper und dem Kopf zur rechten oder linken Seite, dann verschiebt sich dementsprechend die Wirkpräsenz.

Die Regel hilft auch, wenn man einschätzen will, welche Entfernung man am besten von einer kleineren Gruppe oder einem Publikum einnehmen sollte. Ist man zu weit weg oder steht man nicht optimal zu den Zuhörenden ausgerichtet, dann ist das Präsenzfeld teilweise leer. Somit verschenkt man seine Präsenz. Ist man hingegen zu nah, werden viele Personen außerhalb des Präsenzfeldes sein und somit nicht optimal erreicht.

Achten Sie darauf, dass alle Personen, die Sie erreichen möchten, sich so häufig wie möglich innerhalb des 90-Grad-Präsenzfeldes befinden.

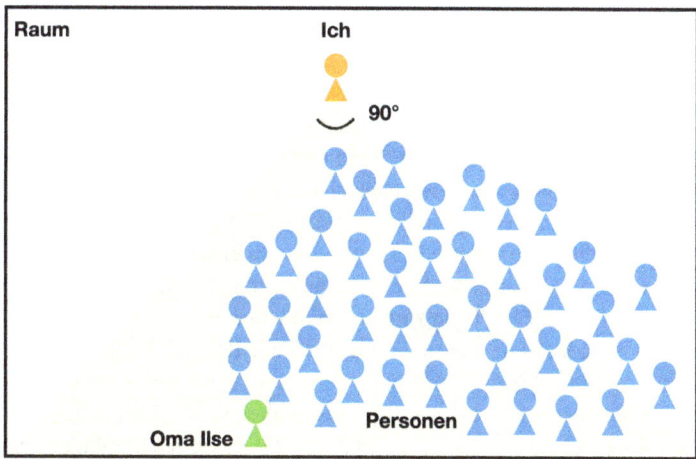

Abb. 12.1 Die 90-Grad-Präsenz-Regel (eigene Darstellung)

Oma Ilse ganz hinten im Raum erreichen

In besonders großen Räumen gibt es häufig die Herausforderung, dass Menschen, die weit hinten stehen oder sitzen, nicht voll und ganz erreicht werden. Das hat auf der einen Seite mit der Lautstärke der Stimme und der Artikulation der Sprache, aber auch mit anderen körpersprachlichen Elementen zu tun. Um in einem Raum bis in die letzten Reihen zu senden, kann man sich vorstellen, dass *Oma Ilse* ganz hinten sitzt. Oma Ilse ist eine nette, liebenswürdige Dame, die nicht mehr allzu gut hören kann. Sie ist nicht taub, aber sie ist sehr dankbar, wenn alles, was gesagt wird, für sie gut verständlich ist. Sie ist gutmütig und ihr gefällt alles, was man macht, daher ist es im eigenen Interesse, wenn die Botschaften sie erreichen. Wichtig ist, dass man nicht dem Irrglauben verfällt, man müsste einfach nur laut sein. Das *Sendungsbewusstsein* spielt hierbei eine nicht zu unterschätzende Rolle, sonst wirkt es einfach nur ziellos laut und tönend.

Im Hinblick auf die persönliche Wirkung im Raum meinen viele Menschen, dass es dafür einer besonderen Ausstrahlung bedürfte. Man strahlt zwar nicht wirklich etwas aus, kann sich diese Vorstellung aber zu Nutze machen, um die persönliche Präsenz im Raum zu steigern.

Die meisten Teilnehmer meiner Trainings erfahren bei der folgenden Übung ein völlig neues Selbstbewusstsein und eine neue Möglichkeit, ihre persönliche Präsenz im Raum ganz bewusst einzusetzen und zu steigern, so dass sie sich präsenter fühlen. Diese Übung stellt jedoch gleichzeitig für viele eine Grenzüberschreitung dar, weil sie es nicht gewohnt sind, intensiv mit der eigenen Vorstellungskraft zu arbeiten.

Die Lichtübung (Video/Audio Abb. 12.2)

Begeben Sie sich für den Start der Übung in die Mitte eines ruhigen Raumes. Stellen Sie sich in den neutralen Stand und imaginieren Sie, dass Sie in einem völlig dunklen Raum sind. Sie können dafür auch die Augen schließen, weil es dann leichter ist, sich einen dunklen Raum und die weiteren Schritte vorzustellen. Sie müssen Ihre Augen für die Übung nicht schließen, es wird Ihnen allerdings im weiteren Verlauf erheblich leichter fallen, nicht abgelenkt zu werden, vor allem, wenn Sie diese Übung zum ersten Mal machen.

Stellen Sie sich vor, dass jede einzelne Zelle Ihres Körpers die Möglichkeit hat zu leuchten. Stellen Sie sich weiterhin vor, dass Sie der- oder diejenige sind, der oder die dieses Leuchten an- und ausschalten kann. Schalten Sie die Handfläche Ihrer rechten Hand jetzt imaginär an. Die Handfläche strahlt nun ein ganz helles Licht, wie ein Suchscheinwerfer, an den Ort im Raum, an dem Sie Ihre Handfläche drehen. Leuchten Sie damit in die Tiefe des stockdunklen Raumes

12.2 Die 90-Grad-Präsenz-Regel

Abb. 12.2 Tonspur zur Lichtübung. (Clipart: anarres/openclipart.org. A heavy-duty looking spotlight from Glitch – glitchthegame.com. CC0 1.0. Video/Audio: Benedikt Crisand. Bitte verwenden Sie zum Abspielen dieses Videos/Audios die SN More Media-App und scannen Sie die folgende URL: (▶ https://doi.org/10.1007/000-7an))

und versuchen Sie sich vorzustellen, wie Sie das Licht in die unterschiedlichen Ecken und Winkel des Raumes schicken. Stellen Sie sich nun vor, dass Sie nur dort, wo das Licht Ihrer Handfläche die Wand trifft, etwas sehen können. Alles andere bleibt dunkel.

Wenn Sie es geschafft haben, dann schalten Sie imaginär Ihre rechte Handfläche aus und lassen den Arm wieder locker und entspannt neben sich hängen. Nehmen Sie nun Ihren linken Arm und Ihre linke Handfläche und schalten Sie auch hier das Licht an. Gehen Sie den Raum Stück für Stück mit dem Leuchtstrahl aus Ihrer Handfläche ab und stellen Sie sich vor, dass Sie nur dort, wo das Licht auf den Boden, die Wand, oder die Decke trifft, etwas sehen können. Schalten Sie das Licht wieder aus und lassen Sie den Arm entspannt neben Ihrem Körper hängen.

Der Raum ist nun wieder ganz dunkel und Sie können nichts sehen. Sie können diese Übung mit unterschiedlichen Körperteilen machen und sehen, wie sich das jeweils anfühlt. Sie können die Lichtflächen dabei Stück für Stück vergrößern oder verkleinern. Das kann Ihr ganzer Unterarm sein oder auch nur eine Fingerspitze, Ihre Augen, die zu Suchstrahlern werden, oder Ihr gesamter Kopf als eine Glühbirne. Arbeiten Sie sich Stück für Stück voran und vergessen Sie nicht, die Stellen immer wieder bewusst ein- und auszuschalten. Das schafft das notwendige Bewusstsein für Ihre körperliche Präsenz.

Schalten Sie nun den gesamten vorderen Bereich Ihres Körpers ein und alles, was nach hinten zeigt, aus. Drehen Sie im Stand ihren Oberkörper langsam nach links und nach rechts und stellen Sie sich vor, wie der ganze Raum nur durch Sie erhellt wird. Jede einzelne Ecke im Raum ist nur durch Sie und wegen Ihnen erhellt. Nehmen Sie hin und wieder auch wahr, wie dunkel der Raum hinter Ihnen ist.

Schalten Sie dann das Licht vorne aus und Ihre gesamte Rückseite an. Drehen Sie sich auch hier langsam nach links und rechts, um zu spüren, wie Sie den Raum hinter sich erhellen und der Raum vor Ihnen komplett dunkel bleibt.

Zum Schluss schalten Sie nun das Licht in jeder einzelnen Zelle Ihres Körpers an und strahlen Sie mit ihrem ganzen Körper in den Raum. Jeder Zentimeter des Raumes ist nun erleuchtet, und zwar nur durch Sie. Sobald Sie das Licht wieder ausschalten, ist der ganze Raum dunkel.

Spüren Sie in sich hinein, was sich verändert, wenn Sie das Licht an- oder ausschalten, wie Sie sich dabei fühlen und was es mit Ihnen macht. Wenn Sie zu Beginn der Übung die Augen geschlossen hatten, versuchen Sie nun, die Augen zu öffnen und die Vorstellungskraft dennoch beizubehalten. Mit geöffneten Augen wird es zu Beginn etwas schwieriger sein, die Vorstellungskraft aufrecht zu erhalten, aber mit etwas Übung ist auch das möglich.

Sobald Sie das geschafft haben, können Sie immer entscheiden, ob Ihr ganzer Körper oder nur ein Teil davon „ausstrahlen" soll. Auf einer Bühne bei einer Präsentation ist es z. B. der ganze Körper, während bei einer Videokonferenz hauptsächlich nur der Oberkörper „strahlen" muss.

Wenn Sie diese Übung mit einer Anleitung durchführen wollen, hören Sie sich das Video/Audio (Abb. 12.2) dazu an.

12.3 Gerührt, nicht geschüttelt – der Barkeeper-Effekt

Haben Sie schon einmal einem professionellen Barkeeper beim Mixen von Cocktails zugeschaut und waren fasziniert, wie schnell er agierte? Jeder Handgriff sitzt, egal ob ein Kühlschrank geöffnet, eine Flasche umgedreht oder der Cocktailmixer in verschiedenen Drehungen herumgewirbelt wird. Jede Bewegung scheint so leicht und unbeschwert zu sein. Diese Art der Professionalität wirkt auf andere

Menschen sehr attraktiv. Das ist natürlich nicht nur bei Barkeepern so, sondern gilt auch für Künstler, Köche, Sportler, Handwerks- oder andere Serviceberufe. Die Tätigkeit selbst ist sekundär, es geht darum, dass sie mit einer großen Leidenschaft und durch einen souveränen Umgang mit Gegenständen durchgeführt wird. Professionell ausgeführte Bewegungen in einem spezifischen Kontext und einem dafür vorgesehenen Raum wirken „magisch".

Wie bei allem, was neu erlernt wird, sind die Bewegungen zu Beginn meist noch sehr grob und werden mit erheblich mehr Energieeinsatz durchgeführt als tatsächlich benötigt. Je mehr der Professionalisierungsprozess einsetzt, desto effizienter werden die Bewegungen und Handlungen ausgeführt. Der Raum und die Gegenstände im Raum werden optimal benutzt.

▶ **Tipp** Versuchen Sie – egal ob Sie eine Präsentation halten, sich in einer Meeting-Situation befinden oder ob Sie auf einer Veranstaltung oder Feier eingeladen sind – sich in dem betreffenden Raum so zu bewegen und mit den Gegenständen vor Ort genauso selbstverständlich umzugehen, wie wenn Sie es jeden Tag in Ihrer gewohnten Umgebung machen.

Das kann z. B. der Umgang mit dem Mikrofon oder dem Redepult bei einer Präsentation mit der Pinnwand oder dem Flipchart im Meeting-Raum sein. Die Grundhaltung der Selbstverständlichkeit im Umgang mit dem Raum und den Gegenständen ist dabei essenziell. Durch den entstehenden professionell wirkenden Eindruck tritt der Barkeeper-Effekt ein, und Sie erhöhen Ihre persönliche souveräne Wirkung im Raum. Unterstützend dazu sollten Sie sich zudem noch den Raum zu eigen machen. Was bedeutet das?

12.4 Sich den Raum zu eigen machen

Sich den Raum zu eigen machen bedeutet, mit ihm vertraut zu werden und somit die Scheu, die Angst und die Unsicherheit vor neuen, unbekannten Räumen und den Gegenständen darin möglichst schnell abzulegen.

▶ **Tipp** So seltsam das für Sie im ersten Moment vielleicht klingen mag, versuchen Sie, den Raum Schritt für Schritt abzulaufen. Das bedeutet, Sie gehen langsam durch den Raum und versuchen, sich an jeder Stelle, in jeder Ecke des Raumes zumindest einmal für kurze Zeit aufzuhalten.

Schauen Sie auch von dort aus zu dem Ort, wo Sie später stehen oder sitzen werden. So lernen Sie die Blickachse der anderen kennen und wissen, wie die KollegInnen oder die ZuschauerInnen Sie später wahrnehmen werden.

Es empfiehlt sich ebenfalls, die Gegenstände im Raum, die Wände oder das Mobiliar zu berühren. Das hilft Ihnen, mehr das Gefühl zu bekommen, dass der Raum Ihnen gehört, nicht fremd ist und Sie „nur zu Gast" sind. Ein Stück weit ist das wie bei Hunden, die ihr Revier markieren – auch wenn wir nicht das Bein heben.

Während Sie sich den Raum zu eigen machen, sind Sie im besten Fall alleine. Wenn Sie sich aber unwohl fühlen, weil Sie nicht alleine sind und meinen, beobachtet zu werden, dann (er)finden Sie einen Grund, warum Sie sich auf die andere Seite des Raumes bewegen wollen oder bestimmte Dinge anfassen bzw. sich auf die Stühle im Raum setzen wollen. Die Strategie, Lob und Anerkennung für den Raum und das Mobiliar zu äußern, eignet sich immer gut: *„Oh, das ist ein schönes Bild." „Das ist ein sehr bequemer Stuhl für die Gäste." „Aha, so sehen mich die Zuhörer später also von hier hinten." „Das ist eine tolle Aussicht von hier."*

Die Tür – das Betreten eines Raumes
Viele Menschen empfinden es als unangenehm, in einen Raum hineinzukommen, in dem bereits Menschen sind, die sie anschauen oder beobachten können. Das kann z. B. ein Restaurant sein, eine Veranstaltung oder ein Meeting. Oft ist das Betreten des Raumes eher ein Hineinschleichen, verbunden mit einem scheuen Umherschauen oder einem Blick auf den Boden. Dabei zählt gerade der erste Auftritt zu der Kraft des ersten Eindrucks, und dazu gehört es, einen Raum souverän zu betreten. Drei Schritte sind hierbei besonders zu beachten.

1. Umgang mit der Tür
Jeder Mensch öffnet sehr viele Türen im Leben und trotzdem wird die Tür in solchen Situationen oft zu einem *Wirkhindernis*. Man schenkt dem Auf- und Zumachen der Tür zu viel Aufmerksamkeit. Man schaut lange auf die Türklinke beim Öffnen, und auch beim Schließen dreht man sich häufig wieder zur Tür zurück und schließt sie mit zum Raum und zu den im Raum befindlichen Personen abgewandten Blick. Wenn man allerdings souverän und selbstsicher in einen Raum hineinkommen möchte, dann kann ich das Öffnen wie auch das Schließen der Tür ganz nebenbei vollziehen und dabei nur die notwendigste Aufmerksamkeit auf die Tür selbst verwenden. Auch hier spielt wieder die Selbstverständlichkeit in der Nutzung des Gegenstandes eine wichtige Rolle.

2. Kontaktaufnahme zum Raum

Um sofort im Raum präsent zu sein, ist die körperliche Richtung und Öffnung zum Raum hin von entscheidender Bedeutung. Wenn man mit der rechten Hand eine Tür öffnet, die nach rechts in den Raum öffnet, dann kann man diese nach Betreten des Raumes mit der linken Hand schließen, ohne dass man sich mit dem Körper komplett wegdrehen muss. In dieser Phase kann man schon Kontakt zum Raum aufnehmen, und zwar durch Blickkontakt, aber auch durch das Drehen des Oberkörpers und des Kopfes in Richtung des Raumes.

3. Gang in den Raum hinein

Nun folgt der Impuls, den Raum zu betreten. Da Sie während des Türschließens schon einen Moment Zeit hatten, den Raum zu anzusehen, können Sie ihn nun mittels des neutralen Gangs zielgerichtet mit mittlerem Tempo durchschreiten. Falls Sie noch nicht wissen, wohin Sie müssen, gehen Sie zwei, drei langsame klare Schritte hinein und nutzen Sie diese zusätzliche Zeit, um sich einen Überblick zu verschaffen.

▶ **Tipp** Aber denken Sie nicht zu viel nach, sondern haben Sie die innere Haltung, dass Sie nicht den Raum betreten, sondern dass Sie *im Raum erscheinen*. Sie sind einfach da. Sie sind da, um den Raum in Besitz zu nehmen.

Viele Menschen sagen, dass man entweder Charisma und Ausstrahlung hat oder nicht. Vergessen wird dabei, dass Menschen, die Charisma haben, die beschriebenen Wirkweisen automatisch anwenden, ohne dass sie sich dessen bewusst sind. Das heißt zwar nicht, dass sie es bewusst erlernt haben müssen, aber im Umkehrschluss heißt es, dass man es erlernen kann und somit mit etwas Übung durchaus charismatisch werden kann.

Das Beste kommt zum Schluss

„Wenn du Buddha unterwegs triffst, dann töte ihn", sagt eine buddhistische Weisheit, was nicht heißt, dass man Buddha umbringen, sondern dass man sich nicht an das Erlernte klammern soll, sondern es wieder loslässt. In unserem Kontext bedeutet das: Im letzten Schritt, wenn Sie alle Basics angewandt haben, sollten Sie sie loslassen und beginnen, sie selbst zu ergründen und zu erfahren.

Probieren Sie alles aus und haben Sie keine Angst zu scheitern. In der Schauspielarbeit hat man häufig das Gefühl zu scheitern, aber es wird nach außen hin nicht wahrgenommen. Daher fassen Sie Ihren Mut zusammen und arbeiten Sie an der Power Ihrer persönlichen Präsenz – getreu nach dem Motto des Autoren Samuel Beckett: „Scheitern, scheitern, besser scheitern".

Wenn Sie demnächst eine Situation vor sich haben, in der es Ihnen wichtig ist, ein souveränes und selbstsicheres Auftreten zu haben, dann machen Sie sich im Vorfeld die 10 Basics zum selbstbewussten Auftreten noch einmal bewusst. Anschließend lassen Sie die Gedanken daran frei und legen einfach los. Schauen Sie erst hinterher, wie es funktioniert hat. Seien Sie nicht zu streng mit sich selbst, aber bleiben Sie dennoch selbstkritisch. Bewerten Sie nicht, sondern versuchen Sie ganz analytisch, mit den gelernten Tools umzugehen. Suchen Sie damit nach Optimierungsmöglichkeiten und fragen Sie sich, ob und wie Ihre Zielwirkung erreicht wurde oder ob Sie beim nächsten Mal entweder die Zielwirkung selbst oder den Weg dorthin anpassen sollten.

Es gibt viele alltägliche, aber auch außergewöhnliche Situationen, in denen das von Ihnen Erlernte situativ angewendet und dafür teilweise individuell angepasst werden muss: Wenn zwei oder mehr Personen zusammentreffen, im

Vieraugengespräch, beim Agieren vor Kleingruppen in Meetings oder auf größeren Veranstaltungen, beim Halten einer Rede oder beim Präsentieren. Die Wirkung vor der Kamera und beim Telefonieren gezielt einzusetzen, gehört mit zu den besonderen Situationen. Die 10 Basics bleiben dabei immer gleich.

Klappe und Action!

GPSR Compliance

The European Union's (EU) General Product Safety Regulation (GPSR) is a set of rules that requires consumer products to be safe and our obligations to ensure this.

If you have any concerns about our products, you can contact us on

ProductSafety@springernature.com

In case Publisher is established outside the EU, the EU authorized representative is:

Springer Nature Customer Service Center GmbH
Europaplatz 3
69115 Heidelberg, Germany

www.ingramcontent.com/pod-product-compliance
Lightning Source LLC
LaVergne TN
LVHW020329260326
834688LV00037B/947